# 삶이 물드는 순간들

대한문인협회가 추천하는 작가들의 이야기

시사랑음악사랑

발간사

## [삶이 물드는 순간들] 출간에 즈음하여

온동네 담장을 아름답게 수놓던 장미꽃이 쳐다본 태양이 뜨겁게 달구었던 6월을 지나온 을사년 여름은 더위에 지쳐 너나 할 것 없이 몹시도 힘겨운 나날이었습니다.

대한문인협회 작가위원회 회원들은 열성적으로 창작활동에 참여하여 왔으나 수필 영역의 특성상 시에 비하여 독자의 관심이 부족한 탓에 자칫 창작열이 위축될 것이 염려되어 수필 창작 열기를 드높이고 삶의 굽이굽이 소소한 이야기들이 녹아있는 글을 통하여 독자들에게 삶에 희망을 주고 수필 문학의 위상을 드높이기 위하여 수필집을 출간하게 되었습니다.

이마에 흐르는 땀방울을 연신 씻어내면서 대한문인협회 작가님들은 삶의 언저리에 접어두었던 이야기, 산책길에서 길섶 풀잎에 맺힌 소소한 자연의 숨소리 들, 생활 속에 물든 고난의 언덕에서 애써 넘어온 성공 이야기들을 곱게 풀어서 [삶이 물드는 순간들]이란 꽃바구니에 정성껏 담고 다듬어서 독자님들께 사랑받기 위해 한마음 한뜻으로 힘을 모은 정성으로 첫 수필집을 완성하여 조심스럽게 독자들을 찾아 나들잇길을 나섭니다.

때로는 처음 떠나는 호기심 어린 여행길에서, 치열한 삶의 소용돌이 속에서 일어나는 정감 있는 이야기들, 사랑하는 가족 간에 일어나는 소소한 사랑 이야기까지 삶 속에 물든 기쁨과 아픈 이야기를 한 폭의 수채화처럼 담백하게 그려 놓았습니다.

여러 작가들이 힘을 합하여 처음으로 출간하는 동인지수필집이기에 한 권의 책으로 완성될 때까지 많은 시행착오와 어려운 과정을 겪으면서 서정주의 시 '국화 옆에서' 한 구절처럼 한 편의 수필집을 완성하기 위하여 봄부터 많은 진통을 겪어 왔습니다.

함께 참여한 수필 작가들은 독자들의 사랑을 받기 위해 40도를 오르내리는 무더위를 이겨 내며 서로 협력하여 좋은 글을 쓰기 위해 최선을 다하였습니다.
수필 작가님들의 정성 어린 노고에 깊은 감사를 드리며 어려운 진통 끝에 출발한 수필집이 앞으로 더 발전하여 독자들에게 사랑받는 수필집이 되기를 소망합니다.

수필집 [삶이 물드는 순간들]이 성공적으로 출간되도록 물심양면으로 지원해 주신 대한문인협회 김락호 이사장님께 심심한 감사의 말씀을 드리며, 아울러 좋은 책 만들기에 정성을 다해 주신 이은희 편집국장님의 노고에도 깊은 감사를 드립니다.

우리 대한문인협회 작가위원회는 역량 있는 작가님들로 구성되어 있어 무궁한 발전이 기대됩니다. 아울러 대한문인협회 전 회원의 적극적인 지원과 협력 및 독자들의 사랑으로 큰 용기를 얻어 더욱 열심히 창작활동에 임할 것을 다짐합니다. 아울러 저 역시 대한문인협회와 작가위원회의 발전을 위하여 최선을 다하겠습니다. 참여하여 애써주신 문우님들 수고 많으셨습니다. 고맙습니다.

대한문인협회 작가위원장 황영칠

## 작가 강사랑 ........ 6
플란다스 개를 찾아서
동행
애기똥풀

## 작가 김국현 ........ 17
이별(離別)
우리집
별빛같은 내 사랑
올해에는

## 작가 김락호 ........ 28
어머니는 영어가 어려워요
친구의 병문안

## 작가 김재진 ........ 39
삶에 대한 해학적 단상
리턴 〈수학여행〉
일탈의 기억
노년에 대한 단상

## 작가 김희영 ........ 50
일상의 아름다운 이야기
어머니의 계절
바보와 콩깍지

## 작가 류동열 ........ 61
가슴이 부서지면서 내는 소리
七旬의 하늘 여행
빛을 보면서

## 작가 박목철 ........ 72
따뜻한 동행
할아버지는 용
놓고 가야 하는 것을

## 작가 박미옥 ........ 83
건강검진
파출소
나이트클럽

## 작가 박재도 ........ 94
시인의 눈물
내 고향 바다
누룽지 습격

## 작가 서석노 ........ 105
눈 내리는 귀성길
동동구리무

## 작가 성평기 ........ 116
등산화를 벗다.
스위치 세레모니
나의 둔황(敦煌) 기행문(奇行文)

## 작가 염경희 ........ 127
앞치마와 백구두 벗어내던 날
동네 목욕탕에서 생긴 일
청춘아! 쉬어가렴

## 작가 이영조 ........ 138
딸들과의 여행
시어머님
햇살 많은 내 고향, 밀양

## 작가 이정원 ........ 149
어느 초여름날에
구절초의 계절, 가을이 온다
제주 일경(一景), 제주 성산일출봉에서
그리움에 대하여
날씨와 인생살이

## 작가 이환규 ........ 160
연골주사

감나무가 있는 마당
치유와 포용
여름날의 악몽

## 작가 임현옥 ............... 171
그녀의 짝사랑
그해 마지막 여름

## 작가 장선희 ............... 182
70년 시대의 공간 속
혜화동 목욕탕 가는 길

## 작가 전경자 ............... 193
작별하지만 작별하지 않는다
명절 풍경
보이스피싱
황학동 삶의 현장

## 작가 전선희 ............... 204
마음에 피는 인연의 꽃
삶은 흘러가고 인생은 남는다
안부, 그 다정한 말의 힘

## 작가 정대수 ............... 215
집으로 가는 길
병원과 미장원

## 작가 정병윤 ............... 226
구름 너머의 햇빛처럼
별빛을 닮은 친구들
빛이 닿지 않는 곳에서 나는 인간이었다

## 작가 정연석 ............... 237
아침에 시를 만나는 행복
인생은 항상 새로운 도전이다
손기정 마라톤 영웅을 추모하며

## 작가 정찬경 ............... 248
아궁이 불 때기
가을 텃밭에서
시간 도둑들 (S.N.S)

## 작가 주야옥 ............... 259
말없이 전한 사랑
나를 찾아 떠나는 여행
어느 봄날 손바닥에 물든 초록빛 기억
해님 같은 얼굴, 작은 화살 하나

## 작가 주응규 ............... 270
삶은 첫 만남의 연속
감사(感謝)하는 마음
뻐꾹새 울음소리

## 작가 최하정 ............... 281
우리 동네 작은 슈퍼
안국동 일기
이사하던 날

## 작가 한영택 ............... 292
북설악 화암사 숲길을 걷다
남녘 끝자락 달마산을 오르다

## 작가 한정서 ............... 303
엄마, 아버지의 재산
사부님, 우리 사부님!
사랑하는 이들과 함께서

## 작가 홍성기 ............... 314
내 동생
신안 증도 "호핑투어"를 마치고

## 작가 황영칠 ............... 325
겨울 냇가

# 작가 강사랑

목차
1. 플란다스 개를 찾아서
2. 동행
3. 애기똥풀

#프로필
　　대한문학세계 시, 수필 부문 등단
　　(사)창작문학예술인협의회 회원
　　대한문인협회 경기지회 정회원
　　2024년 한국문학 예술인 금상
　　2023년 한국문학 예술인 대상
　　2016년 한 줄 '詩' 짓기 전국 공모전 대상 외
　　〈저서〉
　　제1시집 [겨울 등대]
　　제2시집 [꽃이 오는 길에 봄이 핀다]
　　제3시집 [겨울 아이가 온다]

#시작 노트
　　아빠는 딸의 행복을 기준으로 "오늘을 살자"라는 마음으로 행복할 수 있는 일은 미루지 않고 지금 최선을 다한다. 웃음도 아끼지 않고 웃을 수 있는 유연함으로 긍정적인 마인드로 바뀌었다.

　　수필 〈애기똥풀〉 중에서

# 플란다스 개를 찾아서

"엄마는 좋겠다. 하쿠랑 늘 같이 있어서……"

등교하는 딸래미 입에서 늘 나오는 말이다.
"엄마는 좋겠다. 하쿠랑 하루 종일 같이 있으니까."
그냥 그냥 마냥 좋은 하쿠를 보다가 헤어지려는 진이가 늘 아쉬움에 하는 말이다. 학교는 늦었다고 신호등 앞에서 마음 동동 구르면서 하쿠랑 아침 인사하는 시간은 왜 그리 뜸을 들이는지.
"하쿠 보는 건 끝이 없으니까 빨리 와라" 하며 억지로 마침표를 찍어준다. 보고 만져도 늘 보고 싶은 하쿠. 하쿠의 움직임은 진이의 기쁨을 넘어 어쩜 삶인지도 모른다.

하쿠를 키우면서 위다의 "플란다스 개"를 펼치면서 오는 감동은 또 다르다.
플란다스 지방의 작은 마을에 한 소년과 노인과 개가 살았다. 화가를 꿈꾸는 소년 넬로와 그를 너무도 사랑한 개 파트라슈의 아름다운 우정이야기다. 파트라슈와 넬로와 할아버지가 함께 우유를 배달하는 모습이 마냥 행복했지만 할아버지가 병들어 돌아가시고 둘만 남겨진 쓸쓸함.

친구 알로아와 지내지만 아버지 코제는 넬로를 무척 싫어한다. 언덕 위에서 알로아를 그려 준 모습을 보고 그림의 천재성을 알지만 예술가는 배고프다는 것을 알고 더 냉대하게 대한다.

어느날 알로아의 집 방앗간이 불타 버리자 그 범인을 넬로라고 모함까지 한 코제 아저씨. 고아로 떠돌이가 된 넬로와 파트라슈는 동네 사람들로 따돌림 되자 눈 쌓인 길을 걷다 알로아 아버지 지갑을 발견하고 찾아준다.

그리고 파트라슈를 부탁하고 성당 앞으로 간다. 하지만 파트라슈는 그런 따뜻함 바라지 않고 넬로를 찾아나선다. 넬로는 그토록 보고 싶어 했던 루벤스의 그림 〈십자가에 올려지는 그리스도〉와 〈십자가에서 내려지는 그리스도〉를 바라보면서 넬로는 그림을 향해 두 팔을 뻗어 창백한 얼굴에서 기쁨의 눈물이 반짝거렸다. 넬로가 파트라슈를 끌어안으며 말했다

"거기 가면 그분의 얼굴을 볼 수 있어. 그분은 우리를 갈라놓지 않을 거야."

다음 날 안트베르펜 사람들은 성당의 성단소 옆에서 넬로와 파트라슈를 발견했다. 마을 사람들은 자신의 잘못을 뉘우

치고 부끄러워하며 넬로와 파트라슈에게 크나큰 은총이 내리길 빌었다.

　반려견과 함께한다는 것은 진정한 사랑이고 우정이다. 그리고 어쩜 삶의 전부이기도 하다. 그러기 때문에 진이에게는 하쿠가 보물의 1순위도 아닌 0순위라고 어쩜 자기 일부의 하나라고도 볼 수 있다. 넬로에게도 파트라슈가 동물이 아닌 자기 자신의 일부였던 것이다.
　파트라슈가 넬로의 마음을 읽어 내는 행동 하나하나가 눈물의 감동이었다. 하쿠를 키우면서 파트라슈를 바라보는 느낌은 가슴으로 전해지는 소통과 공감이었다고나 할까?!
　반려견을 키우는 이들이 꼭 한 번 읽고 감동을 받을 책이라고 본다.

## 동행

흙도 묻지 않은 부츠 두 컬레가 거실 가장자리에 나란히 같은 방향을 바라보고 있다.

신고 벗기 편한 여름 운동화를 신고, 발 시려 그 발이 금방이라도 동상 걸릴 것처럼 차갑고, 엄마의 손난로로도 따뜻해지질 않는다. 그래서 겨울 부츠 하나 사줘야지 하면서도 무심히 시간만 보내다가 오늘 진이랑 쇼핑을 하게 되었다.

독감 때문에 3박 4일을 입원실에서 격리되어 있다가 나와 얼마나 나가고 싶겠냐 하면서 가지고 싶은 게 뭐냐고 물어보자 네 가지를 이야기한다.

그래 엄마가 그 소원 들어주지 하며 첫 번째 신발가게로 들어가서 신발을 고르는데 진이는 끈으로 묶을 수 있는 굽이 있는 워커 화를 고르고, 나는 겨울철 발을 보호해 줄 수 있는 털이 사방으로 둘러싸인 털앵글부츠를 골랐다. 둘 다 신어 보니 발이 작아서인지 너무 예뻤다.

신발가게 사장님께 두 개 다해서 얼마냐고 했더니 "그냥 8만 원만 주세요." 그래서 현금으로 7만 원에 하자 하니, 싸게 드린 거라고 하며 진이가 마음에 들어 한 것 하나만 계산대로 가져갔다.

못내 아쉬워 진이에게 겨울 부츠를 다시 신어보게 하며 엄마 눈에는 요것이 더 실속 있다.

그래서 "이것도 예쁜데" 하니 진이가 "엄마가 사줄 거면 신고." 그런 말을 하길래 신발가게 사장님께 다시 흥정하며 "7만 5천 원에 두 개 주세요." 사장님은 못 이긴 척 두 켤레를 쇼핑백에 넣어 주자, 아이의 얼굴이 해맑아졌다.

얼마 전 구두를 신고 보도블록을 걸으며 진이와 전화 통화를 한 적이 있었다.

보도블록에 닿는 여자의 굽 소리 또각또각 그 소리가 얼마나 듣기 좋은가! 그런 경쾌한 구두 굽 소리를 듣던 진이가 "엄마 신발 소리 너무 좋아." 하며 "나도 신고 싶어." 하는 소리로 전해 들려와 또 한 번 엄마 마음을 내려앉게 했다.

진이가 건강한 아이라면 그까짓 앞으로 힐 신을 날이 많고 많은데 하며 마음이 내려앉을 필요도 없을 것이다.

허나 우리 진이는 근육병을 가지고 있기에 시간이 갈수록 걷기가 힘들어질 거라는 의사 선생님의 말씀이 늘 귓전에 맴돌아서 지금 이렇게라도 걷는 진이가 고맙다며 현재를 걷고 있음에 감사하는 법을 배운다.

굽 소리 나는 그런 신발을 샀는데 얼마나 행복하겠는가! 당장 밥을 안 먹어도 배가 고프지 않은 진이를 보며 작은 소망 하나 들어 준 것에 엄마도 행복하다.

보통 사람들은 낡아서 헐렁헐렁해진 헌신을 보며 마음이 짠하게 내려앉는다.

그런데 나는 진이의 새 구두들을 보며 마음이 내려앉는 이유가 따로 있다. 휠체어에서 닳지 않은 진이 신발들을 생각하며 제발 이 신발들이 흙을 밟고 굽도 닳고 앞코도 까지고 험한 산길도 걷고 학교 가는 길에서도, 운동장에서도, 눈 쌓인 길에서도 진이의 발을 따뜻하게 보호해 주며 걷는 길에 동행이 되어 주길 간절히 바라는 마음에 괜스레 두 눈이 뜨거워진다.

신발이 신발답게 생명력을 다하고 사라진다면 그것은 결코 헛된 것이 아니며 진정한 세상 잘 살았다고 본다.

그래서 헌 신발에는 우리가 배워야 할 교훈이 있으며 결코 슬퍼할 일은 아니라는 거다.

동행이라는 것이 이처럼 헌 신발이 되도록 내 발에 신발이 되어 서로가 서로에게 임무를 다해주는 것이며, 우리의 인연 또한 새 신발이 헌 신발 되도록 하는 것이 진정한 벗이 아니겠는가 하며 나는 우리 진이 두 켤레의 부츠를 보며 생각에 잠긴다.

# 애기똥풀

　조각으로 부서진 5월 햇살에 노란빛으로 나풀나풀 날갯짓하는 애기똥풀 꽃잎 네장을 카메라에 담았다.

　부처님 오신 날에 남편과 가까운 공원을 산책하며 초록 오솔길을 걷는다.

　운동 부족 탓인지 아니면 작년보다 한 살 많이 먹은 탓인지 언덕을 오르는데 땀이 이마에 송골송골 맺히고 숨이 차올랐다.

　바람이 따뜻해져서 온기가 흐르면 남쪽으로 갔던 제비들은 날아와 둥지의 아기 제비들을 보살핀다.

　아기 제비는 태어나면 눈이 부셔 눈을 뜰 수 없다고 한다. 그래서 신비의 약초를 바르면 낫는다고 해서 아빠 제비는 약초를 구하러 갔다가 불행하게도 뱀에게 물려 죽었는데 그 약초가 바로 애기똥풀이다.

작가 강사랑

애기똥풀즙을 아픈 눈에 바르면 아픈 곳이 낫는다고 해서 애기똥풀은 '아빠의 끝없는 사랑' '엄마의 정성'이라는 예쁜 꽃말을 갖고 있다.

노란 즙이 애기 똥을 닮기도 해서 불린 양귀비과의 야생화 애기똥풀이 이처럼 사랑을 담고 있으니 당연히 예쁘지 않을 수 없다.

5월 빛깔이 좋은 이유는 산천지에 노란 꽃 애기똥풀이 자리하고 있어서 더욱 빛이 난다. 이런 애기똥풀의 유래를 알고 나서는 우리 딸 진이에 대한 사랑이 더 애틋하다.

진이는 태어날 때부터 먹는 양이 너무도 적어서 늘 걱정이고 성격이 예민해서 엄마를 떨어져서는 아이가 불안증을 느끼는 정도가 심해서 엄마와 꼭 붙어있는 아이라며 껌딱지라는 별명을 얻기도 하였다. 우리 못난이 진이가 언젠가는 크겠지 예뻐지겠지 하는 욕심은 엄마 가슴에 희망이자 안타까운 갈증을 자아냈다.

그런데 중학생인 진이가 간혹 넘어져서 무릎에 상처를 내오는 일이 자주 일어났다. 그냥 허약해서 그러나 보다 해서 한약, 영양제 정도로 챙겨 먹었는데 어느 겨울 독서실에서 공부하고 돌아오는 날 빙판길에 넘어지고 말았다. 그날 밤에 겨우 오빠의 부축으로 걸어서 집에까지 왔는데 다음 날 아침 애가 일어나질 못하는 게 아닌가. 울며불며 당황했지만, 아빠는 침착하게 119를 부르고 가까운 종합병원으로 갔다.

한 달을 입원하고 조심스레 몸을 움직였다. 그 후로 걸음걸이 발란스가 맞지 않아서 척추의 문제가 있는 줄 알고 이곳저곳 병원을 가보았으나 별다른 이상은 없었다.

걸음걸이에 신발이 교정 된다고 해서 서울에 있는 병원을 찾아갔는데 그곳에서 뜻하지 않는 말을 듣게 되었다.

신발 문제가 아닌 것 같다며 서울대학병원으로 가보란 말씀으로 소견서를 써 주셨다.

우리 진이는 고등학교 1학기를 다니다가 아이가 너무 지쳐서 휴학기를 내고 집에 있으면서 병원을 찾아 다니다가 그해 여름 서울대병원에서 청천벽력의 소리를 듣고 아빠는 정신과 약으로 견뎌내고 나 또한 여리여리한 딸을 보며 한 없이 눈물만 흘려보내고 웃음이라는 것이 뭔지 모르는 사람처럼 웃음이 나오질 않았다.

우리 진이의 병명은 근이이양증이라는 일종의 근육병이다. 희귀병으로 아직까지는 약이 없으며 지금 연구 중이라고 한다.

그 후 계속해서 아빠는 딸의 행복을 기준으로 "오늘을 살자"라는 마음으로 행복할 수 있는 일은 미루지 않고 지금 최선을 다한다. 웃음도 아끼지 않고 웃을 수 있는 유연함으로 긍정적인 마인드로 바뀌었다.

진이를 바라보며 간절하게 기도하는 시 한편 이 애기똥풀로 위안을 얻는다.

### 애기똥풀

산에, 산에
노란 애기똥풀꽃 피었다.

우리 아가
아프지 마라
아프지 마라

노란 애기똥풀즙 눈에 바르면
아픈 곳 다 낫는단다

아가, 아가 우리 아가
아프지 마라

들에, 들에
노란 애기똥풀꽃 피었다.

 5월엔 웃음이 든든한 아빠와 함께 애기똥풀이 손짓하는 뒷동산에 올라 가보자.

# 작가 김국현

목차
1. 이별(離別)
2. 우리집
3. 별빛같은 내 사랑
4. 올해에는

## #프로필

대한문학세계 시, 수필 부문 등단
(사)창작문학예술인협의회 회원
대한문인협회 울산지회 지회장
대한창작문예대학 제8기 졸업
문예창작지도자 자격 취득
2023년 한국문학 올해의 작품상
2022년 신춘문학상 장려상 외
〈저서〉
시집 [마음속에 핀 꽃]

## #시작 노트

나의 다정한 친구가 되어 용기를 주기도 하고 먼 훗날까지 변함없는 우정으로 함께 하겠다며 외롭고 쓸쓸할 때 찾아오라고 귓속말로 속삭여 주었지요. 가끔은 사랑하는 연인이 되어 다가와 곁에 앉아 어깨에 머리를 기대고 시간 가는 줄 모르는 우리는 있는 힘 다하여 떨리는 마음으로 포옹하면서 별빛과 더 반짝이며 영원한 사랑을 약속을 했답니다.

수필 〈별빛같은 내 사랑〉 중에서

# 이별(離別)

　인간이 태어나 가정이란 둥지에서 인생이란 삶의 과정이 시작된다. 태어나 보니 할머니, 할아버지, 어머니, 아버지가 있어 사랑으로 보호를 받으며 성장하게 된다.

　일가, 친척들이 있어 교류하면서 어머니가 태어난 곳은 외가라 부르고 아버지가 태어난 곳에서 집안, 일가를 이루면서 살아가는 과정을 배운다.

　학교란 교육기관에서 사회활동을 할 수 있는 교양과 학문을 배우며 유아기, 소년기, 청년기를 거치게 된다.

　본인 의지와 상관없이 성장 과정이 풍요롭고 정이 넘치는 아름다운 환경에서 자라나는 사람이 있는반면 그와 반대로 견디기조차 힘든 고통을 겪으면서 험하고 모진 풍파를 지나와야 하는 사람도 있다.

　그중에서도 제일 견디기 힘든 고통이 이별이다.

　"인간의 감정은 누군가를 만날 때와 헤어질 때 가장 순수하며 가장 빛난다." 독일의 소설가 "장 폴 리히터"의 명언이다.

　만남은 아름답고 귀한 것이지만 이별은 슬프고 아픈 것이다. 만남은 꽃 피는 봄의 아름다움이라면 이별은 낙엽 지는 가을의 그 쓸쓸함이다. 만남은 동이 트는 희망 섞인 눈부신 빛이라면 이별은 밤을 기다리는 석양의 모습이다. 그러기에 이별의 감정으로 돌아가기에 너무나 큰 상처의 크기가 클 수밖에 없다.

　살아오면서 이별만큼 큰 시련과 상처가 또 있을까?

　특히 부모님과의 이별이다.

　자식을 자신의 목숨보다 소중히 여기며 금지옥엽(金枝玉葉)으로 여기시던 어머니와의 이별이다.

"내 자식들이 해 주기 바라는 것과 똑같이 네 부모에게 행하라."
대철학자 "소크라테스"의 명언이다.

"무가 고요해지고자 하니 바람이 멈추지 않고 자식이 효도하고자 하나 어버이가 기다리지 않는다."
"한시외전(漢詩外傳)"에 나오는 말이다.

　우리가 받은 한없이 넓고 깊은 어머니의 사랑을 느끼고 나니 갚을 길이 없다는 것을 한나라 때 한영 지은 "한시외전"에서 가르쳐주고 있다.

　그 외 조부님, 조모님, 일가친척들로부터 받은 사랑 또한 적다고 말할 수 없다. 그분들과의 이별 또한 슬픔이었다.

살아오면서 수많은 이별을 겪는다.

직장에서도 정든 사우들과 갑작스럽게 맞이한 영원한 이별! 직장 사우는 직장 생활 할 때 가장 많은 시간을 함께하는 친구며 동료다. 그 사우가 어떤 사유로 하여 죽음을 맞이했을 때 그 아픔이 참으로 크게 다가왔다.

생(生)과 사(死)의 길에서 맞이하는 이별도 이별이지만 가족, 일가, 친척, 친구, 함께하여야 함에도 어떤 사유로 하여 이별하는 경우도 수도 없이 많다. 겪지 말아야 할 일들이 우리 곁에서 아픔으로 인한 고통이다.

"당신을 만나는 모든 사람이 당신과 헤어질 때는 더 나아지고 더 행복해질 수 있도록 하라."
성녀 "마더 테레사"의 말씀이다.

감당할 수 없는 이별이 너무나 아픈 상처라 해도 이른 시일 안에 그 상처를 치유하는 지혜가 필요하다.

살아가면서 영원히 함께할 수 있는 사람이나 사물은 존재하지 않는다. 그래서 이별은 우리 살아가는 동안 피해 갈 방법은 없다. 이별의 마감은 삶이 완성될 때 비로소 이루어진다고 볼 수 있다. 삶의 완성은 죽음의 세계로 들어갈 때 바로 마무리된다고 할 수 있다. 이별은 걸어가는 인생의 길에서 겪어야 할 과정이라 생각하고 아프고 고통스런 이별보다 아름다운 이별이 되도록 노력해야 되지 않을까.

# 우리집

새벽닭이 울었다.

사랑에서는 할아버지 기침 소리가 나고 담뱃대로 화로를 두드리는 소리가 탕! 탕! 탕!

어머니는 술상을 차려 사랑 할아버지에게 올리면 하루 일과가 시작되는 것을 알린다.

대문에 들어서면 우측에 변소(화장실)이 있었고 그 앞에는 엄나무와 대추나무도 한 그루 있었다.

사랑채는 사랑방과 행랑채, 쇠마구간, 쇠죽 끓이는 부엌이 있고, 할아버지가 주로 거주하시던 곳이다. 안채에는 방 3개와 부엌과 대청마루로 구성되어 있었는데 방 2개는 사람들이 기거하는 방이었고 한 개는 쌀과 귀중품을 보관하는 방이었다. 또 한 채는 디딜방아 시설과 화장실이 있고 창고로 이용되는 공간이 있어 감자 등을 수확하면 건조할 수 있는 공간이었다. 이 집의 주 용도는 방앗간을 이용하기 위한 집이었다.

마당 중앙에는 닭들이 꼬꼬꼬 먹이를 찾아다니면 멍멍이 녀석은 닭들의 놀이에 시샘이라도 하듯 함께 놀자고 쫓아가면 닭들은 무섭다고 소리 지르며 도망을 다닌다.

안채 좌측 편에는 조그마한 밭이 있어 상추, 쑥갓, 머위 등을 심어놓고 때가 되면 반찬용으로 편리하게 이용되었다.

뒷간에는 대밭이 집을 에워싸 바람이 불면 댓잎에서 나오는 노랫소리가 들려오고 장독대 아래에는 샘물이 힘 있게 펑펑 솟아올랐다.

샘물량이 많이 나오니까 굳이 물을 모아놓는 공간이 그렇게 크지 않아도 부엌에서 이용하는 데 큰 문제가 없었다. 그곳에서 나오는 샘물은 수정처럼 맑고 깨끗하여 비단개구리들이 즐겁게 놀 수 있는 놀이터가 되기도 했다. 그 물맛은 시원하고 청량감이 넘쳐흘러 그런 물맛은 일찍이 느껴보지 못했다.

여름철 어린 시절 밖에서 돌아오면 어머니는 이 샘물로 등목을 해 주기도 했다. 아무리 더운 여름일지라도 이 물로 등목을 하면 소름이 오들 오들 돋는다.

행여 5일장에 수박이라도 구입해 오면 이 샘에 담아두었다 먹으면 냉장 시설이 없는 당시로써는 최고의 신선도를 유지할 수 있어 여름철 시원함을 느낄 수 있었다.

샘물 아래는 세탁을 할 수 있도록 빨래터를 만들어 놓았다.

집안 각 구석구석마다 감나무가 있어 감을 수확하면 곶감, 홍시를 만들어 겨울철 간식으로 이용되었다. 겨울철 장독에

무더운 감이 홍시로 변하면 그 맛은 형용할 수 없을 정도로 미각을 돋운다.

 우리 어머니 곁에는 참기름처럼 고소하고 오디같이 달콤한 맛이 나요. 밥을 푸고 난 후 고소한 누룽지를 손에 집어주시던 그 솜털 같은 포근한 손길.

 금지옥엽이라 여기며 무슨 잘못을 해도 허허허 웃으시던 우리 할배. 사랑에 가면 시장에서 사 온 왕사탕 한 개씩 주시던 항상 달짝지근한 울할배. 인심 좋고 마음씨 좋기로 소문난 우리 할배. 지금은 하늘에 별이 되어 밤이 되면 찾아와 우리 씨돌이 잘 있나? 불러 주십니다. 들려오는 소리에 밖에 나가면 모습은 사라지고 겨울바람만 불어오고 있었답니다. 보고 싶습니다.

## 별빛같은 내 사랑

별은 낮에만 잠을 자는가 봐요. 해가 떠오를 때면 어디론가 사라지고 어둠이 밀려오면 하늘 높은 곳에서 밤 지새우며 우리에게 다가와 속삭여 주더군요.

나의 다정한 친구가 되어 용기를 주기도 하고 먼 훗날까지 변함없는 우정으로 함께 하겠다며 외롭고 쓸쓸할 때 찾아오라고 귓속말로 속삭여 주었지요. 가끔은 사랑하는 연인이 되어 다가와 곁에 앉아 어깨에 머리를 기대고 시간 가는 줄 모르는 우리는 있는 힘 다하여 떨리는 마음으로 포옹하면서 별빛과 더 반짝이며 영원한 사랑을 약속을 했답니다.

어느 날 어머니의 목소리가 들려와 창밖을 바라보니 높은 하늘에 별같이 빛나는 아름다운 어머니의 얼굴이 있었지요. 꿈에도 그리던 우리 어머니가 별이 되어 반짝이며 웃고 있었지요. 난 밖으로 나가 어머니의 아늑한 품속이 그리워 "어머니!!!" 불렀더니 예쁘고 향기 그윽한 어머니는 나에게 다가와 너무 반가워 부둥켜안고 한없이 울고 말았지요.

난 어머니 품속에서 그 옛날 행복했던 시절을 떠올리며 이야기 나누다 보니 어느새 새벽닭이 울었습니다. 조금의 시간이 흘러 동쪽에 햇살이 밝아 별은 어디론가 떠나가고 난 우두커니 서서 일상으로 돌아가야 했습니다. 별처럼 높은 곳에서 별처럼 반짝이며 별처럼 사랑하고 별을 자신의 마음속에 품으면 모든 것이 이루어진다고 했답니다. 그러나 별은 낮이 싫은가 봐요. 때 묻은 세상 보기가 너무 싫은가 봐요.

# 올해에는

밝고 깨끗한 한 해를 걸음 하는 새로운 시작이 되었습니다.

힘들고 어려웠던 일들 잊어버리고 나를 괴롭히는 험하고 깊은 장애물로 가로막고 있던 사람이 있다고 해도 사랑으로 용서하면서 내가 한없이 낮아지고 더욱 낮아지므로 차츰 높아져 가는 길이라는 것을 진리라 여기며 남에게 베풀 수 있는 것을 보람이라 생각하고 나누어줄 수 있다는 것에 감사하며 남을 나보다 더욱 높게 생각할 수 있고 내가 위로받는 것보다 남을 위로하므로 위안이 되는 한 해가 되었으면 합니다.

나보다 어렵고 힘들게 살아가는 사람들을 긍휼히 여길 수 있는 아량과 남이 받고 있는 정신적, 육체적인 고통을 뼈저린 나의 시련이라 여길 수 있는 마음이 곧 나의 기쁨으로 느꼈으면 합니다.

행복은 주어진 것에 만족하므로 얻을 수 있고 내가 아파하므로 남에게 위안이 된다면 기꺼이 그 길을 선택할 수 있는 용기를 주었으면 좋겠습니다.

  어떤 상황에도 감사하고 기뻐하며 가을이 오면 겨울이 오고 동쪽에서 해가 뜨면 서쪽으로 지고 꽃이 피면 언젠가 지듯이 한 해 동안 폭풍과 노도가 밀려와도 더욱 높은 곳을 향한 길이란 것을 기대하는 마음으로 대범하게 맞이할 수 있는 한 해였으면 하는 바람입니다.

                                        (2023년 1월 1일 아침에)

# 작가 김락호

목차
1. 어머니는 영어가 어려워요
2. 친구의 병문안

## #프로필
현)사)창작문학예술인협의회 이사장
현)대한문인협회 회장
현)대한문학세계 종합문화 예술잡지 발행인
현)대한문예방송 아트 TV 명인명시를 찾아서 대표
현)도서출판 시음사 대표
현)대한창작문예대학 교수
각종 문예 부분 경연대회, 공모전심사위원장 및 200여 곳 심사위원
저서: 시집 내게 당신은 행복입니다. 눈먼 벽화 외11종
장편소설 나는 야누수다
편저: 인터넷에 꽃 피운 사랑시 외 약 350권
시극: 내게 당신은 행복입니다. 원작 및 총감독
　　(cmb 대전방송 26회 녹화방송)

## #시작 노트
행동이 나를 따르지 못하는 날엔
말을 합니다

말조차도 나를 따라올 수 없는 날엔
글을 씁니다

그러나
글조차도 나를 이해시킬 수 없는 날엔
난 시를 씁니다.

## 어머니는 영어가 어려워요

하늘은 청옥색으로 높고 구름은 수만 가지의 형상을 만들어내며 끝도 안 보이는 커다란 무대를 채워가며 공연 중이다. 아름답다! 행복하다! 아니 너무 아름다워서 하늘을 쳐다보며 울고 싶다. 이런 생각을 하게 하는 가을 날씨다. 이런 날이면 아무 생각 없이 카메라 하나 어깨에 둘러메고 시골로 들판으로 아니 꼭 어디라기보다는 그냥 떠나고 싶은 마음이 드는 것은 나뿐만이 아닐 것이다.

난 오늘도 잠시 시간을 내어 시간여행을 떠나기로 했다. 아무 생각 없이 어디를 가도 무릉도원이니 딱히 장소를 정할 필요는 없다. 하지만 혼자보다는 둘이 좋아 같이 갈 사람을 찾게 된다. 하지만 나와 함께 갈 사람은 그리 많지가 않다. 나야 특별히 시간을 지켜야 하는 직장인이 아니다 보니 아무 때나 스스로 시간을 만들어 쓰지만 다른 사람들이야 어디 그러한가. 다들 직장이다. 사업이다. 바쁜 일상들 속에서 그들만의 삶을 영위해가며 살고 있기에 자유롭지가 못하다. 해서 나는 홀로되신 어머니와 자주 시골 구경을 가곤 한다. 오늘도 어머니와 함께 시골에 마련해 놓은 집으로 소풍을 가리라 마음을 먹고는 어머니 집으로 전화를 했다.

 전화 연결음은 가는데 전화를 안 받으신다. 몇 번을 해도 안 받으셔서 나가신 것 같아 휴대전화로 다시 걸었다. 하지만 휴대전화 역시 어머니를 감추고는 내놓지를 않는다. 한참을 전화 통화 버튼을 누르고 나니 서서히 걱정되기 시작한다. 어디 가신 것인가 아니면 무슨 일이 있으신 건가? 아니면 혹시 집에서 낮잠을 주무시나? 별생각을 다 하다 우선 집으로 찾아가 보기로 했다. 사무실에서 집까지는 걸어서 5분 거리라 집으로 달려 가보았다. 하지만 집에는 어머니가 기르는 애완견 치와와가 반겨줄 뿐 어머니는 안 계신다.

 도대체 어딜 가신 거지…….?!! 걱정이 들기 시작한 나는 동생들 집에 가신 것이 아닌가 하여 동생들에게 전화하기 시작했다. 동생이 여섯이나 되니 전부 다 전화해서 물어보고 하는데도 시간이 꽤 많이 걸린다. 이제는 나 혼자만의 걱정이 아니라 온 집안 식구들까지 다 어머니를 찾는 것이 우선이 되어 여기저기 전화를 하기 시작했고 어머니와 친하게 지내시는 동네 어르신들께도 전화를 걸어 이리저리 수소문하기 시작했다. 하지만 어머니는 그 어디에도 안 계신다.

 우리가 이렇게 걱정을 하는 데는 그만한 이유가 있다. 어머니께서는 심장이 안 좋으셔서 일 년가량을 갑자기 응급실로 실려 가시곤 했기 때문이다. 요즘은 많이 좋아지셔서 생활하시는 데 별로 어려움이 없지만 늘 걱정을 하는 게 현실이기 때문이다. 그런 어머니께서 혹시나 어디를 가시다 또 갑자기 호흡곤란이 일어나서 응급실에라도 실려 가신 것은 아닌지 어디에 쓰러져 계신 것은 아닌지 별의별 상상을 해가며 우리들은 서로 전화만 해대며 가는 시간을 잡고 목말라 하고 있었다.

셋째와 막내가 하던 일을 멈추고 달려와 함께 고민을 하기 시작한 지 한 시간쯤 지났을까, 내 전화가 울린다. 번호를 보니 엄니! 라는 글자가 보인다. 순간 형형할 수 없는 생각들과 함께 전화기에 통화 버튼을 누르자 들려오는 소리 왜! 전화했냐!! 하신다. 엄니 ~~~ 어디신데? 나 오투다. 알았어요. 내가 지금 그리 갈게요 하자 어머니는 전화를 뚝 끊어 버리신다. 늘 우리 어머니는 자신이 할 말만 하시고는 상대방 대화는 안 듣고 전화를 끊어 버리시는 분이라 그러려니 한다. 나는 동생들에게 어머니 오투에 계신다고 하니 걱정하지 말라고 진정들을 시키고는 오투로 향했다. 여기서 오투란 집에서 삼 분 거리에 큰 찜질방이 있다. 어머니는 가끔 그곳에 가셔서 놀다 오시곤 하신다. 그곳에서 친구분들도 만나시고 또 이런저런 재밋거리가 많으신 모양이다. 가끔 이상한 물건을 사 오시는 것 빼고는 아주 즐겁게 애용하시는 곳이다. 나는 오늘도 그곳에 계시느라 전화를 못 받으셨구나 하며 오투로 갔다.

그런데 아무리 찜질방 이곳저곳을 다 뒤져도 어머니는 안 보이신다. 다시 전화해서 물어보려 해도 또 전화를 안 받으신다. 30분쯤을 그곳을 찾아 헤매다 보니 슬슬 화가 나기 시작한다. 끓어오르는 화를 삼켜가며 어머니를 찾아보았지만 보이지 않으신다. 포기하고 나서 앞에서 기다리면 또 전화가 오겠지 하는 마음으로 기다렸다. 드디어 전화가 울렸다. 엄니~~~ 어디신데 여기 오투에 없구먼……. 허이구 참네. 예 나 거기 오투 말고 막내네 집이다. 하시는 거다. 아까는 여기 오투라면서!, 언제 오투 그 머시기냐 하여튼 막내네 집에 있다니까…, 난 한참을 우리 어머니의 말씀에 할 말을 잃었다. 내가 뭐라 말을 하리오……. 어머니는 영어로 되어 있는 아파트 이름이 발음하기가 힘들어 늘 대충 말씀하시면 우리가 그냥 찰떡같이 알아듣는데 오늘은 내 실수이다. (막내네 아파트 이름이 "오토그란데" 이다)

 막내네 집으로 가 어머니를 만나 상황을 들어 보니 아침에 제수씨가 볼일이 있다고 손자를 봐달라고 해서 막내네 집에 오셨다는 것이다. 막내는 생필품 할인마트를 하는데 두 부부가 함께 운영한다. 그날은 한 달에 한 번씩 하는 세일하는 날이라 아이를 가게로 데려갈 수가 없어 어머니께 부탁했다는 것이다. 그런데 왜 막내는 몰랐을까. 막내와 제수씨는 아침에 어머니께 아이를 데려다주고는 가게로 갔다는 것이다. 그러니 막내는 당연히 어머니가 집에 계실 줄 알았고 어머니는 집에 계시다 우유가 떨어져 집에 가셔서 우유를 먹이고 아이랑 같이 한숨 주무시고 계셨다는 것이다. 전화는 가방에 넣어 두시고는 잠이 들어 전화벨 소리를 못 들으신 것이다.

 상황을 들어 보고는 어이가 없기는 했지만, 문제는 말도 안 되는 그 아파트 이름 때문에 일어난 일이라는 것이다. 어느 해였던가. 시골에 사는 부모가 자식 집을 찾아오기 힘들게 하기 위해서 일부러 영어 이름의 아파트를 선호한다는 기사를 본 적이 있다. 설마 하는 생각이 들었지만, 실제 그런 가정들이 늘었던 것도 사실이었다. 그래서 영어 이름으로 된 아파트에 사는 사람들은 죄 없이 눈총을 받아야 할 때도 있었다. 그 기사를 보며 그냥 기사가 아닐까? 하는 생각을 했었다. 하지만 주변에서 농담처럼 흘리는 이야기를 듣고 정말 요즘 사람들의 사고가 다르다고 생각하게 되었다.

 어르신들 말씀에 효자 집안에서 효자 난다는 말이 있다. 그 말은 부모가 하는 행동을 자식들이 그대로 따라 배우고 행한다는 이야기가 된다. 만약 지금의 나 자신이 부모를 버리고, 또 찾아오지 못하도록 어려운 이름의 동네나 아파트로 이사를 가고, 부모를 외면한다면, 먼 훗날 내 자식이 똑같이 할 수밖에 없다는 것이다. 아니 당연히 그렇게 해야 하는 것이라고 믿으며 살아갈지도 모른다. 거기까지 생각한다면 섣부른 행동으로 부모를 외면하지는 못할 것이다.

 하지만 지금의 사회풍토는 부모는 없고, 자식만 있다. 아니 500년 전에도 똑같은 말은 누군가가 했을 것이다. 사회는 변화되어가고 있고, 근대화, 현대화 과정을 지나며 점점 민족주의가 가족주의가 되고, 이제 개인주의가 되어가고 있다. 그 사회풍토는 사회적 배경에 의해 이루어지는 것임은 누구도 부정할 수 없을 것이다.

 한동안 정부에서는 우리 뿌리 찾기에 노력했었다. 우리의 것, 전통의 것은 촌스러운 것이 아닌 자랑스러운 것이라는 공익광고를 어디서든 찾아볼 수 있었던 것이다. 하지만 새로운 정부가 들어서고, 전통의 것을 강조하기보다는 새로운 문화, 국제화 시대라는 커다란 사명 앞에 우리의 것은 정신문화마저도 서서히 죽어가고 있음을 볼 수 있다.

  새로운 정부가 들어서면서 가장 먼저 내세운 것이 국제화 시대라는 것이다. 그 영향으로 새로 짓는 아파트는 모두 다 이름이 영어다. 나 자신도 읽기가 어려운 이름이 허다하고 무슨 뜻인지도 모르는 이름의 아파트를 보면 해도 너무 한다는 생각이 들 때가 한두 번이 아니다. 이제는 아파트뿐만 아니라, 행정구역도, 동 이름도 국제화 시대에 걸맞게 영어로 바뀔지도 모른다. 영어를 배우며 자란 우리 세대도 어려운 영어 발음을 어머니 세대는 어찌 이해하실 수 있을까 하는 의문이 든다. 아들 집 찾아갈 때도 종이에 누군가가 적어 준 아파트 이름이 적힌 쪽지를 들고 다니셔야 할지도 모르겠다.

  진정한 국제화 시대에 대해 다시 생각해 봐야 할 때가 아닌가 싶다. 우리의 것을 키우고, 우리의 것을 국제무대에 선보이고 우리 것을 국제적인 문화로 만들어 가는 것이 진정한 국제화가 아닐까? 그중에 가장 아름다운 것은 한글이다.

  우리나라 대한민국에는 세계 어느 나라 문자보다 아름답고, 위대한 한글이 있는데 굳이 영어를 사용해야만 할까? 꼭 저렇게 뜻도, 의미도 없는 문자 조합의 이름을 써야 하는지 궁금할 따름이다. "우리 것은 좋은 것이여"라는 광고 문구가 생각난다. 순수 우리말로 지으면 그것이 곧 세계의 이름이 되고 국제화 시대에 우리의 한글을 국제화시킬 수 있고, 우리나라 위상을 알리는 일이 아닐까 생각을 해본다.

## 친구의 병문안

　우수 경칩은 얼었던 대동강물이 풀린다는 뜻으로 이때는 겨울이 지나고 해빙기에 접어든다는 말로 새해 농사준비를 서둘러야 한다는 뜻이다. 햇볕은 따사로운데 그래도 아직은 바람이 다소 쌀쌀해서 겨울옷을 입기에는 둔하고 무겁게 느껴지고 간절기 봄옷을 몇 겹을 겹쳐 입고 밖을 나서야지 만이 옷깃을 파고드는 꽃샘추위에 감기가 걸리지 않는 날씨다. 한겨울 감기보다 꽃샘추위에 오는 감기가 더 지독하다는 말이 실감이 날 정도로 바람은 부드러우면서도 매서웠다.

　나는 오래전부터 죽마고우인 친구의 입원 소식을 듣고 오랜만에 병문안을 가기 위해 차를 몰았다. 평소 유독 건강관리에 신경을 많이 썼던 친구인지라 아마도 친구들 중에서 가장 오래 살 것이라고 생각을 했던 친구의 수술 소식을 듣고 벌써 우리 나이가 세월의 흔적을 지울 수 없을 만큼 빛바래져 몸속까지 서서히 고장이 나고 있다는 생각을 하니 가슴 한 구석이 서늘해졌다. 돈이 많으면 사람에게 권력을 갖게 하고 병은 사람을 한없이 서글프게 하니 사람이 사는 인생이 너무 단조롭지는 않은가.

　동네 병원이 아닌 대학병원들은 늘 이상하게도 소독약 냄새로 병원 입구에 들어서는 순간부터 친밀감 보다는 차가움이 엄습해 온다. 하얀 가운을 입고 바쁘게 왔다 갔다 하는 의사와 간호사들, 그리고 어두운 표정의 환자들을 볼 때면 나는 왠지 나하고는 거리가 먼 세계에 와있는 착각과 함께 설마 나는 이곳에서 저들처럼 누워있진 않겠지 하는 경계심이 생기기 마련이다. 나이가 점점 들면서 아이들이 커가는 것을 보고 있노라면 언제 이렇게 내 아이를 키웠나 싶다가도 거울 앞에서 주름이 하나 둘씩 늘어가는 것을 보면 저 아이들에게 죽음 앞에서 제발 짐이 되지 않았으면 하는 마음에 매달 나오는 건강보험료는 꼬박꼬박 납부를 하는 것이 한 달에 한번 주기적으로 하는 일이다.

친구 녀석은 병실에서 힘없이 창밖을 바라보고 있었다. 환자복을 입고 링거를 팔에 꽂은 모습을 보니 언제나 씩씩하고 환하게 웃던 그 모습은 사라지고 그저 힘없고 초라한 중년남자의 모습으로 나를 맞이하여 주었다.

"도대체 이게 무슨 일이야? 의사가 뭐래?"

친구 녀석은 뚝뚝 떨어지는 링거 병을 바라보며

"벌써 개나리가 피었더구먼. 이젠 정말 봄이야"

하며 묻는 말에는 대답하지 않고 딴청을 피웠다. 병실은 깨끗했지만, 소독약 냄새와 퀴퀴한 음식냄새 그리고 침대시트와 환자복 사이로 조금씩 보이는 피. 각종 호수와 병원기구들의 나열로 나는 순간 머리가 어지러웠다.

"바쁠 텐데 어떻게 왔어?"

친구 녀석은 괜한 능청을 피우며 장난을 쳤다. 병원에 막 들어섰을 때보다는 그래도 표정이 조금은 밝아진 모습이었다.

"입원을 했으면 진작 말하지 왜 이제야 말해? 도대체 왜 그런 거래?"

나는 궁금해서 참을 수가 없었다. 병명이 뭔지 왜 아픈지 꼭 나에게도 곧 일어날 일처럼 또는 내 건강도 이제는 생각하라는 빨간불이 켜진 것만 같아서 친구를 보는 나의 얼굴이 걱정과 한숨으로 가득 차 있었다.

"걱정하지 마. 조금만 늦게 왔으면 큰일 날 뻔 했는데, 천만다행이지 뭐."

친구는 이야기를 늘어놓기 시작했는데, 그 말인 즉 작년 가을에 종합 검진을 받았는데, 아무런 이상이 없었다는 것이다. 그래서 가뿐한 마음으로 회사 일에만 몰두하고 있었는데 갑자기 배가 꼭 빨래를 짜듯이 그렇게 뒤틀리고 속이 메스꺼워서 가벼운 장염이겠거니 하고 아프다가 말겠지 생각을 했는데, 계속 통증이 왔다는 것이다. 그런데 와이프가 안색이 좋지 않다고 병원에 가자고 재촉을 하는 바람에 왔더니, 입원까지 하고 어마어마한 병이 꿈틀거리고 있었다는 것이다.

"그래서? 그 어마어마한 병이 뭐였는데?"
"조금 늦게 왔더라면 대장암이 될 뻔 했어."

암? 우리나라 국민의 절반이 이 암이라는 이름 앞에 철저히 무너지고 만다.

"대장 내시경 검사를 해보니까, 글쎄 작년 가을에 했을 때는 아무런 이상이 없었는데, 용종이 엄청나게 장에 붙어있더라고. 내가 봐도 징그럽더라."

"그래서? 어떻게 했는데?"

나는 순간 용종이라는 것이 뭔지 머릿속으로 국어사전에서 단어를 찾듯이 열심히 찾기 시작했다.

"용종이 양성이 있고 악성이 있는데 나는 악성이라서 빨리 제거하지 않으면 암으로 발전한대. 그래서 며칠 전에 수술했고 다음주에 또 날짜 잡아 놓았어."

나는 순간 맥이 딱 끊어졌다. 병이라는 것이 이렇게 찾아오는 것이구나 하는 생각에 소름이 끼쳤다. 종합검진 받은 지 일

년이라는 시간이 채 되지 않아서 갑작스럽게 찾아오는 이 병에 대해 어떻게 받아들여야 할지 아마 나 보다도 친구 녀석이 더욱 놀랐을 것이다.

  친구 녀석의 혈압을 체크하기 위해 간호사가 혈압계를 가지고 왔다. 끈으로 팔을 묶고 혈압을 재고 있는 친구 녀석의 모습을 보고 있자니 우리가 이제 더 이상 중년이 아닌 노년의 삶을 위해 부지런히 운동하고 갑작스러운 병을 대비해야 한다는 현실에 새삼 적응이 되었다. 혈압을 체크하고 나가는 간호사의 발목을 붙잡고 '저도 혈압 체크하고 싶어요.' 하고 말이 저절로 튀어나올 뻔했다. 병실 안은 몸 속 장기가 고장 난 사람 또는 화상과 사고로 인하여 붕대를 감고 있는 사람과 보호자들로 다소 북적거렸다. 모두들 얼굴에 생기가 없었다. 아마도 이 답답한 병실에서 하루 빨리 나가고 싶으리라.

  "임마, 너도 이참에 종합검진 한번 받아봐"

  친구 녀석이 낯빛이 어두워진 내 표정을 읽었는지 연신 옆구리를 찔러댔다. 종합검진 받았다가 일 년도 안 되어 갑작스런 병증이 생기면? 그땐 누구를 탓하지? 하늘을 원망해야 되나? 아님 바가지 긁는 마누라? 사람이 돈 앞에서 한없이 초라해 지기도 하지만 돈은 있다가도 없고 없다가도 있는 것이다. 우선 돈에 대한 미련과 집착을 버리고 마음을 편안히 하고 나 보다는 부모에게 효도하고 사회적으로 나약한 사람들을 돕는 일에 솔선수범 하는 자세를 지니는 것이 몸과 마음에 있는 작은 병부터 고쳐나가는 일은 아닐까? 이렇게 생각을 하니 이제부터라도 새삼 서둘러서 실천해야 겠다는 생각에 몸이 가뿐해지는 느낌이다. 친구 녀석의 병문안이 주는 교훈을 마음에 새기며 세상에서 무엇보다 가장 소중한 것은 건강 이라는 것을 다시 한 번 깨닫게 되는 일이었다.

# 작가 김재진

목차
1. 삶에 대한 해학적 단상
2. 리턴 〈수학여행〉
3. 일탈의 기억
4. 노년에 대한 단상

#프로필
대한문학세계 시, 수필 부문 등단
(사)창작문학예술인협의회 회원
대한문인협회 대전충청지회 정회원
대한문인협회 사무국장
대한시낭송가협회 정회원
대한창작문예대학 졸업
문예창작지도자 자격 취득
〈저서〉
제1시집 [감성시객]
제2시집 [감성시객2 찰칵!]

#시작 노트
푸르렀던 청춘 열차를 허겁지겁 타고 와서는
중년의 삶에 간이역에서 잠시 정차 중입니다.
지나온 삶을 되돌아보면서 자책도 해보고
그리워도 하면서, 긴 호흡을 내뱉습니다.
붉게 물들어갈 노을길이 보람된 자취로 남아서
방황하는 청춘들에 이정표가 되길 희망해봅니다.

## 삶에 대한 해학적 단상

홀 할아범이 집을 비운 지가 수년 된 집을 자식들에게 사바사바해서 어렵사리 장만합니다.

하늘이 점차 높아져만 가는 이국적인 초여름에 단비인지 장맛빈지 자주자주 다녀가는 탓으로 온갖 잡초들에 영역 다툼이 한창입니다. 누가 주인이고 누가 객인지도 모를 일입니다. 기가 차고 코가 차서 비장한 혀를 내두릅니다.

빈집은 곤충이나 벌레들이 용케도 알아챕니다. 집안에 갈라진 틈새마다 개미들이 장사진을 치고 재래식 화장실과 헛간에는 자릿세를 받을 요량인지 거미들에 그물망이 촘촘합니다.

내자와 논의 끝에 맞불 작전 일자를 택일합니다. 텃밭 옥수수 상추 호박 고추며 울안 감나무까지 일렬종대로 때로는 횡대로 나름 치부책에 적힌 대로 무례함의 극치에 대적해 보기로 합니다.

말인즉슨, 사실 따지고 보면 하늘 아래에 애초부터 주인이 어디에 있다고 하겠습니까? 줄긋기를 좋아하는 몰염치가 있을 뿐입니다. 나름의 의미를 가져와 제가 살자고 하는 짓인데 선과 악의 이분법으로 힘에 원리로써의 불편한 진실로부터 세상의 잣대를 들이대고 어불성설로 배타적인 영역을 그어놓습니다. 어찌 보면 가엾고 안타까운 일인 게지요.

　더불어 공존할 지상 최대의 묘책은 없는 걸까요? 일급수에는 대다수의 물고기가 살 수가 없듯이 조금씩은 내려놓고 산들산들 부는 바람도 나눠 쐬고, 따스한 햇볕도 사이사이 충만하면 내가 잡초인지 잡초가 나인지는 잘 모르겠지만 마음 한 편을 너그럽게 하고, 후덕하단 소린 못 들어도 조금의 양심도 없다는 가책은 될 수 있는 대로 듣지 말고, 생긴 대로 어울렁더울렁 살아가 봅시다.

　이녁도 중하지만 내가 좀 더 중한 거로 치더라도 차마 너무 모질게는 처신 말고, 살자고들 하는 짓인데 잡초들에도 한구석 내어주고, 아침햇살에 꼼지락꼼지락 바지런 떨다 보면, 무심한 세월에도 한시름 놓으리다.

# 리턴 〈수학여행〉

새벽을 가로지르는 자명종 소리에 새우잠에서 깼다. 창문을 열자 쏟아져 들어오는 새벽 공기는 봄이라지만 아직은 찬기가 서린다. 주섬주섬 옷가지를 챙겨 집을 나서는 모양새가 어색하고 추레하지만, 기분은 좋다.

마지막 교복 세대로서의 수학여행지를 강원도 설악산을 거쳐 경주 불국사로 갔었다. 까까머리 사춘기 소년들이 이제는 머리 희끗희끗한 중년의 아버지들이 되어 있다.

처자식 건사하느라 눈가에는 잔주름이 자리했고 그나마 어느 정도 마음이 여유로워진 친구들이 리무진 버스에 졸린 눈을 비비며 오른다.

낯익은 반가운 얼굴들도 보이고 생전 첨 보는 타관바치들도 눈에 띈다. ㅋㅋ 악수를 청하고 근황을 묻고 잠시 적막이 흐를 즈음 금강유원지에 도착해서 후배들이 챙겨준 김밥 한 줄과 뜨끈한 국물로 벤치에 삥 둘러앉아 출출한 시장기를 속인다.

학창 시절 흑백 사진첩을 뒤척이다가 밤잠을 설친 나른함과 포만감에 한숨 자려 했더니 소모임으로 나름 친해진 녀석들이 손짓발짓하며 버스 맨 뒤 칸으로 오라고 아우성친다. 이크~ 식당 하는 녀석이 홍어 한 마리를 무쳐 왔다. 일 년이면 한두 번 해볼까 말까 하는 새벽 건배를 주거니 받거니 하다 보니 얼큰하게 취기가 오른다. 참~ 일탈이란 게 이래서 좋은가 보다. 힘든 삶에 현장에서 벗어나 동이 터오는 새벽녘에 동문 학습 한 벗들과 지나온 삶에 고단함을 안주 삼다 보니 어느새 리무진 버스는 경주시가지로 들어선다.

천년고찰 불국사에 도착하니 왕벚꽃이 흐드러지게 피어나 울긋불긋한 인파들의 행렬과 어우러져 일대 장관을 이룬다. 와~ 자르르한 한 폭 병풍이다. 천년 고찰은 세월 탓인지 일부 수리 중이어서 조금씩 삐거덕거리는 모습이 우리네 육신과 도긴개긴 닮아 보인다. 절벽에 새겨진 단청이 천년에 세월을 버텨내느라 군데군데 낡았지만 그래도 고고함은 잃지 않았다.

누군가 절에 가면 뒤뜰을 살펴보라고 했다. 절 주인에 단아함을 엿보인다. 깔끔하게 정돈된 뒤뜰엔 고목이 꽃을 피워 정겨움을 더한다. 절 뒤뜰 장독대에는 어느 임이 쌓았는지 돌탑이 장관이다. 연신 흔적을 남기느라 울 동기들은 사진 담기에 여념이 없다. 그 모습이 각박한 세월을 지탱해 온 아버지들이 아닌 사춘기 소년들처럼 들뜬 모습들이다.

일정에 맞추느라 아쉬움을 뒤로하고 감포 횟집에 여장을 푼다. 신선한 횟감과 각종 해산물에 낮술 한 잔 안 할 수가 없다.

짓궂은 녀석들이 가만히 놔둘 리도 없다. 건배하고 오랜만에 만난 친구들과의 어색한 거리를 궁둥이 바싹 당겨 좁혀본다.

무령왕릉 산신제가 엊그제 있었다고 한다. 제물로 바쳐진 10마리 소와 돼지가 시선을 경악게 한다.

"스케일이 장난이 아니다~ 역시"

무령왕릉 바닷가에서 부서지는 파도 소리에 귀 기울이니 그간 쌓였던 스트레스가 줄행랑을 친다. 넘실대는 파도 소리와 갈매기 푸드덕푸드덕 나는 풍경을 뒤로한 채 첨성대로 향했다. 어마어마한 유채꽃밭이 한눈에 들어온다. "또 한 번 장관이다." 꽃밭 사잇길로 사진 찍는 사람들에 물결~ 삼삼오오 어우러져 웃는 입꼬리에 행복이 담긴다.

와~ 엄청난 왕릉들 그 앞에 펼쳐진 드넓은 공원 그간 답답했던 체증이 한방에 뻥 뚫린다. 저뭇해질 무렵 근처 막국숫집에 들러 저녁 요기를 마치고 리무진 버스에 오르니 종일 참았던 봄비가 촉촉이 거리를 적신다. 잠깐에 일탈이었지만 너무나 기분이 좋다.

인생 뭐 그리 대단한 게 있다고 이런저런 걱정에 일탈은 꿈도 못 꾸고 사는 뭇 친구들이 아쉬움으로 다가오는 저녁이다.

유수처럼 흘러가는 무상 섞 세월에 가끔은 벗어놓고 내려놓고 살자. 오늘이 내 생에 가장 젊은 날이다.

## 일탈의 기억



문득 서러워지는 행간의 오후에 추적추적 내리는 비는 마음을 쓸어내리고 동당 거리며 사는 제 모양새가 애잔해져 퍼붓는 빗속에 어렴풋한 남도로 방향을 잡았다. 어스름 질 때의 물안개처럼 아른거리는 시야. 어디로 가야 하지?

그래 늘 산이 좋았다. 흐릿하게 스쳐 가는 팻말에 덕유산이 들어왔다. 우중에 인기척을 노크해 숙소를 정하니 그제야 안도감에 마음이 놓인다. 이 밤에 여기는 왜 왔고, 사는 건 뭔지 나는 왜 낯선 이 거리를 배회하는지…

근처 상점에 들러 소주랑 먼지 폴폴 쌓여가는 익숙한 주전부리 몇 가지를 더 챙겼다. 쾌쾌한 모텔방 낯선 이방인의 체취에 쪼그리고 앉아 한잔 걸치니, 취기가 올라온다. 어둑한 쪽창을 무심코 내려다보니, 이 우중에 빗속을 뚫고 차들이 들어온다.

왜 저리들 어둑한 밤길을 달려오는지 비바람에 질척거리는 이 밤길을 여유인지 아니면 현실에 쫓기는지 부지런 떨고 자식들 뒷바라지하는 우리네 살아가는 여정이 짠하다.

 내일 떠날지도 모르는 게 우리네 인생길인데 왜 이리 허둥지둥 살아가야 하는 건지 괜스레 서글픈 생각이 든다. 새벽녘까지 뒤척이다가 눈 부신 햇살에 주섬주섬 챙기고 고양이 세수하고 양치하고 근처 눈길 가는 식당에 들러서 깍두기에 금세 국밥 한 그릇을 비우고 어머니 품 같은 지리산으로 향했다.

 익숙하지 않은 낯선 길이라 오는 내내, 내심 불안했는데 저 멀리 주유소 간판이 눈에 들어오니, 불안했던 근심이 한순간에 해소된다. 산다는 것은 분주한 일과에 에둘러 제 그림자에 쫓기듯이 늘 오 촉 등을 켜고 산다. 내려놓아야 하는데 늘 짐이 한 짐이다.

 멈추면 비로소 보인다는 혜민 스님 글귀를 머리맡에 두고 지난밤을 밴드 친구들의 맘 글로 보냈더니 아침 기분이 소르르 맑아진다. 비슷한 일상에 비슷한 날들인데 오늘은 어느 정도 편안함이 자리한다. 파리해진 일상을 접어두고 낯선 곳으로 여행을 떠나와 보니, 행복이 송골송골 맺히는 산책길이 좋고 빠듯한 여정에 잠시 쉬면서 활력도 충전하고 전쟁터 같은 일터로 기분 좋게 상경한다.

 덕유산아 ~ 지리산아~ 반겨줘서 너무나도 고맙고 사랑한다. 엄마 품처럼 마냥 좋았다. 힘에 부치면 언제든지 또 올게. 기꺼이 받아 주리라 믿는다.

## 노년에 대한 단상

 필자에겐 94세의 노모가 계신다. 한동안 막내 여동생 집에서 기거하시며 주간보호센터에 다니셨는데 상황이 점점 더 여의찮아져 결국은 상의해서 근처의 요양원으로 모셨다.

 20여 년 전에 선친이 지병으로 작고하신 뒤에 시골집에서 홀로 밤을 지새우기가 무섭다고 하셔서 도심에 단출한 전셋집을 얻어서 자식들과 근거리에 사시게 되셨다.

 평생을 채식 위주의 식단이어서 속 건강에는 문제가 없으셨으나 세월이 야속한 탓으로 깜박깜박하는 횟수가 점점 늘어가시더니 수년 전부터는 망상장애로 이웃들과도 통상적인 소통이 어렵게 되셨다.

 슬하에 3남 2녀를 두셨는데 10여 년 전에 막내아들과의 생이별을 힘들어하셨기에, 몇 해 전에 작고한 형님의 부재는 알리지 않고 있다.

지금은 치매가 점점 더 심해지셔서 지난 기억을 대부분 잃으셨으니, 한편으로는 다행이란 생각을 하게 돼 인생이 참 아이러니하기가 짝이 없다.

작금에는 선진국형 고령화 사회가 되면서 노인 복지에 최대한 심혈을 기울이고 있지만 점차 중산층의 붕괴로 이어지는 상황이어서 자식 된 도리라고는 하지만, 효에 대한 개념도 과도기를 지나고 있다고 본다.

필자도 인지 능력이 떨어진 어머님을 근거리 요양 시설로 모시고자 논의했으나 착한 여동생의 간곡한 만류로 좌시하고 있던 상황들이 안타깝기 그지없었다.

주변에 어찌하지 못해 치매 부모를 모시면서 힘겨워하는 경우를 종종 보는데 너무 안타까운 생각이 들고 자식 된 도리로 하루하루가 행복하지 않은 나날들이라면 이 또한 어폐가 있다고 여겨진다.

각박한 현실에서 효에 대한 문제는 뜨거운 감자일 수밖에 없지만, 중년을 지나면서 노년에 대한 설계를 적절히 해두면 어떨지 하는 생각이 든다.

우리네 부모 세대들은 가진 것을 일찌감치 자식들에게 분배하고 힘들어하시는 노년을 대부분 사시고 계시는 추이지만 시대는 급변하고 있고, 고령화 사회가 된 만큼 자식들은 자식들의 삶을 살게 하고 노년에 삶은 스스로 감내해야 하지 않을까 하는 필자 나름의 주관적인 의중을 피력해 본다.

　국가에서 노인 복지에 최대한 지원하고 있고 보험이라든가 지병이라든가 미리미리 체크하고 관리해서 불확실한 노년이 아닌, 어느 정도는 확고한 노년을 살아가면 어떨지 하는, 노년에 대한 단상을 심심하게 전하고 말년에는 자식들이 불편하지 않게끔 지혜롭게 잘 마무리하고, 호스피스 병동에서 편안하게 잠들고 싶다.

# 작가 김희영

목차
1. 일상의 아름다운 이야기
2. 어머니의 계절
3. 바보와 콩깍지

#프로필
대한문학세계 시, 수필 부문 등단
(사)창작문학예술인협의회 이사
대한문인협회 인천지회 정회원
2016년 순우리말 글짓기 공모전 대상
2016년 한국문학 예술인 대상
2018년 짧은 시 짓기 공모전 대상
2021년 신춘문학상 대상 외 다수
〈저서〉
시집 [시간 속에 갇힌 여백]

#시작 노트
어머니의 계절은
언제나 사람이 풍성한 계절이다.

어머니의 삶이 그러하듯
어머니의 일생은
사람과 함께 하는 삶이었다.

수필 〈어머니의 계절〉 중에서

## 일상의 아름다운 이야기

무더위도 돌아보면 세상을 참 아름답게 빛내 줍니다.

어제 같은 오늘이 없고 오늘 같은 내일도 없습니다.

허송세월 보내지 말고, 밝은 빛 속에 살기를 갈망하고 맑은 생각과 예민한 감성으로 빛 속을 걸어가고 싶다.

눈을 똑바로 뜨고 어떤 것이 참된 것인지 어떤 것이 거짓인지 분별 되고 빛처럼 많은 감성으로 저물어 가는 시간에 서산에 걸려 있는 노을을 탐색해 본다.

허송세월에 바쁜 나를 끌어당기는 자석 하나는 [바보와 콩깍지] 사연을 소개해 본다.

바보라는 의미가 보고 또 보고 아무리 보아도 자꾸 자꾸만 보고 싶다는 뜻이고, 콩깍지의 의미는 내 눈에 안경 멀리에서도 가까이에서도 볼 수 있는 망원경 같은 눈.

작가 김희영

내 눈에 씌워진 콩깍지,
깐 콩깍지인가?
안 깐 콩깍지인가?

이들의 이야기는
밤새워 엮어도 끝날 줄을 모른다.

오늘은 바보 이야기를 해볼까 한다.

마음이 한번 구겨지면 펴기가 어렵다고 매일매일 한결같은 마음으로 상하지 않도록 남을 먼저 배려하는 폭 넓은 사람이 되라고 격려를 한다.

부족한 내가 많이 배우는 편이다.

정직한 말과 열심히 땀 흘리고서도 대가를 바라지 않고 모든 일을 당연한 것으로 받아들이고 행동으로 보여주는 삶을 사는 바보를 보면서 나도 안경을 똑바로 쓰고 정확하게 볼 줄 알아야겠다고 생각한다.

남의 말을 귀담아듣고 상황을 잘 판단하며 뛰어난 기능을 사용할 줄 아는 능력이 참으로 칭찬하고 싶다.

머리가 나빠서 많이많이 노력해야 따라갈 수 있다는 말은 겸손으로 들린다. 기억력이 뛰어나고 노력 또한 열심이니 총명하고 지혜롭다.

그대가 있어 고달픈
삶의 끝자락이
따뜻한 위로가 됩니다.

바보 그대
오늘도 안녕하신가요?

# 어머니의 계절

어머니의 계절은 언제나 사람이 풍성한 계절이다. 어머니의 삶이 그러하듯 어머니의 일생은 사람과 함께 하는 삶이었다. 넉넉하면 넉넉함으로 가난하면 가난한 대로 콩 한 쪽도 이웃과 나눠 먹는다는 말은 어머니를 두고 나온 말이 아닌가 싶을 정도였다.

언제나 사람과 함께 했고, 나보다 더 어려운 이웃을 보면 그냥 지나치지 못하는 어머니는 천사였다. 언제나 사람들과 함께였고, 그만큼 나와 함께 하는 시간이 짧아질 수밖에 없었다. 어머니는 혹시 내가 소외감을 느끼게 되지 않을까 하여 그 마음을 다독여 주시는 것을 잊지 않으셨다.

봄이 되면 어머니의 손길은 바빠졌다. 논으로 밭으로, 그리고 보릿고개에 굶는 동네 분들을 위해 곳간에 남아 있는 고구마, 감자, 콩, 토란 등 먹을 수 있는 곡식은 모두 꺼내었고, 산으로 들로 다니며 이제 막 자라나는 새싹 중에 먹을 수 있는 것은 모두 바구니에 담아 오셨다.

그리고 보릿고개를 넘기지 못할 것 같은 동네 어른들과 아이 할 것 없이 모두 집으로 불러서 한 끼라도 맛있게 먹는 것을 보셔야 마음이 편하신 듯했다. 그제야 어머니는 얼굴에 흘러내린 땀을 닦으시며 입가에 미소를 머금으셨다.

비가 오는 봄날 우리 집은 아녀자들의 사랑방이었다. 들에 나가 일을 할 수 없었기에 집안일을 가지고 와서 온종일 수다와 함께 헌 옷을 깁거나, 양말을 깁고, 한쪽에서는 길쌈을 하며 물레를 돌리고 그러다가 식사 때가 되면 함께 쑥을 캐어다 인절미를 만들고, 진달래꽃을 가져다가 화전을 만들어 먹기도 하며 삶의 고단함을 털어내는 것 같았다.

동네 어르신께 인절미나 화전을 가져다 드리는 것은 내 몫이었다. 그러나 그 심부름이 싫지는 않았다. 감사하는 마음을 전하는 어르신들의 말에서 난 어깨가 으쓱해졌다. 어머니를 칭찬하는 말은 곧 나를 칭찬하는 것 같았고, 그때마다 겸손하라는 어머니의 말씀이 생각나 고개를 조아리기도 했다.

장대비가 주룩주룩 내리는 여름날엔 동네잔치가 벌어졌다. 무쇠솥에는 하얀 감자를 뚝뚝 썰어 넣은 육수가 끓고 그 위에 밀가루로 된 수제비 반죽을 뚝뚝 뜯어 넣는 어머니의 손길엔 즐거움이 묻어났다.

푸성귀가 가득한 여름이어서 상추와 고추, 그리고 식은 밥만 있으면 한 끼 식사가 해결되는 계절. 어머니는 지나는 객에게도 찬밥을 내어준 적이 없었다. 여름에도 따뜻한 밥 한 끼가 하루를 지탱하는 힘이 된다는 것을 진리처럼 생각하셨기 때문일 것이다.

 가을 추수가 끝난 늦가을 쯤 대청마루에 동네 아주머니들의 발걸음이 끊이질 않았다. 서로 밑반찬을 만드는 것을 배우기도 하고, 매, 난, 국, 죽을 화폭에 담기도 하고, 열두 폭 병풍에 수를 놓기도 하며 서로 배우고 가르치는 요즘 말하는 부녀회 모임이 자연스럽게 만들어졌다. 뿐만 아니었다.

 가정 경제에 도움이 되는 일감들을 가져다가 함께 모여 일하며 아이들의 손에 오원짜리 용돈이라도 쥐어 줄 수 있게 하려는 어머니들의 고단함도 함께였다. 그 고단함을 잊고 상부상조하며 일할 수 있는 마당을 어머니는 제공하셨던 것 같다.

 어머니의 이야기는 군청이나 도청에까지 소문이 났고, 누군가는 상을 추천하기도 했다. 그러나 어머니는 시상식에 단 한 번도 나가신 적이 없었다. 당연히 해야 할 일을 했을 뿐이라며 거절을 했다.

 그러나 어머니의 따뜻한 마음을 그냥 지나칠 수 없었던, 군청이나 도청에서는 직접 찾아와 어머니께 상을 전달하기도 했다. 거의 매년 이런 진풍경을 보며 자랄 수 있었다.

 어머니의 계절은 다른 분들과 함께 하는 것만은 아니었다. 어머니는 유난히 꽃을 좋아하셨기에 대문을 헐고 양쪽에 줄 장미를 심어 아치를 만들었다.

그리고 일 년 열두 달, 대문을 향하는 담장아래에서 마당에서, 어머니의 정원에서 꽃이 피었다 지고, 다시 피기를 반복했다. 삭막한 겨울에는 어머니의 정원은 방안에서 꽃을 피웠다. 그리고 밖에는 눈꽃이 만발하기에 어머니의 삶은 꽃향기와 함께 한 삶이었다.

　향기는 꽃들이 자신을 태워가는 냄새일 것이다. 자신의 삶을 태워 바람에 향기를 날리고 꽃이 떨어지고 나면 묵직한 열매를 맺어 선물하는 것. 그것이 어머니의 일생이고, 어머니의 삶이고, 어머니의 사계절이었다는 것을 이제는 알 수 있을 것 같다.

　어머니는 일생을 배려와 솔선수범으로 말이 아닌 행동으로 보여주셨다. 말을 뱉었으면 실행해야 했기에 어린 내가 보는 어머니는 자신의 단 한 번의 실수도 용납하지 않으셨다. 자신에게는 너무나 엄격했고, 타인에게는 너무나 자상하셨던 어머니.

　어머니의 삶 앞에 초라한 내 삶을 본다. 어머니의 삶을 따라가려고 노력하지만 따라갈 수 없고, 조금은 내 삶이 우선이 되기도 하고, 배려한다고 하지만 어머니의 마음처럼 되지 않으니 삶을 살아갈수록 어머니의 즐거움이 배려이고 함께하는 삶이었다는 것을 깨닫게 된다.

　어머니는 천사가 지상에서 벌 받는 것은 아니었을까. 인간이라면 한 번쯤 그런 삶이 싫을 수도 있지 않았을까. 그럼에도 언제나 밝고 평온하신 어머니의 얼굴은 행복한 모습이었다. 베풀기에 행복해 하신 어머니의 삶을 따라가기 위해 오늘도 어머니의 그림자를 따라간다.

인생의 끝자락에서 그래도 조금은 어머니 삶과 비슷하게 살았다는 마음의 평화를 얻기 위해 오늘도 어머니를 좇는다.

# 바보와 콩깍지

이글거리는 여름 땡볕의 아지랑이 물결 위에 안부를 묻습니다.
그대 안녕하신가요?

오늘은 블랙 커피로 아침을 시작해 보았습니다. 아직 쌉싸름한 맛이 적응되지는 않지만 커피 향을 입 안 가득 느껴봅니다. 쌉싸름한 인생에 향기 가득하듯...

누구 따라 시인이 되려나?

커피가 받을 때는 마셔야죠. 걱정하지 않으셔도 됩니다. 많이 마시지는 않으니까요.

생명과 사랑이 넘치는 길로 함께 나가요. 새 예루살렘으로...

그대가 있어 고달픈 삶의 끝자락이 따뜻한 위로가 됩니다.
바보 그대 오늘도 안녕하신가요?

외국인들이 아침부터 연신 셔터를 눌러 댑니다. 이국땅에서 하루를 보내고 이제 긴장이 풀렸나 봅니다. 그저 일상인 낯선 땅의 모습이 뭐가 그리 신기한지... 그래도 가족과 친구들에게 보내기 위해서 열심히 찍어 댑니다.

그대가 여기 계셨다면 저도 그들처럼 열심히 찍어 댔을 터인데...

오늘도 그리움과 기다림 사이에서 하루를 보냅니다. 콘크리트 벽에서도 꽃이 피어나듯 어둠 속에서도 봄은 오고 달빛에 젖은 어둠도 봄빛으로 젖겠지요.

오늘은 이 시가 생각나네요.

기다림에 지쳐
밤을 맞이할 때면
기쁨은 배가 되겠죠!!!

진귀하시고 빛나는 보물 같은
당신으로 인하여 감사드립니다.
즐거운 하루를 보낸 것 같습니다.

# 작가 류동열

목차
1. 가슴이 부서지면서 내는 소리
2. 七旬의 하늘 여행
3. 빛을 보면서

## #프로필
대한문학세계 시, 수필 부문 등단
(사)창작문학예술인협의회 회원
대한문인협회 대구경북지회 정회원
대한창작문예대학 제7기 졸업
2025년 신춘문학상 장려상
2023년 한국문학 올해의 작품상
2023년 짧은 시 짓기 공모전 동상 외
〈저서〉
제1시집 [삶이 익으면 모두가 부자]
제2시집 [너랑 나랑]

## #시작 노트
사람아 너 어디에 있느냐?
신앙인으로서 평생을 예! 여기 있습니다.
어릴 적 엄니의 완고한 믿음의 결정체에 순명의 삶을 맞이 해온 幼年 시절
오늘 나를 있게 해온 무거운 짐이다

아부(버)지의 얼굴도 기억할 수 없는 아픔.
엄니의 애비 없는 호로자식으로 키울 수 없는 자존심에서
홀 엄니의 가슴으로 키워낸 삼남매의 한 부분

고생을 별식으로 맛있게 먹고 성장
어제가 오늘이 되어
벗어날 수 없는 꿈을 향해 떠나고 있다

# 가슴이 부서지면서 내는 소리

　사연인 즉, 생각하기도 싫고 기억에 두기도 싫은 슬프고 안타깝고 숨이 막히는 사건이었다. 이제껏 내가 겪었던 아픔이 있었다면 당연 첫 순위라고.

　우리 부부는 손이 참으로 많이 가고 힘이 많이 드는 외식업을 운영하고 있다. 거의 매일 시장에 장 보려고 새벽에 집을 나선다. 부족한 잠은 접어두고 고된 일상의 연속이나 그런대로 손님은 많은 편이어서 즐겁게 하루를 시작한다.

　나는 울 마님보다 일찍 새벽 4시쯤 알람 시계의 노래를 맞추어 일어나 오늘 해야 할 것을 몇 가지 준비를 하면 6시쯤 마무리. 새벽 시간에 내가 해야 할 일을 끝내고 냉수 샤워를 한다. 일 년 내내 하루도 빠짐없이 제아무리 추워도 그렇게 하지 않으면 무언가 잃어버린 것 같은 이제 습관이 되었다. 청소년부터 시작해 온 하루 일과 시작 前의 준비 운동이라고 할까. 겨울이면 몸에서 나오는 하얀 증기로 탕 안에 가득 채워질 때의 기분, 오늘에 중년을 넘어 노년에 이른 오늘에도 계속되어 건강을 지킬 수 있는 비결이 아닌가.

 내가 해야 할 일을 다 하면 새벽 場에 가려고 우리 부부는 부지런하게 서두르고 시간이 나면 새벽 미사에 참석하려 성당으로 향한다. 미사를 마치고 나면 빠듯한 시간은 이런 생각 저런 마음 가질 여유 없이 어제와 같은 인간 로봇이 되어 힘듦도 표 낼 수가 없는 일정 식자재 마트로, 시장으로 장 보러 간다. 시간이 부족하여 이리 뛰고 저리 뛰고 할 때, 짝꿍에게 전화가 왔다. 큰 사위다. 딸이 갑자기 많이 아프단다. 딸은 임신 중이었다. 급히 병원 이송 중이라고 얼마 후 연락이 또 왔다. 태아가 사산되었단다. 아내가 쓰러지는 것을 부축하며 갑작스런 충격, 슬픔에 가슴이 무너지는 눈물은 앞을 가리고 어떻게 해야 할지를 하늘에서 주신 소중한 선물인데 어떻게, 왜.... 하늘에서 다시 거두어 가셨다. 사람의 힘으로는 감당할 수 없는 슬픔 참으로 미약하기만 했던 고통, 이제껏 받아 보지 못했던 충격이었다.

 또 연락이 왔다. 딸아이가 많이 위독하단다. 호흡을 제대로 할 수가 없어 응급 상황이라는 연락이다. 우리 부부는 발만 동동거리며 허공만 쳐다볼 뿐, 쉼 없는 눈물이 앞을 가린다. 우리 부부는 늦게 결혼하여 얻은 딸아이의 가슴 터지는 소식은 온 집안을 깊은 굴속으로 밀어 넣었다. 희망의 빛을 볼 수도, 숨도 막히는 밀봉된 고통의 굴속으로 두려움과 무서움이 가득 채워져 어디 도망도 갈 수가 없었다.

 몇 날을 초긴장 속에 하루하루를 맞이하며 우리 부부는 슬품과 아픔을 이겨 낼 수가 없어 하늘에 기도로 간절하게 매달렸다. 무릎을 꿇고 온 마음 다하여 임께서 함께해 주시길 매일 몇 날을 끊임없이 그렇게 하였다.

모습도 볼 수 없었던 孫(손)의 장례. 가슴이 부서지며 내는 소리는 흙으로 돌아갔다.

몇 날 後 사위 아들에게 전화가 왔다. 위급 상황은 지났다고 하였으나 마음은 불안 몇 날이 지난 지금에도 딸아이의 고통은 계속 지속되고 있다는 것에, 중환자실에서 간호를 받고 있다는 것에, 우리 가족 모두는 긴장을 풀 수가 없었다. 超(초)긴장의 순간 아픔과 두려움, 고통은 하늘에 기도로 풀 수가 있었으며 하늘 도움의 긴 시간 기다림, 아픔은 딸아이의 전화 통화로 힘듦의 고통에서 안심의 숨을 열 수가 있었다.
"아부지, 나 괜찮아요."

하늘에서 주신 선물을 거두어 가셨을 때의 하늘에 대한 원망은 크게 용서를 빌고 땅에서 우리의 잘못은 많은 반성을 통하여 시간의 곳간에 채워 넣으려 한다. 참으로 힘든 시간들이었다. 다시는 일어나지 않아야 하는 고통 하나하나가 희망으로의 삶이 되길 바란다.

# 七旬의 하늘 여행

아니 벌써 꼬부랑 고개를 넘어가려는 시간의 주인공이 되었나 하는 부끄럼도 있지만 결과는 눈 안으로는 보이지도 않고 찾을 수가 없으나, 뒤돌아 살아온 生을 그림으로 그려 보면 모두가 고맙고, 감사하고, 미안하고, 열심히 살았는지 후회 없이 살았는지에 대해 마음은 무거움을 느낀다. 유수와 같은 세월이라고 했나?

시간적 여유 있는 삶은 아니기에 조금은 아쉬운 감도 있다. 그러나 최선을 다하고 열심히 살아왔고 껍데기 시간을 맛있게 먹어 본 적은 없었으며 주어진 내 것, 내 삶에 대해 가득가득하게 채우려 했던 것은 사실이다. 지금, 이 순간에도 무언가 쓸 만한 것이 어딘가에 떨어진 것은 없는가, 나의 부족함을 채울 수 있는 것이 있지 않았을까 하는 것에 쉼 없이 두리번 두리번거린다.

주마등이 되어 가슴에 모아지는 것에 마음은 아직도 내가 다양하게 쓸모가 있는 것이 아닌가 하는 驕慢의 너스레를 떨면서도 참으로 다행스럽다, 라고 슬며시 욕심도 내본다. 아직도 무언가에 뜻이 있고 도전의 삶에 꿈틀거리고 있음은 처지지 않는 용기에 지난 세월이 허술하게 살지는 않았구나! 하는 나 스스로 自畵自讚도 해본다. 힘들고, 어렵고, 많이도 고달팠던 지난 시간의 삶을, 내 가슴 곳간 깊은 곳에서 하나둘 꺼내어 보려니 행복하고 성과 있는 것은 크게 많이 있지는 않았으나 나름의 처지에서 돌이켜보면 커다란 결과는 많이 있는 듯하다.

 무엇보다 나에게는 가진 것이 너무 부족했던 것이 너무 많아, 크게 결과를 내지 못한 것이 아닌가 하는 위로를 하면서 또한 변명도 만들어 본다.

 아부지 얼굴도 기억 못 하는 꼬꼬마일 적 아부지는 하늘에 올라가시고 홀 엄니와 삼 남매가 보릿고개를 넘기며 아주 가난하게 幼兒와 小年時節이 있었기에 공부도 그렇고 금전도 그렇고 하니 세상에 대해 일찍 눈을 떴으리라 생각한다.

 이렇게, 저렇게 나는 生에 누구만큼 고생을 즐겁게 하지 않았구나! 하는 우스갯소리도 해본다. 어려서 고생은 금전을 주고도 살 수가 없다 하였다. 山戰, 水戰 모두 겪은 이런 아이가 오늘의 얘기다. 성과도 보여 주질 못했던 수많은 공간들 속에 결과물은 뚜렷하게 있질 않았으나 무탈하게 수많은 시간을 얼굴에서 지우지 않고 항상 웃으려 노력했으며 이로 인한 좋은 결과는 주위에 많은 사람들 날 보고 너무 인상 좋다는 말을 많이 듣는다.

 나에게 座右銘이 있다.
"긍정적인 삶은 희망을 낳는다."

얼마 前에 행복한 날, 나에게 커다란 일이 있었다. 나의 七循 생일을 우리 아이들이 함께해 주었다.

몇 년 前부터 아부지 해외여행 가라고 계속 이야기가 있었고 아이들이 보내준다는 것이었다. 우리 부부는 현실적으로 어려운 여건인 만큼 불가능하기에 포기하고 있었는데 난데없이 七旬잔치를 하겠단다.

일정을 잡아 놓았고 나름대로 프로그램을 만들고 드디어 디데이 삼 남매가 저희들 곳에서 울 집으로 내려왔다. 참으로 오래간만에 두 딸 부부, 막내 아들, 우리 부부는 아직 손주는 없으니 일곱 식구가 모처럼 한자리에 모이는 행복, 말로 형언할 수 기쁨. 내 생일 날을 화이트데이로 정하고 간단하게 저녁을 먹는 것으로 1부를 마무리하고, 2부는 그다음 날 내 고향에 계시는 날 세상에 보내주신 내 부모님 유택을 방문하기로 했다.

우리가 식당 일을 마무리하고 그날 식당에서 맛있는 케이크 자르기로 시작하여 하하 호호 웃음바다가 모처럼 삶의 무거운 짐을 덜어주는 자리가 되었다.

잔치라기보다 오랜만에 한 울타리 속에 옹기종기 행복했다. 다 좋고 기쁜데 뭔가 부족한 것이 내 마음에 커다란 구멍을 내고 말았다. 우리에게는 손주가 없다는 것에 많은 아픔을 맛 보았기에 가슴이 아프다. 간단하게 저녁을 먹는 것으로 1부를 마무리했다.

애들은 제들이 비밀하게 우리 부부가 모르는 모임을 오래전에 만들어서 아부지, 엄마 七旬 때 해외여행 보내주려고 조금씩 돈을 모아 준비를 했던 것이다. 저희들 생활하는 것도 많이들 힘들 텐데 孝의 사랑을 내는 아이들에게 고맙다. 고맙다를 수없이 반복했다.

우리 부부는 오늘의 가게 일로 여행을 할 수가 없다는 것을 강력하게 피력했기에 별로 마음을 두고 있지 않았고 해외여행은 포기했고 불가능하다는 것을 屢次 이야기했음에 아이들은 여행 때 들어갈 부분의 경비인지는 몰라도 많은 현금 5만 원권이 영화 필름 돌아가듯 커다란 통에서 쏟아져 나왔다.

生에 처음 맞이하는 참으로 놀랍고 최고의 사랑이 채워진 선물이었다. 고맙다, 고맙다, 애들아….

오늘의 행복 영원히 잊고 싶지 않은 七旬, 당일날 나는 일정에 관하여 제안을 했다. 고향에 선산에 모셔진 부모님의 유택에 들렀다가 윗대 조상님 산소에도 잠깐 들르기로 하였다.

아들은 추석 즈음 벌초하러 예초기를 들고 나랑 함께 여러 번 갔었기에 부담이 없었겠지만, 딸과 사위들은 초행길이기에 많이 힘들 것이다. 다음 날 우리는 함께했다. 새벽에 차를 나눠타고 고향 부모님 유택에 잠깐 들러 성묘하고 조금 떨어진 선대 조상님 유택도 찾아뵙고 인사를 올리고 옥천에 예약했다고 하는 고기 식당에서 生, 최고의 맛난 점심으로 모든 일정을 마무리했다.

하늘은 사랑이 내리는 곳이다. 그 사랑은 子息(자식)이다. 자식들 덕분에 七旬의 하늘 여행 잘 다녀왔다.

## 빛을 보면서

 결혼생활 30년이 넘어 쓴맛 단맛 다 빨아먹고 이젠 시큼한 맛만이 남아 있는 지금의 우리 부부이다. 강산이 세 번 넘게 덧없이 바뀌고 변한 것은 쭈글쭈글 변해버린 몸뚱이와 반쯤 파뿌리인 머리에다 이빨도 부실하여 치과에 돈 바친 것만도 중형차 한 대 값이다 보니 아직도 20년이 넘은 차가 소중한 애장품이 되어 버렸다.

 그래도 예쁘고 고왔던 내 짝은 아직도 변치 않는 내 사랑이며 보배이다. 우리는 사랑이란 걸 떠나서 가까운 친구라고 하는 것이 더 어울리지 않을까 하는 마음이다. 늘상 있는 대화에서도 표시가 묻어있다. 우리 아이들과의 대화에는 에그 저 영감탱이라는 애칭이 군더더기 되어 이리저리 따라다니지만 나는 아직 영감이라는 용어가 실감이 나지 않기에 원망과 원한이 없다는 것이 무엇보다 다행이라 생각한다.

 길이 있으면 가야 하는 것이 맞지만 모든 것이 여유가 있음이 아니기에 이런저런 말다툼은 일상사가 되어 마음이 아파오지만, 어찌할 수가 없는 내 마음이다. 믿는 구석이 있기에 돈도 되지 않는 나눔을 위해 뒤도 봄 없이 밖으로 나갈 수밖에 없는 심정은 늘 미안함과 죄송함이 뇌리를 떠나지 않고 항상 마음을 무겁게 하는 것은 큰 죄를 짓는 것이 아닌가 느껴본다.

결혼 전부터 봉사자로 매일처럼 밖으로 나다니는 것이 몸에 익은 나로서는 오늘도 내일도 나눔이 있는 곳이라면 집안일은 뒷전이고 어떻게 하면 나갈까? 하는 마음이 앞선다.

이런 땐 일도 제대로 잡히지 않고 설렁설렁 해치우곤 아내에게 손 한번 들어주고 활짝 웃으며 손도 비비고 슬며시 나가며 "갔다 올게."라는 한 마디와 꼬리를 내리며 도망치듯 집을 나가는 이런 형태가 강산이 몇 번 바뀌었으니 말이다. 그 사람 마음속은 원망과 아쉬움에 지친 군살이 가득하게 채워 있으리라 생각하며 모 봉사단체에서 시상하는 內助償으로 조금이나마 위로가 되었으면 한다.

## 당신의 손

류동열

온 맘 온몸 다 드려
오늘을 맞이한 당신의 손
거친 손 맘 아파 살며시 잡아봅니다

수많은 날을 함께했던 공간 손에서
서로의 작은 행복도 생각할 수 없었던
알뜰한 손

한 가정의 맏며느리로
평안과 행복을 나누기 위해
지혜를 다한 손입니다

가진 것 없는 집안을 꾸리기 위해
굳은살이 박이도록 부지런한 손

온몸 지쳐 있어도 한 틈의 순간도
지금을 떠날 수 없는 당신의 손은
물로서 담금질한 손입니다

고통과 슬픔을 인내와 믿음으로 다져진
당신의 손은 참으로 따뜻하며

집안의 평화와 사랑의 곳을 위해
온 정성 모두 내놓은 당신의 손이
참으로 자랑스럽습니다.

# 작가 박목철

목차
1. 따뜻한 동행
2. 할아버지는 용
3. 놓고 가야 하는 것을

#프로필
　한전 기술(주) 주임기술원(부장)
　대전 EXPO 전력관 사업책임자를 끝으로 퇴직
　대한문학세계 시, 수필 부문 등단
　(사)창작문학예술인협의회 회원
　대한문인협회 서울지회 정회원
　대한 건강 운동관리사 협회 회원
　전) 대한문학세계 기자
　현) 대한문인협회 감사
　〈저서〉
　시집 [세월에 실린 나그네]
　수필집 [물소리 바람 소리]

　공인 생활 스포츠 지도사 1급(검도)
　공인 건강 운동관리사(생활 체육지도자 1급)
　전문체육인 출신의 문학인

#시작 노트
　인생 여정의 반환점을 한참 돌아 문학이라는 인연으로 소중한 사람들을 만났습니다.
　남은 여정을 같이 할 도반 道伴 들입니다. 동인지를 낸다고 하니 차표를 끊어 동승하는 마음으로 참여하기로 했지만, 요즘 게으름을 피우다 보니 할인된 차표로 쉽게 타는 것 같은 미안함이 없지 않습니다. 뒤적뒤적 글들을 찾으며 "그래도 글쟁이인데" 까맣게 잊고 살았지만, 내가 문학인이라는 사실이 새삼 자랑스럽습니다.

# 따뜻한 동행

 막내 외손주가 초등학교에 들어갔다. 녀석은 4년 가까운 세월 동안 할아버지와 시간을 같이하며 따뜻한 동행의 정을 쌓았다. 동행이라는 말이 생뚱맞다고 하실 수도 있으나, 손주와 눈높이를 같이하고 친구가 되려는 노력으로 시작된 관계가, 세상에 태어나 가장 애정과 사랑을 준 대상이 이 녀석이다. 대가를 바라지 않으니, 무슨 짓을 해도 이쁘기만 하지 서운하거나 실망하는 일은 아예 없었다.

 손주도 이런 할아버지의 마음을 아는지 나이답지 않게 깊은 신뢰를 표현하기도 한다. 입학 하루 전 데리고 놀다가 점심을 정성껏 만들어 먹였다. 고기를 좋아하지만 질긴 고기를 삼키지 못하는 손주를 위해 파인애플을 갈아 부드럽게 잰 고기를 먹였다. 애 성장을 위해 단백질 공급 차원에서 물을 타 부드럽게 한 후 중탕으로 계란찜을 해서 먹이고 뼈 성장을 위해 잔멸치볶음도 먹였다.

 준비해 둔 손주 먹거리를 보며 문득, 이젠 학교에서 점심을 먹이니 더 먹일 일이 없겠다는 생각이 들었다. 애를 위해 하던 소중한 일을 뺏긴 듯 허전한 생각을 한동안 지을 수 없었다. 할아버지가 해 주는 마지막 점심을 먹였다고 했더니, "애가 어디 가기라도 해요?" 딸이 핀잔이다. 녀석 코로나 탓에 바깥나들이를 못 한 탓인지 뱃살이 쪄 걱정이긴 하다.

입학식을 앞두고 걱정이 많았다. 손주는 유아원을 다니지도 않았고, 제 손으로 할 줄 아는 게 거의 없으니 적응이나 할까? 하는 걱정 때문에 밤잠을 설치기도 했다. 덧셈 뺄셈의 기본과 시계 보는 법을 가르치느라 녀석과의 평화가 깨질지도 모른다는 과정도 겪었으나, 아이는 이제 시계를 보고 시간을 알려 주기도 하고 구구단을 줄줄 자랑스럽게 외우기도 한다.

입학식이 끝나고 애들이 교실을 향해 줄을 서서 선생님을 따라가는 와중에도 손주는 할아버지의 손을 놓지 않았다. 교실로 가야지, 하며 교실 쪽으로 밀었지만, 오히려 할아버지의 손을 꼬옥 힘주어 잡았다. 어디를 가건 할아버지와 함께했는데 따로 떨어져 혼자 간다는 현실을 아이는 이해하지 못했다. "할아버지 가지 말고 밖에 있어야 해, 할아버지 없으면 무서워." 그러겠다고 아이를 안심시켰다.

4살 때부터 애를 데리고 와 점심을 해 먹이고 저녁 무렵까지 데리고 놀다 집에 데려다주던 리듬이 애의 입학으로 깨져 버렸다. 초등학교까지는 내가 애를 데리고 등하교를 시키겠다고 했다. 놀던 버릇 탓인지 학교가 끝나고도 할아버지 집에서 놀겠다고 떼를 썼고, 매주 한 번 데리고 자던 것도 요일 만

바뀌었을 뿐 금요일에 자겠다고 하도 떼를 써 그러자고 약속도 했다.

나이가 더 들고 학년도 올라가면 당연히 할아버지보다는 애들하고 놀거나 다른 세상의 재미에 빠질 것이고 당연한 성장의 과정이라고 생각한다. 또 내 건강이 나빠져 초등학교까지는 돌봐 주겠다는 애와의 약속을 지키지 못할지도 모른다. 하지만, 내가 국민학교 입학하던 날 엄마 손을 잡고 노란 개나리가 활짝 핀 학교 문을 들어서던 순간에 꼬옥 움켜잡았던 엄마의 따뜻한 손을 잊지 못하듯 아이도 할아버지와 함께한 따뜻한 동행을 잊지 못할 것이다.

      입학식

      입학식 끝나고
      다들 선생님 따라 교실로 가는데
      겁먹은 얼굴로
      할배 손을 꼬옥, 놓지 않았다.
      "교실에 가야 해"
      등을 밀자
      "할아버지 가지 마, 대한이 무서워"
      문득 가슴이 아려왔다.
      무릎에만 안던 아이가
      몇 시간을 딱딱한 의자에 앉아
      강제된 질서에 적응하려니
      얼마나 힘들까?
      그것도 16년 이상이나,
      아!

# 할아버지는 용

 어린 애들은 잠이 많다. 한창 성장하는 때이니 활동량도 많고 잠이 많을 수밖에 없다.
 그런데 우리 손주들은 유난히 잠이 없다. 큰손주도 낮잠 자는 걸 한 번도 본 적이 없고, 작은 손주는 잠자리에 들어도 눈을 말똥거리며 잠이 쉬이 들지 못해서 걱정스러웠다. 잠을 잘 자야 면역력도 높아지고 신장도 잘 클 터인데 하는 걱정이다. "대한아, 왜 잠을 못 자?" 눈을 말똥거리는 아이를 보고 물었더니, "할아버지 잠이 들면 괴물이 나타나 잡아갈까 봐 무서워서 잠이 안 와" 뜻밖에 대답이었다.
 아이가 무서운 얘기를 해 달라고 해서 들려준 얘기들이 애 잠을 빼앗았던 모양이다.

 나이가 들면서 눈썹에 긴 털이 자라기 시작했다. 눈썹에 나는 털은 나름 적당한 길이를 넘지 않으며 질서를 지키는데 난데없이 머리털 같이 길게 자라는 눈썹이 몇 가닥 있다는 사실이 생뚱맞다는 생각이 들었지만, 귀찮아서 그냥 내버려두었다. 무릎에 앉아 할아버지 얼굴을 바라보던 아이가 긴 눈썹이 신기했는지 물었다.

"할아버지 이 눈썹은 왜 이렇게 길어?" 장난기가 발동해 엉뚱한 대답을 했다.

"응 이거 용 눈썹이지. 할아버지가 원래는 용이야. 이거 너무 길게 두면 다시 용으로 돌아가야 하니까 대한이가 잘라 줘." 녀석은 신이 나서 가위를 가져와 눈썹을 다른 눈썹의 길이에 맞춰 잘라냈다. "할아버지 이제 잘랐으니 용 다시 돼서 떠나는 거 아니지?" 아이는 할아버지가 용이라는 말을 철석같이 믿으며 눈썹을 잘랐으니 제 곁을 떠나지 않는다는 사실을 몇 번을 확인하며 안심하는 눈치였다.

할아버지가 원래는 용이라는 사실을 믿는 아이는 밤에도 무서워하지 않았다. 까짓 빨강망토 귀신이나, 달걀귀신, 망태 할아버지도 용 할아버지 앞에서는 쪽도 못 쓴다고 믿었다. 그뿐만 아니라 발생 가능한 모든 사고로부터도 할아버지가 자신을 지켜 줄 것이라고 철석같이 믿는다.

손주는 일본 여행을 다녀온 뒤로 일본을 아주 좋아한다. 하얀 쌀밥을 좋아하는 손주는 일본 음식을 아주 좋아했다. 어쩌다 때를 놓쳐 대충 끼니를 때우자고 들른 일본 편의점에서 파는 고기덮밥이나 오니기리 등도 맛있다며 아주 잘 먹었다. 방학이 다가오면 일본 가고 싶다며 제 엄마를 조르기도 한다.

　겨울 방학을 앞두고 일본 여행을 가기로 했는데 대설 주의보가 내려 어쩌면 항공기가 뜨지 못할 것이라는 일기 예보가 있었다. 혹시 일본을 못 가게 될까 봐 안절부절하던 손주는 뜻밖의 방도를 찾아냈다.
"아니 애한테 뭐라고 하신 거야? 할아버지가 눈 당장 그치게 할 수 있다고 전화하라고 난리 치는데!" 다행히 눈이 그쳐 여행은 일정대로 무사히 다녀 왔고, 녀석은 할아버지가 눈을 멈췄다고 철석같이 믿는다.

　할아버지를 용이라고 믿는 아이의 믿음이 때로는 난처한 상황을 만들기도 한다.
　제 친구나 다른 사람에게 "우리 할아버지는 용이야!" 같은 경우는 하도 엉뚱하니까 상대가 어리둥절 그냥 넘어가는 경우가 대부분이지만, 자신이 간절히 원하는 것을 용 할아버지가 해결해 달라는 경우에는 곤란한 처지에 놓이게 된다. 인터넷으로 주문한 장난감 같은 경우 주문한 날부터 언제 물건이 오냐고 재촉을 하다가 할아버지가 용이니까 당장 가져오라고 하라든지, 지금 어디쯤 와 있냐고 물어보기도 하니 말이다.

　얼마 전에는 할아버지가 용이라는 믿음으로 큰손주와 다투는 일도 있었다.

작은손주가 하도 우겨대니까, 더는 어쩔 수 없다고 느낀 큰손주가 "너도 크면 알게 돼. 나도 그랬으니까…" 하고 물러났다. 큰손주와 용 이야기를 한 적은 없었지만, 어렸을 때는 할아버지가 만물박사이고 대단한 사람이라고 여겼었는데 커 보니까 그저 평범한 할아버지일 뿐이라는 말을 큰손주는 하고 싶었을 것이다.

손주가 3학년이니 4학년, 5학년, 학년이 올라가고, 친구도 사귀어 세상 물정도 깨닫게 되고 나면 할아버지가 용이 아니라는 사실을 알게 될 것이다.
"대한아 할아버지가 죽어도 울거나 너무 슬퍼하지 마. 할아버지는 다시 용이 돼 하늘에 올라가 대한이 곁에서 언제나 지켜 줄 것이니까…" 내가 없어지면 받을 아이의 상처가 걱정돼 평상시에 여러 번 아이에게 들려준 말이다. 비록 용은 아니지만, 할아버지가 울지 말라고 부탁하던 그 말의 뜻을 새기며 정말 할아버지는 나를 많이 사랑하셨구나 하는 좋은 기억으로 오래 남을 것이다.

# 놓고 가야 하는 것을

"많은 것들을 안고 가려니 인생길이 고달픈 법이다."
한 번쯤 훌훌 털고 나면 남은 삶이 가벼워진다. 주변 정리는 버리는 것에서 시작하지만 애착하던 것들을 버린다는 게 그리 쉽지는 않다.

버리는 것은 물건만이 아니다. 세상에 대한 애착과 애정도 포함되어 있다.
오래전 장모님께서 몸이 많이 약해지셔서 오래 사시지 못할 것 같아 집사람과 짐 정리를 해드린 적이 있다. 장모님은 여장부 같으셔서 모 종교 단체에 상당히 높은 직위에 계셨는데, 약간 사치하신 분이라 나이 드셔도 옷이나 치장에 신경을 많이 쓰신 탓에 좋은 옷이나 장신구가 많으셨다.

지금 와 뒤늦은 후회이긴 하지만 장모님의 심정을 헤아리지 못했다는 자책에 후회스러울 때가 많다. 많은 옷가지를 앞에 두고 처와 저는 '언제 이런 것들 다시 입으실 일 있겠어'라는 마음에 물건을 전부 추려 양로원에 보내 드리라고 한쪽으로 쌓아놓았다. 병약해지신 장모님께서 옆에서 지켜보시다 아깝다고 생각되는 물건은 도로 챙기시는 게 아닌가. "무슨 욕심을 그렇게 내세요? 챙겨 드린 옷도 다 못 입으실 텐데…"

우린 정말 그렇게 생각했다. 살면 얼마나 더 사신다고 옷 욕심을 내시나 하는 마음이 들어서이다.

이제 나이 들어 그때를 생각해 보면 얼마나 서운하셨을까? 하는 자책에 마음이 아프다.

물론 장모님께서는 추려드린 옷들도 제대로 입어 보시지 못하고 돌아가셨다. 지나고 보니 그 점이 더 아프다. 나이 들면 서러운 게 많다. 아파서 병원에 가면 나이 드셔서 사실 날도 많지 않은데 "그냥 사세요"라거나 "수술하면 돈 들고 고생도 많이 해요" 자손들 생각을 해서라도 어쩌고 자손 걱정까지 친절하게 해 준다.

가족들이 모여도 대개 '얼마나 사신다고 그냥 편하게 사시다 가시게 하자' 이런 결론을 내게 마련이다. 죽을병이 걸려도 나이 들면 그냥 살다 죽으라니 얼마나 무서운 말인가? 돈을 투자해 봐야 투자 효과가 없으니 하지 말란 말과 다를 게 없는 말이다. 하지만 맞는 말인데 어쩌나?

나이 들면 가지고 있던 물건을 미리 정리하라고 쓴 기사를 읽은 적이 있다.

 아끼던 물건을 가까운 지인에게 미리 주거나 버려 주변을 가볍게 만들고 살아야 떠날 때 홀가분하다고, 나이 들면 주변에 많은 걸 갖고 있지 말라는 말에 공감이 간다. 평생을 살며 쌓아놓은 물건들, 언제 다시 써 볼 것 같지 않은 것들이 주변에 널려 있지 않은가? 너무 늦으면 어차피 남의 손으로 정리될 것들이다.

 장모님을 생각했다. 얼마나 서운하셨을까, 자식들의 핀잔을 받으며 짐을 정리하지 않게 된 내 처지가 그리 나쁘진 않다고 생각도 했다. 하잖은 것도 버린다는 건 무척 어렵다. 아직도 못 놓는 게 많이 있다. 그중에는 정情도 포함되어 있고 체면치레도 있다. 모든 아집에서 벗어나고 주변의 모든 것들을 놓을 수가 있어야 진짜 편한 노년의 준비가 될 터이지만 세상만사 말은 쉽지만, 실천이 어려워서 탈이다.

# 작가 박미옥

목차
1. 건강검진
2. 파출소
3. 나이트클럽

#프로필
　대한문학세계 시, 수필, 동시 부문 등단
　(사)창작문학예술인협의회 회원
　대한문인협회 인천지회 정회원
　대한창작문예대학 제12기 졸업
　문예창작지도자 자격 취득
　2025년 짧은 시 짓기 동상
　2025년 신춘문학상 장려상
　2024년 한국문학 올해의 시인상 외
　〈저서〉
　시집 [그리움 가슴에 숨어 피는 꽃]

#시작 노트
　글을 쓰는 시간은
　마음의 안식처 역할을 하며
　내 만족에 자주 쓰다 보니
　좋은 벗이 되었다

# 건강검진

우리네 삶은 영원할 줄 알지만, 언젠가는 누구나 자연의 이치대로 세월 속으로 사라진다. 이 말은 누구나 마음으로 느끼지만, 실제 자신에게 직접 건강에 대해 심각한 진단이 내렸을 때 눈앞이 캄캄한 실상을 겪게 된다. 나이 예순이 되다 보니, 젊었을 때 몰랐던 건강에 대한 걱정으로 자신을 되돌아보게 된다. 주위에서 들려오는 건강에 대한 이야기들이 남의 이야기처럼 들리지 않은 까닭이다. 정기적 건강검진에 대한 인식이 현실로 다가와 병원을 찾으면 건강검진 수검자가 늘고 있는 현실이다.

나도 2019년 봄, 건강검진을 했다. 유방에 혹이 하나 있으니 6개월에 한 번씩 검사하라고 한다. 별다른 의심 없이 성모병원에 갔다. 때마침 3개월에 한 번씩 약을 타러 가는 날이었다. 내분비과 담당 의사에게 소견서를 받아서 유방암 검사를 하였다. 결과 보러 가는 날에 혼자 아무 생각도 없이 갔는데 유방암 초기 진단을 받았다. 꿈에도 생각지 못했던 암이란 말에 눈물 한 방울도 나지 않고 그저 멍할 뿐이었다. 사람이 막상 큰

일이 닥치면 더 냉정해진다는 말이 실감 났다. 남편에게 전화하니 첫 마디가 "우리 미옥인 아무 일 없을 테니 걱정하지 말고, 지금처럼 일상생활 그대로 해"라는 위로였다.

　그날은 예정되었던 방과 후 수업을 하고 오래된 지인들 모임에도 참석하였다. 하루 종일 안 먹었는데도 배도 고프지 않고 지인들 수다도 귀에 들어오지 않았다. 일찍 일어나 집에 들어서니 남편은 나를 보자마자 굵은 눈물을 주룩주룩 흘린다. 정작 나를 위로해 주었던 남편은 혼자서 겁에 질린 채 그 누구에게서도 위로를 못 받고 있었던 것이었다.

　2년 전 시어머니가 갑자기 자궁암 말기 판정을 받고 2개월 만에 돌아가셨으니 얼마나 속이 타들어 갔을지 잘 알고 있다. 우리는 아무 말 않고 그냥 울기만 했다. 그날부터 긴 전쟁이 시작되었다. 검사에 검사하고 수술하고 또, 검사하고 지금까지도 병원에 자주 다니며 검사하고 약을 먹는다. 큰딸은 그때의 충격으로 공황장애가 와서 정신과에 다니면서 상담도 받고 약물치료도 받는다. 나 때문이라는 자책감에 너무 가슴 아프고 안쓰럽다. 아픈 손가락이 된 딸을 보며 가끔 자식들에게 농담처럼 이렇게 말한다.
　"요즘은 부모가 건강해야 자식에게 효도하는 세상이구나!"라고.

　미국에 있는 둘째 딸은 수시로 전화해서 안부를 물으며 어디 아프면 숨기지 말라고 애정 어린 협박을 한다. 미국에 있으니 알리고 싶지 않아서 말을 하지 않았는데, 잠시 한국에 들어왔을 때 공항에 마중 나갔던 아빠에게 듣고는 울면서 집에 들어왔던 기억이 난다. 지금도 입버릇처럼 "엄마 아프면 미국 생활 접고 한국에서 엄마랑 살겠다."느니, "나의 꿈도 다 접고 들어가겠다."느니 하면서 협박 아닌 협박을 한다.

친정 부모님도 '내 앞에서 죽지 말라'고 하시며 이것저것 택배로 보내오신다. 나 하나 아픈 것이 온 가족의 근심거리가 되었다. 지금 이렇게 건강을 유지할 수 있게 된 것도 가족들의 사랑이 많은 위로가 되고 힘을 주어서였다.

병실에 오래된 지인들이 찾아오고 위로도 해주었지만, 막상 마음에 위로가 되어준 사람은 몇 안 되었다. 그들은 당장 암 검사를 하겠다며 내 앞에서 호들갑을 떨며 본인들 건강이 걱정되어 안달이 났다. 병실에 누워서 나는 그들의 위로 대상이 되어주고 있는 꼴이 되었다. 병실을 빠져나가는 지인들의 뒷모습을 보니 더욱 씁쓸하고, 나 자신의 초라함만을 더 느낄 뿐이었다. 오랫동안 친목회를 하며 인연을 맺고 있는 지인은 "술 안 먹는 사람이 있으면 불편하다."며 다시 모임을 만든다고 한다.

여행 가서 술 마시고 온 걸 자랑삼아 늘어놓는다. 서서히 세상 사람들에게 마음이 닫히고 혼자만의 시간이 즐거웠다. 별 것 아닌 말이 상처가 되어 비수처럼 가슴에 꽂히기도 하였다. 아프기 전에는 술 한잔을 하자던 지인들도 이제는 자기들끼리 어울린다. 내가 몸이 조금 아플 뿐 피해 주는 게 없는데 인간관계에서는 낙오자 취급을 한다. 아픈 것도 서러운데….

나를 위해 취미생활을 하러 여기저기 기웃댄다. 체력은 안 되지만, 기대하고 찾는 설렘을 느끼면서, 그리고 세상은 좋은 사람들이 더 많다는 걸 배우면서.

"그래. 끼리끼리 어울리는 게 세상이지" 하면서 내 자신을 위로한다.

자기 몸이 아프거나 건강검진에서 나쁜 결과가 나오면 주위에서 위로한다고 하는 말들이 귀에 들어오지 않는다. 젊었을 때 아니 건강할 때 건강의 중요성을 느끼지 못하다가 나이가 들어 몸의 반응이 예전 같지 않을 때 비로소 병원을 찾는 나쁜 습성은 버려야 한다. 건강은 건강할 때 지켜야 한다는 것을 나이가 들어보니 더욱 실감한다. 내 몸이 아프다 보니, 이제 주위 지인이나 친구들에게 일 년에 한 번쯤은 꼭 건강 검진을 하라고 노래하듯 권하는 이유다. 건강을 잃으면 전부를 잃는다는 말이 새삼 가슴에 와닿다.

## 파출소

살면서 파출소에 간다는 것은 좋은 일들은 아닐 것이다. 부당한 일을 신고한다든지, 아니면 도움을 청하는 일일 것이다. 내가 태어나 육십 평생 살면서 파출소는 두 번 가 보았다.

처음으로 가게 된 것은 30대에 어느 날 아파트 계단에서 북한 불온 선전물 삐라를 주웠을 때였다. 어릴 때 학교에서 배운 대로 큰일 난 것처럼 헐레벌떡 파출소를 향해 뛰어갔다.

남자 경찰 혼자서 책상에 앉아 뭔가를 하고 있었다. 그는 나를 힐끔 쳐다보고는 어떻게 왔냐고 묻는다.

나는 위압감에 큰 소리로 "삐라요" 했더니 턱으로 책상을 가리키며 "거기다 놓고 가세요!" 한다. 나는 언제 어디서 주웠는지, 또는 이름과 연락처라도 물을 줄 알고 긴장하며 엉거주춤 서 있었다. 그 사람은 아무 일 없다는 듯 자기 책상에서 하던 일을 계속하였다. 헐레벌떡 호들갑을 떨며 뛰어간 내 모습이 우스꽝스럽고 창피하였다. 속으로 '저런 싸가지!' 욕을 바가지로 퍼부으며 나온 것이 파출소에 대한 첫인상이었다.

두 번째 방문은 올봄, 서울에서 글쓰기 강좌가 있다기에 가슴 설레며 참여하게 되었을 때였다.

교실에는 많은 분이 와서 있었고 책상에는 김밥 한 줄씩 놓여 있었다. 우리들은 김밥 한 줄을 먹고 난 후 수업을 시작하였다. 수업 시작 10분쯤 지나서 갑자기 어지럽고 숨이 찼다. 급체한 느낌이라 살그머니 교실을 빠져나왔다.

손에는 휴대전화만 들고 밖으로 나와 바람을 쐬며 천천히 걸었다. 얼마 후 편해져서 다시 교실로 들어갔다. 그러나 10분쯤 지나니 또 그 증상이 나타나서 밖으로 나와 낯선 동네를 서성거리며 돌아다녔다. 약국이라도 가서 약을 사 먹고 싶은데 가방을 교실에 두고 외투도 입지 않고 나온 상태라 빈털터리였다. 춥고 어지럽고 숨이 차서 죽을 것 같았다.

내 눈에 저만치에 있는 파출소 간판이 눈에 들어왔다. 반가운 마음에 문을 열고 들어서며 "저 어지럽고 숨차고 추워서 그러는데 저기 소파에서 잠시 쉬었다 가면 안 될까요?" 했더니 나이 많은 남자가 "안 돼요. 나가세요!" 단호하게 말한다. 파출소 안에는 젊은 남녀 경찰들이 있었는데 눈길도 주지 않는다.

나는 "이 동네 처음인데 공부하러 와서, 아파서 다시 들어가면 수업 방해되고 해서 그러니 여기서 쉬고 가면 안 될까요? 저 많이 춥고 아파요." 하며 사정하였다. 그러나 그 사람은 눈 하나 깜빡 않고 "여기 회의할 겁니다. 밖에 의자에서 쉬세요!" 한다.

이름 봄, 외투도 없이 얇은 티 하나 입었으니 너무 추웠다. 뭐라 대들 기력도 없어 밖으로 나왔다. 등나무 아래에는 테이블과 의자 몇 개가 있었다. 그곳은 담배를 피우려고 만들어 놓은 자리인지 더럽고 냄새도 많이 났다. 춥고 몸도 너무 아파 그곳에 엎드려 있었다.

얼마쯤 시간이 흘렀는지 젊은 남녀 경찰들이 사복으로 갈아입고 희희낙락하며 퇴근하였다. 나는 그 사람들 눈에는 투명인간이었다. 눈길 하나 주고 않고 퇴근하였다. 사람을 한 시간씩 밖에 놓고 어쩌면 저렇게 관심이 없을까? 지나가는 사람이 아프다고 해도 괜찮으냐고 묻는 것이 사람 살아가는 인정인데 어떻게 저럴까? 실망스럽고 서운한 맘에 별생각이 다 들었다. 작년에 출근하다 지하철에서 쓰러져서 성모병원 응급실 간 일과 교실서 수업받다 갑자기 쓰러져 턱이 파랗게 멍들었던 일 등 여러 번 밖에서 쓰러지고 나니 또 쓰러질까 봐 겁이 났다. 그곳에서 계속 엎드려 있다가 수업이 끝날 시간이 되어 교실로 왔다. 첫 수업에 성의 없이 행동하여 선생님께 죄송하였다.

나는 그날 많은 생각을 하였다. 민중의 지팡이라는 경찰이, 시민이 아파서 찾아갔는데 거지 내쫓듯 내쫓으며 관심이 전혀 없는 무책임함에 엄청나게 실망하여서 할 말을 잃었다. 민중에 지팡이가 다 썩어 문드러지어 그 지팡이 의지하고 몸을 기댔다가 고꾸라져 큰일 날 뻔했던 아찔한 순간이었다.

우리나라가 선진국이라고 전 세계에 널리 알려져 있고, CCTV도 곳곳에 설치되어 치안이 안전하다고 세계인들은 부러워한다. 그러나 내 생각에, 정신 상태는 후진국보다 훨씬 뒤떨어졌고 아직 겉과 속이 다른 경찰들의 내면을 알게 되어 그나마 다행이라고 생각하였다. 무슨 일 있으면 행인에게 도움의 손길을 내밀어야지 경찰들은 절대 믿음이 안 가, 두 번 다시 찾지 않으리라 다짐하였다.

지금도 그 동네를 갈 때마다 파출소 간판을 보면 그날의 아픔이 떠오른다. 모든 경찰이 그런 건 아니겠지만, 내가 아프고 도움이 필요할 때 찾았던 파출소에 대한 실망은 여전히 불신의 장소로 여겨진다. 그들은 아직도 뻔뻔하게 경찰 정복을 입고 민중의 지팡이라고 떠들어 대고 있겠지 싶어 약이 오른다. 그들에게 '이중인격자들!'이라고 흠뻑 욕해주고 싶다.

# 나이트클럽

30대 초반 이웃들과 부부동반으로 저녁을 먹고, 남편들은 고스톱을 치겠다며 여자들 먼저 나이트클럽에 가서 놀고 있으라고 하였다. 우리들은 신나게 아라비안나이트로 향했다. 남편들은 세 시간 정도 고스톱을 치고 올 것이니 우리 신나게 놀자며, 육아에 대한 스트레스도 확 풀고 가자고 들떠서 입장하였다. 이른 시간인데도 주말이라 사람들이 꽉 찼고, 음악은 쿵쾅쿵쾅 심장을 두드렸다.

남편들은 고스톱을 치다 보면 늦게 오려니 생각하고, 난 부킹을 하여 신나게 놀았다. 남편이 허락한 나이트클럽! 물고기 물 만났다 싶어 신났다. 그런데 갑자기 일행 언니가 나를 데리러 왔다. 눈을 크게 뜨고는 빨리 오라고 호들갑이다. 한참 신나 있는데 왜 그러냐고 물으니 남편들이 왔다면서 재촉을 한다. "왜 벌써 와요?" 했더니, 경아 엄마가 언제 올 거냐고 남편에게 전화를 걸어서 남편들이 여자들한테 무슨 일 생겼나 싶어 걱정하며 부랴부랴 왔다고 한다.

남편 없으면 더 잘 노는데 걱정은... 속으로 투덜대며 부킹한 일행들한테 남편이 왔다고 인사하고 우리들 자리로 갔다. 그런데 부킹해서 놀던 남자가 갑자기 남편이 왔다고 하니, 다른 남자들하고 놀고 싶어서 그러는 줄 알고 쫓아왔다. 남편들과 다 함께 춤을 추고 있는데도 뒤에서 자꾸 잡아끌며 자기랑 추자고 한다. 남편이 몇 번 팔로 저지를 해도 그 남자는 남편이라는 말을 믿지 않고 계속 따라 붙는다. 그때 순식간에 남편이 그 남자를 주먹으로 한방 날려 버렸다. 그 남자가 바닥에 널브러졌다. 순식간에 벌어진 일이라 우리 일행은 깜짝 놀라 남편을 말리고, 나이트클럽 직원들이 모니터를 보고 어디선가 나타나서 그 남자를 데리고 사라졌.

너무 창피해 울면서, 사람을 왜 패!냐면서 남편에게 소리를 지르니 남편 하는 말이, 몇 번 팔로 밀쳤는데도 안 비키고 계속 나에게 그렇게 행동하여 성질나서 그랬다고 한다. 그래도 사람을 때리는 건 아니라고 성질을 부리고 나와 버렸다. 나로 인해 분위기가 깨져 버렸으니 미안하기도 하고 창피하기도 하였다. 일행들은 커피나 한 잔 하자며 나와서 커피숍을 갔다. 거기서 그 남자가 진짜 남편들이라는 걸 안 믿게 된 이유를 알고 나를 놀리기 시작하였다. 남편들이 올 걸 알면서 막간을 이용해 부킹한 내가 더 잘못이라며 놀려대기 시작한 것이다.

그날 해프닝 때문에 지금도 남편은 티브에서 나이트클럽 장면이 나오면, "아~ 우리 미옥이 나이트클럽 죽순이였었는데." 라며 놀리기 일쑤이다. 그때의 지인들하고 여전히 부부동반 모임을 이어가고 있는데, 지난 해 송년회를 하면서 30년이 된 그때 일을 또 꺼내어 한바탕 웃었다. 그래도 그때가 좋은 시절이었다고 하면서 옛 이야기 꽃을 피웠다.

# 작가 박재도

목차
1. 시인의 눈물
2. 내 고향 바다
3. 누룽지 습격

#프로필
　대한문학세계 시, 수필 부문 등단
　(사)창작문학예술인협의회 회원
　대한문인협회 서울지회 정회원

　2016 명인명시 특선시인선 외 다수 공저

#시작 노트
　내가 글을 쓰는 이유는
　건전한 정신과 건강한 생활로 내 삶의 행복을 누리며,
　나를 아는 모든 분들과 우정의 교감을 나누기 위해서이다
　나름대로 최선의 삶을 살면서
　절망과 좌절이 엄습해 와도 참고 견디며
　심혈을 기울여 글을 쓴다는 것
　그것이 바로 나의 행복이기 때문이다

# 시인의 눈물

간밤의 춘몽에 끝없는 창공을 비행하다, 비몽사몽에 들려오는 또닥또닥 소리에 창문을 여니 비가 내린다. 내리는 비는 가을비처럼 추적추적 내리며 수없는 빗방울은 물방울 속으로 나를 데려가, 얼마 전 친구 떠난 빈자리에 시인의 눈물이 되어 가슴으로 스며든다. 만남이란 먼 기다림의 여울목처럼 기약 없는 기다림 속에 그날 우리의 만남은 종갓집 장독에 곰삭은 간장된장 맛이며, 옛 고가 천정에 쌓인 해묵은 먼지처럼 털어내지 못하는 우정은, 남국의 끝없는 푸른 잔디 위에서 지금껏 말하지 못한 이야기를 골프공에 실어 푸른 하늘에 떠 있는 하얀 목화 구름 사이에 그려 놓으니 한 폭의 수채화다.

긴 세월 속 친구들의 만남은 저 작은 공 속에 그토록 마음속에 담아 두었던 이야기를 누구나 할 것 없이 익살과 해학으로 서로 경쟁하듯 난도질했다. 그것은 아마도 우정의린 만남의 의미를 훼손시킬 수 없는 상호 배려였을지도, 또한 우리 현실의 삶이 아직 부족하다는 점을 서로 깨달았기 때문인지도 모르겠다.

남국의 십자성 아래서 힘겨운 삶의 이야기나 아쉬운 골프 이야기에 가슴이 아리긴 해도, 서로가 공감될 때면 한줄기 소나기 마냥 마음이 청량해지기도 하며, 정말 행복하게 만나는 게 아니라 만나면 더 행복해진다는 진실을 피부로 느끼면서 가끔은 서로의 칭찬에 귀를 쫑긋 세우며, 밤이 깊어 가는 줄 몰랐다.

다음날 저녁 무렵 붉게 물이든 황혼의 낙조 끝자락에 자리 잡은 "붕따우"에서 현지인 가정에 초대받아 고기와 해산물을 겸한 소박한 베트남 요리의 향과 맛이 이어주는 사랑의 전율은, 문화와 언어는 달라도 서로의 눈빛과 행동으로도 깊은 대화를 나눌 수 있었다. 그것은 하나님의 우리 서로 사랑이 연결하지 않았나 생각한다. 그런 사랑이 메마르면 몸도 마음도 메말라 버릴 것이며, 우리의 우정과 삶도 허물어질 것이다. 그러므로 우리는 현실에 주어진 "삶"을 열심히 살면서 서로 사랑하며, 바람처럼 스쳐 지나가는 세월을 아름다운 추억으로 차곡차곡 쌓아 가슴에 고이 간직한다.

파라다이스! 잠시 멈추어진 시공 속에서, 우리는 야자나무 잎 사이사이로 반짝이는 남국의 태양과 함께 오랜만에 즐기는 휴식의 즐거움은 여지없는 천국의 주인공이었다. 그러나 이젠 천국도 지난밤 꿈과 함께 비몽사몽으로 사라지고 그리움만 쌓인다.

송희야! 종갑아! 준용아! 새벽 창가에 대롱대롱 매달린 빗방울 속 풍경은 세상 모두를 뒤집어 놓아 부정적으로 보이나, 그러한 물방울 속에서 세상을 아름답게 바로 보며, 우리의 우정만은 아침이슬처럼 영롱하고, 시인의 눈물처럼 뜨겁게 맺어지기를 간절히 기도한다.

## 내 고향 바다

 어릴 적 고향 바다 진해 속천항은 더불어 살아가는 사람과 자연이 하나가 되는 모습을 자주 연출했던 것 같다.

 주 원장의 전설이 깃든 천자봉과 장(군) 천동, 그리고 병풍처럼 둘러싸인 장복산과 시루바위 그 아래 작은 대섬과 큰 대섬의 형제 섬들과 먼 바닷길을 열어주는 태평양 푸른 물결이 밀려오는 한가로움의 어촌도 새벽을 가르는 삶의 질박한 정서와 생동감이 넘치는 어판장 풍광의 열기는, 한낮 방파제에 정박 중인 꼬막 배 위를 자유롭게 나는 갈매기의 날갯짓으로 이어져 옴을 보며 자라왔다. 그러나 이 나이가 되도록 살아오면서 아름다운 자연과 그처럼 가깝게 접할 수 있었던 추억은 바닷가에 살아온 나에게는 어쩜 행운이었는지 모르겠다.

 '잘살아 보세'라는 새마을 노래가 방방곡곡에 울려 퍼지던 내 배고팠던 유년 시절인 60년대는 보릿고개가 기성을 부려 쌀밥 구경하기가 힘들어 배급받은 강냉이 또는 밀가루로 만든 수제비나 죽으로 대부분 연명하였다. 그나마 형편이 좋을 땐 시꺼

먼 보리밥 한 덩이로 끼니를 때운 후, 친구들과 온종일 갯벌 위를 서성이며, '자그마한 방게와 고동, 바지락과 꼬막, 어찌 운이 좋다 싶으면 소라와 해삼' 등 발아래 깔린 것들을 소쿠리에 주워 담고 하였던 기억이 새롭다.

 밀물 때면 대나무 장대에 나일론 줄을 매달아 낚싯바늘에 갯지렁이를 달아 꼬시락이며, 도다리 노래미도 낚곤 하였다. 그러나 허기진 배 속은 채워지지 않아 다들 어려운 시절을 함께 고생했으나 그래도 그 시절이 그리운 것은, 너무도 어려웠던 시절이 있었기에 진정 소중함을 느낄 수 있지 않나 싶다.

 인간의 회귀 본능이랄까, 정말 이 나이가 되어도 각인이 되어 있는 그 시절의 추억이 남다르기 때문인지 유난히도 떠올려 봄은 우연만은 아닐 것 같다. 문명의 이기인 회색 콘크리트 빌딩 사이에 비집고 사는 도심의 우리들은 아무리 높이 날아도 한없이 탁하기만 한 하늘, 어디를 가도 마음 편히 쉴 곳이 없는 답답한 도심의 공간 속에 이기적인 자신만의 삶을 위해 무장당한 겹겹이 성형한 마음들 속에 살다 보면 시원한 진실의 맛을 찾기 어려우니 이 모든 것이 인간이 만들어 놓은 물질문명의 범람 때문이 아닐까? 생각한다.

 그러나, 아침 햇살 쌓인 고층빌딩 속에서 내 정신이 깨어 있는 한 추억의 고향 바다는 언제나 푸를 것이며, 그 푸른 물 위에 둥실둥실 뜬 천자봉과 시루봉이 잔잔한 파도를 타며, 지금도 서로 사랑하고 있을 것이다.

# 누룽지 습격

1963년 당시 초등학교 6학년 여름방학 때이다.

그 시절, 동사무소에서 집집이 부역이란 명분으로 신작로에 흩어진 자갈과 새로운 자갈을 일정량 모아야 우유가루 및 밀가루 또는 옥수수가루 배급표를 나누어 주었다. 어제 종일 주워 모아놓은 자갈 더미 사이로, 가끔 지나는 털털거리는 버스 소리에 신작로의 뽀얀 벚나무 가지에 매달린 매미울음소리도 늘어져 잠시 멈춘다. 저 멀리 뿌연 먼지 사이로 소달구지가 어슬렁어슬렁 굴러오고, 아이들이 뒤따른다.

뒤따르는 아이들은 방학에 무엇이 그리 신명 나는지 먼지 덮인 검붉은 얼굴에 송골송골 맺힌 땀방울이 주르르 타고 내려 얼룩진 얼굴은 인디언 추장 같은 분장이다, 아이들의 양손에는 군용 전화선으로 엮은 빈 깡통들이 주렁주렁 달려 있고, 이것을 그렇게도 재미있게 소달구지 뒤에 매단다.

동심에 매달린 빈 깡통들의 요란한 합창에 소도 즐거워하며 머리를 흔들고 춤을 춘다. 마부 아저씨는 빈 달구지에 아이들

작가 박재도

을 태우고 연신 싱글벙글하신다. 시집가는 누나 시발택시 뒤에 매단 빈 깡통 소리처럼 즐겁다.

달구지에는 또철이와 신국이, 그리고 학년이 우리보다 한 해 아래인 육수가 탔다. 또철이 집은 우리 집 옆집이고 우리보다 두 살이 많지만, 학교는 같은 6학년이고, 지금 신나게 타고 가는 달구지도 또철이네 집 달구지다. 신국이네 집은 우리 집과 붙은 일제 강점기 건물 이층 집이며, 신국이 아버지가 우체국에 근무해 당시 배고픔을 모르고 살았고, 육수는 길 건너 살았는데, 아버지가 어협조합에 서기로 근무해 먹고사는데 지장 없었지만, 나는 그렇지 못했다. 그러나 나는 공부보다 힘이 센 덕으로 동네 아이 모두가 부하들이고 내가 대장이었다.

골목대장이란, 항시 옆 동네 아이들로부터 우리 동네 아이들을 잘 보호해야 한다. 그러기 위해선 아카시아나무로 만든 칼싸움, 연료로 타고 남은 연탄재로 이게 수류탄이라며 투척하는 연탄재싸움, 조그마한 돌멩이를 장착해 쏘는 새총 싸움 등, 이웃 아이들과 많은 전투 놀이를 하지만, 정작 돌을 장착하여 쏘는 새총 싸움은 위험천만한 것이므로, 때에 따라 대형 사고도 일어난다. 돌이 머리에 맞아 피를 흘리면 어머니는, "그래, 이놈의 짜슥 하라는 공부는 안 하고 장난치다 오지 꼬시다." 하시며, 장독에서 퍼온 된장 한 숟가락으로 치료해 주셨지만, 만약 집 창문 유리가 박살 나면 없는 돈 때문에 온 동네가 시끄러웠던 시절이다.

한낮 태양에 달아오른 신작로의 자갈길을 떨거덕거리며, 끌고 온 달구지와 멍에를 내린 소는, 힘든 걸음으로 외양간 여

물통으로 향하고, 더위에 지친 우리는 동네 우물가로 가 시원한 물 한 바지로 주린 배를 채우고 멱을 감는다. 신국이가 머리에 부어 주는 두레박 물은 머리카락을 타고 내리고, 나는 숨이 가빠 고개를 쳐든다. 보이는 파란 하늘, 그 하늘 밑에 있는 탑산과 그 중턱에 위치한 해군 장교 숙소는 참 아름답다. 그곳은 우물에서 직선거리로 불과 200미터 이내이지만 내가 가 보지 못한 유일한 곳이다. 한참을 우물가에서 노닥거리다가 우리는 서로를 쳐다본다. 모두 입술이 새파랗다. 쳐다보는 눈빛이 입술에 집중되어 있을 즘, 간덩이가 매우 큰 또철이가 주절거린다.

대장, 우리 BOQ 식당에 있는 누룽밥 습격하자. 응... 그곳에 가면 누룽지가 있다는 것을 또철이는 벌써 알고 있었나 보다. 귓전에 울리는 습격은 한두 번 한 것도 아니다. 어제만 해도 우리는 보육원에서 관리하는 철 이른 포도밭을 습격해 설익은 신맛의 포도를 동네 어귀에 숨어 청포도처럼 맛있게 먹었다. 또 얼마 전 뒷동네 수박밭을 습격하다 혼이 난 일도 있었다.

그동안 이곳저곳 습격할 때마다 나는 대장이란 명분으로 감시만 했고, 단 한 번도 선발대 및 행동대장을 해본 일이 없다. 그들이 습격한 전리품만 챙겼는지라, 만약 습격이 실패로 이어져 누군가가 책임을 지는 일이 발생했다면, 아마 나는 누구누구가 했어요 하면서 친구들을 가리키고 작은 손바닥으로 하늘을 가렸을 것이다. 이제와 생각하니 참 부끄러운 일이다.

금강산도 식후경이라 했던가. 우리는 또철이의 제안에 배고

품도 잊은 채 작전을 구상했다. 작전명은 해군 장교 숙소 식당 누룽지 습격이다. 이번 습격은 예전과 달리 군부대와 하는 전투라, 해군 수병들의 철통 같은 경비와 보안 철조망이란 커다란 장벽이 앞을 가로막았다. 우리가 공격할 장교 숙소 식당 구조를 살펴보면, 산허리에 건축 당시 깎아내린 경사면이 있고 그곳을 무너지지 않게 옹벽 처리가 되어 있는데 높이는 대략 30m고, 80도 이상 경사를 유지하고 있다. 그리고 우측에는 언덕 경사면이 50도 정도이고 길이는 약 50m이며, 언덕 밑에는 철조망이 이중으로 쳐져 있다.

우리는 우측 철조망을 통과하여 언덕을 택할까 하다, 그곳은 일반인들의 통행이 잦은 곳이라 수병들의 경비가 심한 곳이다. 그래서 우리가 택한 코스는 옹벽을 타고 올라간다는 작전이었다. 그러나 누구도 한 번 해보지 못한 생명을 담보로 한 암벽등반이라 전부 나만 물끄러미 쳐다본다. 또철이도, 신국이도, 육수도 나만 쳐다본다. 그러다 운명의 시간이 내 등을 떠밀었다.

"그래 내가 올라간다."하고, 처음 큰소리치며 결정하는 순간, 옹벽을 쳐다보니 하늘이 캄캄하다. 잠시 후 "어~이 대장 괜찮겠나?" 하고 육수가 걱정되는지 묻는다. 우리는 작전시간을 내일 경비가 가장 허술한 오후 3시로 정했다. 그 시간은 식사 후 정리정돈을 끝내고 수병과 문관아저씨들이 식당 옆 당구장에서 장교들이 없는 사이 잠시 당구 게임 한다는 것을 알았기 때문이다.

드디어 운명의 시간이 다가왔다. 나는 운동회 때 입는 검은색 흰 줄무늬 반바지와 누른 저고리를 입고서, 허리에는 누룽지 담을 자루를 감았고, 발에는 양말도 신지 않은 채 검정 고무신을 신고 있었다. 다가온 시간 친구들의 도움으로 겨우 철조망을 통과하여, 밀려오는 두려움과 함께 옹벽 사이사이 조금 솟아오른 곳과 벌어진 사이로 올랐지만 1m도 오르지 못하고 미끄러져 버렸다. 원인은 맨발로 신은 검정 고무신 속에 두려움과 긴장으로 찬 발의 땀 때문이었다.

멀리 신작로에 쌓아놓은 자갈 더미 뒤에 숨어 누룽지를 지켜보는 친구들 앞에 쪽팔릴 수 없어 신발 두 짝을 옆구리에 동여맨 자루 속에 넣고 맨발로 차근차근 오르기 시작했다. 얼마를 올랐을까, 뒤돌아볼 여유도 없이 위만 보고 오를 즘, 옹벽 난간 사이로 식당 처마 끝이 보였다.

옹벽을 타고 올라오는 함성이 작은 메아리로 들리는 동안 다급한 나머지 자루 속에 있는 검정 고무신도 끄집어내지 않고 누룽지 전리품을 잔뜩 담아 잘 묶어서 옆 언덕 밑으로 굴리고, 나는 잔디썰매를 타듯 미끄러져 양 무릎에 피를 흘리며 누룽지 습격에 성공했다.

그날 우리는 양 어금니가 아플 정도로 배불리 먹었다. 그 시절 마땅한 간식과 과자도 귀한 시절이라 더욱 그리워진다. 훗날 생각하니 말린 누룽지는 다름 아닌 수병들의 선임하사관 및 문관들이 가정으로 가져가 식량을 대신한 것들로 그때, 식당 수병들이 겪었어야 했을 고초들이 마음을 아프게 한다.

지금도 그 시절 동무들이 그리움으로 스칠 때, 가끔 연락을 주고받는다. 우리보다 한 해 밑 육수는 몇 년 전 버스 운전을 했는데, 지금은 개인택시 사장님이고, 또철이는 조그마한 어선의 선장이 되어 고향 바다를 누비다 탑산 밑에서 아담한 식당을 차려 사장님이 됐고, 신국이는 내가 베트남에 올 7년 전만 해도 늘 색소폰을 가지고 서울 초등동창회에 몇 번 나왔는데, 요즘 본 친구는 아무도 없다고 한다. 항상 들고 다니던 색소폰 소리를 들어본 친구가 없는 것처럼…. 그러나 언젠가는 신국이가 들려줄 황혼의 블루스 곡에 맞추어, 우리는 함께 블루스를 출 것이다.

참, 그때 초등학교 옆 BOQ(해군 장교 숙소) 정문 앞에는 웅섭이와 태복이가 살고 있었다.

# 작가 서석노

목차
1. 눈 내리는 귀성길
2. 동동구리무

## #프로필
　대한문학세계 시, 수필 부문 등단
　(사)창작문학예술인협의회 회원
　대한문인협회 서울지회 정회원
　대한창작문예대학 졸업
　문예창작지도자 자격 취득
　2021년 짧은 시 짓기 공모전 동상
　〈저서〉
　시집 [노을빛 빛나는 삶의 연가]

## #시작 노트
　언제부터인가 겪거나 생각하던 이야기 꾸러미를
　남에게 보여주기가 민망하고 쑥스러워서 구석에 쟁여둔 글들
　문득문득 되돌아가고 싶은 그 시절의 그리움과
　누군가 손을 잡고 하고 싶은 말들을
　이제는 속내를 털 듯이 낮고 다정한 소리로 전해 주고 싶다.
　색이 바랜 흑백사진처럼
　손을 저어도 닿을 듯 잡힐 듯 꿈에라도 가고 싶은 그때 그 자리
　꿈꾸는 동화 속 어린아이가 되어 되돌아 가본다.

# 눈 내리는 귀성길

　설날이 가까워지면 아련히 떠오르는 추억의 귀성길. 미혼 때는 고속버스나 열차를 이용하여 고향의 명절과 차례를 모시는 것은 당연하다고 알았으므로 차표 예매도 중요한 연중행사였다. 그러다가 결혼 후 처음으로 내 차를 마련하여 가족을 승용차에 태우고 명절마다 고향에 내려가 부모님과 모처럼 친구들도 만나 즐겁게 보내고 다음 명절을 기약하곤 했다.
　대중교통이든 자가 운전이든 명절 귀성은 어린 시절부터 이어온 고향 명절 분위기와 그리운 사람들의 조우로 힘든 줄 모르고 지나갔다. 그러나 어느 설날은 너무 힘들었고 지워지지 않는 기억이 또렷하다.
　1994년 2월 9일 민족의 최대 명절 설 전날 나는 귀성길에 오를 준비하면서 밤새 내리는 눈에 걱정이 되었지만 앞서는 건 고향을 가는 설레임에 눈은 크게 개의치 않았으나 고속도로 정체가 걱정되어 새벽에 출발하자 하니 아내가 아이들 깨는 시간에 가자고 하여 마지못해 늦은 출발이 되었다.
　6살, 4살, 3살의 삼 남매, 아내와 같이 평소 휴일보다 일찍 조반을 마치고 미리 준비한 선물 보따리를 차에 싣고 부푼 마음으로 아침 9시에 고향 상주로 출발했다.

 아내에게 명절이고 눈이 와서 5시간 정도는 소요될 것이라 말하니 아이들에게는 고속도로 휴게소에서 맛있는 것도 사주고 시골 할머니 집에 도착하면 강정, 가래떡, 식혜, 각종 전, 고기를 듬뿍 넣은 떡국도 있다며 긴 시간 힘들어도 잘 참으라고 아내가 미리 다짐을 주며 약속한다.

 전날 아이들이 차 안에서나 시골집에 가서 먹을 간식거리 귤과 과자와 음료도 준비하고 모친이 좋아하시는 카스텔라와 팥빵, 젤리 사탕도 준비하였다.

 시내를 빠져나가는데 교통이 정체되어 어련히 막히는 시내라 고속도로만 들어서면 정체가 어느 정도는 풀릴 것이라 기대하며 조심스레 운전하며 나아갔다.

 경부고속도로 입구까지 오는데 한 시간 반이 걸렸고 아이들은 뒷좌석에서 도란거리며 이야기하며 그런대로 힘들지 않아도 예상보다 정체되고 눈발은 점점 더 거세진다. 귀성 차량으로 꽉 들어찬 고속도로는 제설차도 진입이 어려운 실정이고 차들은 거북이처럼 천천히 나아갔다. 신갈분기점을 지나는데 막내 아이가 소변이 마렵다고 보채 어차피 들일 휴게소라 생각하고 기흥휴게소에 간신히 들어가 주차 공간이 없어 길옆에 세우고 아내가 아이들을 데리고 화장실로 갔다.

 지나가는 차들이 불편한지 경적을 울려 대지만 더 멀리 갔다가는 아내가 찾기가 힘들 것 같아 손으로 인사를 하며 계속 기다리니 한참 만에 아내가 돌아온다.

 다시 출발하여 고속도로로 진입하는데 거의 주차장 수준이다. 엉금엉금 기다시피 하며 귀성 차량은 잿빛 하늘 아래 끝없는 차량의 행렬이 이어지고 있었다. 또 다른 진기한 풍경은 고속도로 주변 인근 주민들이 과자나 먹을거리를 준비하여 노상에서 장사하는 뻥튀기, 과자, 음료 심지어 술까지 좌판을 메고 다니며 판매했다. 우리 가족은 오면서 준비해 온 간식거리를 야금야금 먹으며 정체의 지루함과 피곤함을 달래고 있었다.

안성 근방에 오니 오후 5시가 넘어 흐른 날씨에 시야는 어둡기 시작했고 앞에 사고가 났는지 아예 차들이 움직이지도 않는다. 큰아이가 따끈한 국물을 먹고 싶다고 하여 휴게소에 들어가려니 들어갈 틈도 없고 차선을 바꿀 여건도 되지 않아 간신히 달래는 중에 길가에 많은 사람이 둥글게 모여 서 있다.

앞차들 움직임이 없고 그대로 주차장 같은 고속도로가 되어 차에서 내려서 가까이 가보니 어묵을 팔고 있었는데 연탄 화덕에 큰 냄비를 올려놓고 꼬치 어묵을 끓여 국물과 함께 종이 그릇에 포장해 주고 있어 나도 줄을 서서 어묵을 사려고 기다렸다.

날씨가 추운 탓인지 어묵은 쉽게 끓여지지 않고 기다리는 시간이 점점 흘러갔고 내 차례가 되었는데 도로 쪽에서 경적이 울려 돌아보니 앞차들이 조금씩 움직이고 있었다. 마음은 급하고 기다린 시간이 아까워 더 끓이지 말고, 빨리 포장해 달라고 하여 급하게 어묵과 국물을 받아서 차로 뛰어왔다. 뒤 차의 눈총을 받으며 운전석에 올라 앞으로 운전해 나갔으나 몇백 미터 가서 차는 다시 움직이지 못했다.

그때야 아내가 어묵 그릇을 펴놓고 아이들에게도 하나씩 나누어주고 나에게도 한 개 권한다. 어묵은 국물 맛이라 국물을 한 모금 마시니 국물이 미지근하여 어묵을 먹는데 겉은 따뜻한데 속은 익지도 않고 딱딱하고 차다. 기대했던 어묵 맛은 못 보고 아이스케이크 같은 짭짤한 맛에 허탈했고 아이들도 아내도 이구동성 "에게! 어묵이 익지도 않았어! 이걸 어떻게 먹어?" 원망스러운 눈으로 나를 바라본다.

"그래 이 맛이 바로 어묵 샤부샤부라는 신상품이다. 차는 막히고 속이 답답할 때 시원하게 한입씩 깨물어봐. 졸음도 달아나고 얼마나 좋아!"

너스레를 떨면서 씁쓸하게 어묵을 그릇에 다시 넣었고 그나마 아이들이나 모친을 위해 준비한 간식거리가 아이들 짜증과 허기를 면하게 해 주었다.

천안을 지나오니 시야는 완전히 어두워지고 눈발도 약해지다가 그쳤으나 차량 행렬은 여전히 가다 서다 반복하며 정체에서 벗어나지 못하고 있었다. 차가 정체 상태이니 도로인지 주차장인지 구분이 안 될 정도이고 남자들은 밖에 나와 담배를 피우거나 젊은 사람들은 눈밭을 걸어가며 차에 앉아 천천히 움직이는 일행과 대화를 나누며 걸어가는 사람도 있었다.

정체가 심해지자, 아내는 그동안 잘도 참더니 도저히 화장실이 급해서 안 되겠다며 같이 가자고 하여 외투를 들고 아내를 데리고 도로변 으슥한 곳에서 외투로 가림막을 쳐서 임시 화장실을 만들어 급한 일을 해결했다.

차는 움직이지 않아 여유롭게 아내와 도로변 언덕에서 깜깜한 밤하늘을 바라보며 잠시 시원하게 찬 공기를 들어 마시며 이야기를 나누는데 젊은 남녀가 다가오더니 볼일 볼 자리를 찾는 것 같았다.

남자는 주머니에서 손전등을 꺼내 주변을 비추어보다가 '앗'

소리를 질러 바라보니 아주머니 다섯이 등을 돌리고 소변을 보는데 마치 하얀색 큰 호박이 몇 덩이 놓여있는 풍경에 아내와 나도 놀라 웃으며 눈을 돌렸다. 급한 아주머니들이 서로 모여 볼일을 보고 있었고 불빛에 놀라 소리를 빽 지르고 민망한 남자는 급히 손전등을 끄고 같이 온 여자를 데리고 황급히 사라졌고 아내와 나는 쓴웃음을 지으며 차로 돌아왔다.

도로는 대전 부근을 지나자, 정체가 풀리기 시작했고 정상적인 속도로 운전하니 속이 후련해진다. 아내와 아이들은 모두 깊은 잠에 빠져들었고 눈이 쌓여 속도를 조절하며 시골집에 도착하니 다음 날 새벽 1시가 되었고 열여섯 시간의 대장정을 마쳤다.

자는 아이들을 깨우거나 안아서 방으로 들어가고 모친은 반가운 마음보다도 왜 이렇게 밤늦게 다니냐며 나무라시다 아내의 차량 정체 설명을 듣고 도리어 안타까워하셨다. 따끈하게 불 지핀 방에서 들어가니 온몸의 쌓인 피로가 다가오지만 어머니가 일부러 차려주신 따끈한 명절 음식에 용수 박아 떠낸 전통주 한잔이 온몸의 피로가 눈 녹듯 사라지고 그때야 고향 냄새가 밀려온다.

명절날 귀성은 누구나 예외 없이 마치 연어의 회귀본능처럼 아무리 힘들어도 꼭 가고 싶었던 몸과 마음의 고향이다. 지금 그곳에는 빈집이 덩그러니 남아 누군가를 기다리고 있지만 기다리던 사람도 보고 싶은 사람도 돌아오지 못할 먼 길을 떠나버렸고 아련한 추억 속에 설날이 다가오면 그곳에서 옛친구나 친척과 정겹게 만나고 부모님이 반겨주셨던 그리운 고향과 그 시절이 아프도록 그립다.

## 동동구리무

나의 중학교 입학은 시험을 치렀는데 나는 다행히 이웃 명문 중학교에 응사하여 합격하였고 아버지께서는 가정 형편상 힘들어도 중 1까지만 하숙하고 중 2부터는 자취나 통학하라시며 중학교 주변에 하숙집을 구해 주셨다. 나의 하숙 생활은 이웃 면에서 온 같은 중학교 동급생과 방 하나를 같이 쓰고 옆방에는 우리 중학교에 다니는 동급생 1학년 한 명과 같은 학교 고등학교 1학년인 그의 형과 같이 형제가 하숙하고 있었다.

안채의 안방 옆방에는 여고 2학년인 새침하고 예쁜 여학생 누나가 하숙을 같이하고 있었는데 하숙집 아침 식사는 7시 반인데 방마다 소반 상을 차려 놓고 "학생들 밥 가져가." 하숙집 아주머니 소리에 우리는 부엌으로 가서 각자의 밥상을 방으로 가져가 밥을 먹고는 빈상을 부엌에 가져다 놓으면 된다.

세면장과 화장실도 수준이 약간 다른데 우리 남학생들은 바깥 화장실과 옆에 붙은 세면장을 쓰고 주인 부부와 여학생은 안쪽 부엌 옆에 붙은 화장실과 욕실로도 사용되는 바깥보다는 조금 깔끔한 곳을 사용했다. 처음 서먹한 하숙 생활도 두 달쯤 지나니까 익숙해지고 같은 방과 옆방에 중학교 1학년 동급생과는 일찌감치 말을 트고 고등학교 형이나 누나도 만나면 인사하고 그들 또한 선배답게 대해 주었다.

 하숙집 대문을 지나 우리 방을 거쳐 가는 안채에 있는 누나의 방 입구는 통로가 좁아 오갈 때 약간 스치며 지나가야 할 정도로 좁은데 가끔 누나와 마주쳐 벽에 붙이고 걸어가면 누나가 스쳐 지나가면 향기가 풍겨오고 그 냄새가 향긋하고 좋았다.

 중 2 사춘기가 찾아오고 누나는 마치 숙녀가 다 된 어른 같이 느껴지는 고2 누나의 향기는 더 짙게 느껴지며 누나에 대한 상상을 가끔 하며 누나에게 보낼 양으로 편지도 써보고 누나와 즐거운 시간을 상상도 했으나 정작 누나와 마주칠 때는 숨이 멎어 버리곤 했다.

 우리 학교는 남자 중고교 맞은편에 여자 중고교는 서로 마주하고 있어서 등굣길에 여학생들이 자주 마주친다.

 여름 방학이 얼마 남지 않은 7월 초 무렵 가끔 등하굣길에 눈이 마주치는 또래 중학교 여학생이 그날따라 나를 유심히도 바라본다는 느낌이 들었다.

 그녀가 나를 바라보았을 때 나도 모르게 가슴이 철렁 내려앉는 듯하며 가슴이 두근거리며 학교에 가거나 하숙집에 돌아와서도 그녀 생각이 머리에 떠나지를 않았고 가끔 마주치는 그녀와 등굣길에서 만남이 기다려지고 행복했다. 그날부터 나는 등교 때마다 교복을 입고 아래위를 살펴보고 작은 손거울로 얼굴도 살펴보고 혹시라도 흠이 없는지 신발은 깔끔한지 두루두루 살피며 등굣길에 올랐다.

 방과 후 하숙집에서 친구와 축구를 하러 나가려는데 고3 누나가 방에서 나오면서 나와 엇갈려 지나가는데 누나에게서 항상 풍기는 향기가 더욱 짙게 풍겨 도대체 누나는 어떤 화장품을 사용하기에 옆만 스쳐도 저런 향기가 날까? 궁금하고 호기심이 생겼다.

 나는 누나가 대문 밖을 나가는 것을 확인하고 슬금슬금 옆걸음으로 안쪽 세면장 쪽을 들여다보니 살짝 열린 세면장 안쪽 거울 옆에 비누와 파란 통에 뭔가가 들어있고 영어로 쓰여 있어 내용물이 뭘까 궁금하여 뚜껑을 살짝 열고 냄새를 맡아보니 생전 처음 느껴보는 향기가 나고 그 향기는 누나에서 나던 향기와 비슷하여 나는 그 자리에서 확신했다.

'아하 이건 분명히 여자들이 얼굴에 발라 향기를 내는 그 화장품의 일종이 분명하고 아마도 이건 훨씬 고급의 화장품이 분명하다.'

다음 날부터 세수하고 나서 인기척을 살핀 후 살며시 안쪽 세면실에 들어가 향기도 좋은 화장품을 짜서 살짝 손에 찍어 얼굴에 바르고 방으로 돌아와 작은 손거울을 보니 약간 까무잡잡한 내 얼굴에 광채가 나고 얼굴이 반짝반짝 빛난다.

'바로 이거야! 역시 사람은 잘생길수록 잘 가꾸어 줘야 해'

나는 위대한 발견과 변화에 마음이 들떠 쾌재를 부르며 등굣길에 고개를 똑바로 들고 그 여학생이 오나, 안 오나 두리번거리며 보무도 당당하게 걸어갔다.

그날은 아쉽게도 그녀를 만나지 못했는데 드디어 다음날은 빛나는 화장품을 바른 나를 그녀가 유심히 바라보는 것을 느끼고 용기를 얻어 좀 더 가까이 그녀를 스쳐 지나가며 나의 향기를 만끽하며 놀라고 나를 좋아할 수밖에 그녀를 상상했다.

그러던 어느 날 오후 체육 시간에 편을 갈라 축구를 하고 땀을 제법 흘렸는데 얼굴의 땀을 훔칠 때마다 거품이 약간 일어나고 향기도 더 좋아져서 옷소매로 땀만 살짝살짝 찍어 문질렀다.

'역시 향기 나고 좋은 화장품은 땀을 흘려도 향기가 더해지는구나.'

앞으로도 감사한 마음으로 꾸준히 사용하겠다고 다짐했다. 또 다른 장점은 그날 저녁 세수를 하면서 느꼈던 건 낮에 축구도 하고 땀을 흘려 세면장에서 머리도 감고 샤워하면서 비누칠을 머리에 조금만 하고 문질렀는데 머리와 얼굴에서 거품이 일고 얼굴은 미끈미끈하게 피부가 부드러워지고 여러 차례 얼굴과 머리를 씻고 나니 얼굴은 한결 더 깔끔하고 피부도 광택이 났다.

 이제는 이 마법의 화장품을 필요할 때는 언제든지 쓸 수 있어야 한다는 결론을 내리고 그날 밤에 미리 준비한 빈 잉크병을 들고 살금살금 도둑고양이처럼 안쪽 세면장에 들어가서 화장품을 잉크병에 짜서 담아 책상 서랍 한구석에 감춰 두었다.

 그날부터 아침 세수 후에는 숨겨놓은 화장품을 아껴서 조금씩 바르고 등교하면서 그 여학생이 나에게 좋아한다고 편지를 보낼 날이 머지않았다고 자신감을 느끼고 마주치는 그녀를 바라볼 때마다 미소가 번졌다.

 기말시험 치르는 날은 오전에 마쳐서 도시락 없이 하숙집에서 점심을 먹는데 아주머니가 차려 놓은 밥상을 가지러 부엌에 가니 가지런히 밥상이 차려져 있고 방에서 아주머니와 어느 여자분 대화가 들려와 살짝 들여다보니 화장품 방문판매원이 주인아주머니에게 화장품 구매를 권하고 있었다.

 "사모님 새로 나온 화장품 써 봐요. 향기도 좋고 피부에 엄청 좋은 화장품입니다."

 나도 최근 화장품에 대한 지대한 관심이 있는 터라 밥상을 다시 내려놓고 두 사람의 대화에 귀를 기울였다.

 "아니 아직도 쓰고 있는 화장품이 많이 남아 있어요. 파운데이션이나 영양 크림도 반도 안 쓰고 남았는데."

 팔 것 없다고 느꼈는지 주섬주섬 상품을 담는데 주인아주머니가 말했다.

 "맞다! 샴푸가 다 되어 가는 것 같은데 우리 쓰는 걸로 샴푸나 한 병 주세요."

나는 속으로 의아해하며 여자들의 사치는 끝이 없다는 생각이 들었다.

'샴푸는 뭐지? 여자들은 화장품도 가지가지 쓴다니까. 우리 아버지는 숫제 세수도 빨랫비누로 하는데.'

그러는데 방문이 드르륵 열리면서 주인아주머니가 부엌으로 고개를 내밀고 나를 바라보더니 안쪽 세면장에 있는 화장품과 크기나 색깔도 똑같은 통을 나에게 내밀고 말했다.

"오~ 학생 밥 먹으러 왔네. 시험은 잘 본 거야? 마침, 잘 됐다. 이거 나가면서 안쪽 세면장에 좀 두고 가줄래."

"아주머니 화장품을 왜 세면장에 둬요?"

화장품을 훔쳐 써서 조금 찔리지만, 나는 속으로 궁금하여 물어보니 주인아주머니는 웃으면서 말했다.

"아~~이건 샴푸라는 거야. 머리 감는 비누 같은 거야. 요즘은 세숫비누도 머릿결 해친다고 샴푸를 많이 쓰지. 남학생들이야 이런데 관심이 없겠다만."

순간 나의 머리는 아주머니 말뜻을 이해하려고 한참 생각하다가 모닥불을 뒤집어쓴 듯 얼굴이 화끈했다.

'아~~ 이럴 수가 ~~ 내가 그렇게 향기에 반하고 자랑스럽게 얼굴에 고이고이 바른 화장품이 비누 대신 머리나 감는 비누라고? 내가 등굣길에, 얼굴에 반짝반짝 광내고 보무당당하게 다닌 것이 고작 머리 감는 샴푸라는 머릿비누였구나.'

'나를 바라보고 좋아해야 할 여학생의 그 얼굴을 내일부터는 어떻게 바라보지?'

나의 꿈과 환상은 한 달도 안 되어 무참히도 무너지고 말았다. 샴푸를 바라보며 한없이 후회와 좌절을 느끼면서 촌놈의 무지를 한탄했다. 지금도 가끔 샴푸 통을 바라보다가 옛 생각에 피식 웃음이 나온다.

# 작가 성평기

목차
1. 등산화를 벗다.
2. 스위치 세레모니
3. 나의 둔황(敦煌)
   　　　　기행문(奇行文)

#프로필
　　대한문학세계 시, 수필 부문 등단
　　(사)창작문학예술인협의회 회원
　　대한문인협회 서울지회 정회원

　　서울지회 동인문집 [들꽃처럼 제5집] 공저

#시작 노트
　　글을 쓴다는 것은 마음이 순화되는 일입니다.
　　더구나 은퇴 후의 글쓰기는 여가를 선용하기에 나무랄 데 없이
　　좋은 일입니다.
　　저는 글쓰기는 〈인간 사랑학〉이라는 말을 좋아합니다.
　　저의 글은 제 주변의 소소한 일을 주제로 합니다.
　　이번에 글을 쓸 수 있는 방을 열어 주시니 감사합니다.

# 등산화를 벗다.


주말만 되면 기분이 들떴다.

아내와 둘이서 서울 주변 산을 다니는 일이 기다리고 있기 때문이다. 아내가 손수 준비한 도시락을 배낭에 넣고 아침부터 출발한다. 그날, 그날 목표한 산이 바뀐다. 오늘은 수락산이다, 다음은 청계산이다. 이런 식으로!

정상에 오르면 적당한 곳에 돗자리 깔고 도시락을 연다. 산바람은 입맛을 한층 돋운다. 이 맛에 산에 오르지! 그런데 가끔, 정말로 가끔 부부가 아닌 사람들이 으슥한 곳에서 도시락을 깐다. 왜 그들이 부부가 아니라는 게 보일까?

모든 산행은 당일치기이다.

산에 다니면서 느끼는 것이지만 서울이야말로 곳곳에 산이 있고 물이 있는 절경이다. 서울의 자연경관에 놀라고, 선조들의 위대한 혜안에 놀란다. 이곳에 나라 도읍지를 정하다니! 북한산, 도봉산, 수락산, 불암산, 관악산 등 높은 산들과 아기자기한 아차산, 용마산, 대모산, 우면산, 남산 등이 있다. 거기에 도도히 흐르는 한강이란!

젖과 꿀이 흐르는 땅이 바로 여기 서울이 아닐까?
젖은 한강의 물줄기요 꿀은 숲이 우거진 산이 아닐까?
세계의 수도 중에 서울만큼 멋진 자연환경이 어디 더 있을까?
조금 아쉬운 것은 한강 이남 산에 물이 풍부한 계곡이 없다는 점이다. 그래서 자주 서울대 오른쪽 계곡을 갔다. 아침 일찍 가야 더 좋은 상류 계곡을 차지할 수 있었다. 우리나라 사람들 계곡에서 발 담그고 싸 온 음식 먹는 풍류는 어디서 유래했을까?
신윤복의 단오풍정에도 물을 즐기는 여인들이 나오는 것 보면 여염집 여인들도 계곡을 이용하지 않았나 싶다.

10여 년 전 일이다.
서울 주변 청계산, 광교산, 수리산 등을 오르고, 이제 목표를 서울 둘레 길로 잡고 하루에 몇 km씩 걸을까 생각하던 중 뜻밖의 일이 일어나고 말았다. 갑자기 오른쪽 무릎이 시큰거리며 걷기가 불편했다. 특별히 다치거나 충격을 받은 기억이 없는데! 병원에 가서 X-ray를 찍어봐도 이상이 없었다. 며칠 지나자 아예 걷지를 못하겠다. 다시 병원에 가서 MRI 찍어보니 무릎 연골이 파열되었다 한다. 연골은 재생이 안 된다 한다. 입원해서 연골 제거 수술을 받았다. 그리고 의사 선생이 등산은 금하라 한다. 오래 뛰거나 오래 걷거나 하지 말란다. 눈앞이 까마득해진다. 산을 못가다니? 못 뛰다니?
이게 사는 인생인가?

그런데 시간이 지나면서 이게 다 내 정해진 운명이라는 생각이 든다. 얼마나 많은 곳을 다녔나? 얼마나 바삐 뛰는 인생을 살았는가? 사람이 어디든지 갈 수 있는 발을 하나님은 주셨지만 사실 못 가본 곳이 세상에 어디 한두 군데냐? 히말라야 산은 8,000m 아래 산은 좌(座)로도 안 쳐주지만, 김제평야 8m 둔덕도 야산이다.

카스피해만 호수냐? 비 온 뒤의 백록담도 호수다. 자위해 본다. 선비들이 요산요수인지사(樂山樂水仁之事)라고 산과 물을 좋아할 때 높이와 깊이를 따지고 했겠는가? 섭섭해할 일도 아니다. 이제 천천히 쉬며 살라는 하나님 뜻이렷다. 쉽게 생각하니 쉽게 마음 편해진다. 등산화를 벗었다. 트레킹화도 벗었다.

이제 워킹화만 나의 친구다.

계절 별, 색깔 별 워킹화를 더 샀다. 이것 다 떨어지도록 신기도 한 참이겠다. 하루에 둘레길, 아파트 길, 시장 가는 길, 형편대로 걷는다. 이 아니 행복한가!

# 스위치 세레모니

준공 기념행사 약 3주 전에 기념행사 진행표가 나왔다. 한글본, 영어본 두 장이다. 대강 훑어보고 책상 위에 놓아두었다. 그런데 뭔가 눈에 거슬리는 게 있어 다시 행사표를 자세히 보았다. 스위치 세레모니(SWITCH CEREMONY) 항목이 눈에 걸린다. 주위에 물어보아도 잘 모르겠단다. 행사 주관 부서 기획본부장에게 전화를 걸었다.

필리핀 정부 요청 사항이라 하면서 전혀 내용을 모르고 있다.

"성 본부장이 알아서 책임 져 주세요" 이 말만 한다.

이 항목은 행사표에서 빼라고 하니 이미 필리핀 정부와 협의한 사항이라 불가능하다 한다. 나와는 협의나 사전 통보도 없이 상대편 말을 듣고 이게 뭔지도 모르고 집어넣었군.

설비 만드는 게 뉘 장난인 줄 아나? 더구나 한국이 아닌 이곳에서? 하여간 사무직 사람들이란 참. 어쩌랴 남은 시간은 20일. 부랴부랴 부서 간부 소집하여 긴급 설계도 작성하여 한국의 거래처에 SOS를 쳤다. 한국업체도 시간문제로 난색을 보인다.

"비용은 생각 말고 10일 안에 필리핀으로 가져와요!"

우리가 수행하는 프로젝트는 필리핀의 오래된 발전소 하나를 인수하여 5년간 정비 보수하여 10년간 운영하고 되돌려주는 사업이다. 지난 4년간 우리 파견 직원 20명, 필리핀 현지 직원 250여 명, 국내외 100여 업체가 정말 밤낮없이 계약조건 수행하느라 피땀 흘린 일이 파노라마처럼 스쳐 지나간다.

나는 전기설비와 계측제어설비를 총괄하는 계전본부장으로 발전소의 전기설비, 송배전 설비의 정비 및 교체, 계측제어 설비를 정비 또는 신품 교체를 했다. 발전소를 새로 짓는 게 편했을 수도 있었다. 마닐라에서 65㎞ 떨어진 발전소까지 비포장도로를 아침 6시 반 출근, 저녁 퇴근은 사정 따라 했다.

사람이 때로는 미쳐야 목표에 미친다 했던가? 다행히 필리핀은 영어가 공용어라 일 하기가 편했다. 원어인 타갈로그어를 독학하여 현지인과 친밀도를 높인 것도 일 성과를 올리는 데 일조하였다고 본다. 지금도 우리나라에서 필리핀 사람처럼 보이면 타갈로그어로 말을 걸곤 한다.

한국업체가 서둘러 행사일 8일을 앞두고 설비를 제작하여 김포공항을 출발했다고 전화가 왔다. 그런데 몇 시간 후 그 사장이 필리핀 마닐라 니노이 공항에서 설비를 세관에 걸려 압수당했다고 긴급 연락이 왔다.

세관을 빨리 통과하기 위해 설비를 분해한 것이 의심을 산 것이다. 실은 세관은 꼬투리 잡기에 눈을 부라리고 일 하기는 한다. 이런 현상을 중국인들은 〈부파일만 취파만일(不怕一萬 就怕萬一)〉이라 한다던가? 〈만 가지 일 준비해서 두렵지 않으나 혹시 만일의 하나가 두렵다〉

우리 회사 통관 용역업체에 전화하니 마침 한국 출장이란다. 꼭 나쁜 일은 겹쳐오는구먼. 그런데 사람 죽으란 법은 없다. 일이 되려면 쉽게 되는 법. 이리저리 수소문하다 보니 운이 좋게도 우리 집 운전기사 아버지가 공항에 근무한단다. 의외로 해결은 가까운 곳에 있었다. 그를 통해서 조속히 일을 해결했다.

회사에서 설비를 조립하고 여러 번 시험을 거쳐 기념일 2일 전에 설비를 완전히 만들었다. 스위치 두 개를 양측에서 누르면 불이 번쩍 빛나고 불이 곡선을 따라 올라가다가 정점에서 목표 숫자 650MW(발전용량)가 켜지면서 웅장한 소리(팡파레)가 울리게 했다. 올림픽 성화 점화랑 비슷했다.

기념행사는 마닐라 말라카냥 대통령 궁 회의실에서 있었다. 필리핀에서는 필리핀 대통령 조지프 에스트라다가 우리나라를 대표해서는 우리 회사 사장이 참석하였다. 기계를 말라카냥궁으로 운송하고 두 사람을 딸려 보냈다. 사무실에서 초조하게 기다리는데 제어부장 전화가 왔다. 모든 행사가 성공적으로 잘 마쳤다 한다. 〈스위치 세레모니〉도 성공했다 한다.

나는 말보로라이트 담배 한 대를 꺼 내 불을 붙여 깊이 빨았다. 〈스위치 세레모니〉 사람 마음 졸이게 했다. 그래도 참 보람 있었다.

# 나의 둔황(敦煌) 기행문(奇行文)

나는 30여 년 전에 이노우에 야스시의 소설 〈둔황〉을 우연히 읽고 둔황의 매력에 흠뻑 빠졌다. 찾아보니 중국 간쑤성에 있으며 서안에서 약 1,450㎞, 서울에서 약 2,800㎞ 떨어져 있다.

고대, 중세의 서역으로 가는 〈실크로드〉 관문으로 번영한 도시다. 지금은 인구 20만 명의 중소 도시다. 그 몇 년 후 일본 NHK에서 제작한 실크로드 영상을 KBS 방송으로 보고 다시 한번 둔황에 빠져 꼭 한 번 그곳에 가보기로 마음을 먹었다.
 그런데 살다 보니 여의치가 않았다. 정년퇴직하고 그곳의 여행을 구상 중 뜻하지 않는 일이 발생했다. 오른쪽 무릎에 문제가 생긴 것이다. 그래도 어떻게 결심한 일인가? 궁리궁리하던 중 천우신조로 마침내 둔황 여행을 할 수가 있었다.

서안(西安)으로 가는 비행기 티켓을 끊는 대신 유홍준 교수의 〈나의 문화유산 답사기 중국 편〉을 샀다. 3권 모두 둔황 관련 답사기다. (유 교수의 나의 문화유산 답사기는 출판되는 대로 구매해 보는데 이번에 일본 편 뒤에 중국 편에 둔황이 나오다니, 내게는 천만다행이다.) 정확히 말하건대 발로 하는 여행 대신 눈으로 하는 여행을 택한 것이다. 3권의 책을 3번 독파했다.

발로 하는 둔황 여행 10일 걸릴 일을 눈으로 하는 여행 20여 일 걸렸다. 둔황의 막고굴에 비장 되어있던 5만여 건의 서적 유물들의 유출과정과 막고굴과 돈황 풍광을 샅샅이 두 눈 뜨고 명확히 찾아간 것이다. 발로 뛴 여행보다 눈으로 본 여행이 더 실속 있었다. 그래서 나는 기행문(紀行文)을 기행문(奇行文)이라고 이름 붙인 것이다. 조용히 머리 숙여 독자 여러분의 양해를 겸손히 바랍니다.

* 여행 후 소감을 한시 7 언 율시로 노래해 보았습니다.

星光飄落在敦煌(성광표락재돈황)
돈황의 밤에 별빛이 쏟아진다
　　　　　　　　松 山 ( 송 산 )


長安好酒幾離程(장안호주기리정):
장안의 달콤한 술 그 얼마나 먼데 있더냐?
君入何東孤棧淸(군입하동고잔청):
그대 어인 일로 동방에서 와서 외로운 객잔에 머무나?
千金賺賺合院取(천금잠잠합원취):
천만금 벌어 북경의 사합원 사려고 하지.

萬里黑黑異星生(만리흑흑이성생):
만리 어두운 곳 이국의 별 반짝인다.
敦外風減**趕**動去(돈외풍감간동거):
돈황의 바람 잦아든다. 어서 출발 하세나.
漠中鬼消不會警(막중귀소불회경):
사막의 귀신되어 사라진들 무어 놀랄 일인가?
西域絲綢開在眼(서역사주개재안):
서역 비단 길 내 눈 앞에 펼쳐진다.
豊駝響鈴徹黎明(풍타향령철여명):
살 찐 낙타 방울소리 새벽을 가른다.


● 주(註)
 - 幾離程(기리정): 둔황은 장안과 너무 멀어 장안 술 냄새도 못 맡는다.
 - 孤棧淸(고잔청): 객잔에 외로이 머문 객을 표현.
 - 合院取(합원취): 북경의 호화주택 사합원을 취한다.
 - 不會警(부회경): 사막에서 죽어 귀신 된들 놀랄 일 아니다.

● 시작 배경(詩作背景)
당시에 일획천금을 벌려고 돈황에 많은 사람이 몰려들었을 것을 상상하다. 돈황에서 출발하여 사막 지나 서역에 가는 길. 돈을 버는 길. 한번 크게 벌어서 북경에 호화주택 사합원을 살 수 있으리라. 그러나 그 길은 죽음의 길이 아니더냐? 어쩌랴 내가 원해서 하는 일!

# 작가 염경희

목차
1. 앞치마와 백구두 벗어내던 날
2. 동네 목욕탕에서 생긴 일
3. 청춘아! 쉬어가렴

#프로필
　　대한문학세계 시, 수필, 동시 부문 등단
　　(사)창작문학예술인협의회 회원
　　대한문인협회 경기지회 정회원
　　대한문인협회 홍보국장
　　대한창작문예대학 졸업
　　문예창작지도자 자격 취득
　　〈저서〉
　　시집 [별을 따다]
　　수필집 [청춘아! 쉬어가렴]

#시작 노트
　　너는 이슬 한 모금의 달콤함을
　　느껴보지 못한 여린 꽃잎이다

　　너는 꽃망울을 피워내기도 전에
　　들판의 잡초가 되었다

　　하지만, 네가 환승역에서
　　돌아보는 발자국엔 행복의 꽃씨가 움텄고

　　지금은 마음속 깊이 품고 있던
　　행복의 꽃길로 걷고 있다.

## 앞치마와 백구두 벗어내던 날

 너는 그 앞치마와 장화를 벗어내는 순간 꽃길로 접어들었다. 너의 삶을 뒤돌아보면, 삶의 과정에서 겪은 수많은 고난과 역경들은 지금의 삶에 단단한 밑거름이 되었기에 앞으로의 삶에도 큰 자산이 되어 꽃길로 당당하게 걸어가도 너에게 뭐라고 할 사람이 없다.

 마지막으로 근무하던 날! 하염없이 흐르던 눈물을 주체할 수 없었던 너. 훌쩍 지나간 시간이 파노라마처럼 지나가는 것을 담담하게 받아들이지 못한 너는 눈물 꼭지를 열었던 것이야. 살아온 날보다 살날이 적어짐에 허탈함을 안고 후회하는 일들이 많았을 것이고, 아등바등 살아온 지난날들이 노력한 만큼의 대가에 못 미쳐 회의의 눈물이 터졌을 수도 있다. 어떤 상황에서도 절망하거나 포기하지 않고, 이날을 맞이한 네가 기특하기도 하면서 한 편으로는 벌써 이 시간이 되어서 곳간 열쇠를 물려줘야 하나? 허탈함이 커서 눈물이 터졌는지도 모른다.

 철없던 새댁 때부터 한 가정의 살림을 책임져 안 해본 일 없이 하다가 지인의 추천으로 지금의 직장에 발을 디뎌서 처음에는 일용 근로자로 일하다가 조리사 자격증을 취득하여 당당하게 일어섰다. 일하면서 학원 다닌다는 것은 꿈에도 생각할 수 없었던 너는 지인의 도움으로 한식 조리사 비디오테이프 빌려서 공테이프에 복사하는 것을 도움받아 퇴근 후에 집 식구들 밥해 주고 자정까지 공부하고 요리해서 조리사면허증을 걸고 30여 년의 세월을 한 직장에서 달려왔으니 어찌 좋은 일만 있었으랴. 이런저런 생각에 가슴이 봇물을 터트린 것이다.

너는 그랬다. 얼굴은 곱디고운 여자지만, 생활력과 책임감이 강해서 타인에게 약한 모습을 드러내지 않으려고 수없이 속울음 했다. 그동안 삶도 포기해 보았고, 오뚝이처럼 일어서기를 반복했다. 어떤 상황에서도 절망하거나 포기하지 않으면 어제의 아픔이 기쁨이 되고 쓰라림은 숨 가쁘게 오른 정상에서 마시는 생맥주같이 시원하게 환희를 맛볼 수 있다고 너는 믿고 달려왔다.

한때는 코로나 때문에 연수 일정이 모두 취소된 상태라 밥 몇 그릇 해서 직원들 점심 한 끼 주면 일과는 끝이었다. 같이 보조해 주는 친구들까지 여섯 명이 한 끼니하고 하루라는 시간을 보내는 것이 무척 힘들었다. 일하는 사람은 일거리가 있어 활기차게 움직여야 하는데 놀고 있자니 내 탓도 아닌데 상사 눈치도 많이 보았다. 그러던 차 이런저런 말들이 많이 돌았다. 일부러 쉬는 것도 아닌데 타 부서에서 식당에 사람 많다고 하는 소리만 들려와 부서장님께서 직원들 시간 내서 메뉴에 맞는 공부 좀 시키라고 해서 시켰더니 그분 떠나고 나니까 거기에 불만을 가진 사람들이 새로 전입해 온 상사에게 면담 요청해서 메뉴에 관한 공부는 무산되어 신뢰만 무너지는 꼴이 되었었는데, 지금은 공무직 조리원이 안 구해져서 급식 운영이 어렵게 되어 지난 몇 달 동안 마음고생이 심했다.

방법이란 방법을 다 동원해서 급식을 원활하게 하려고 했지만 결국 중단이 되었다.

너는 공무원이라면 꼭 받아야 하는 공로 연수라는 것마저 포기했다. 급식 운영이 반만이라도 제대로 돌아가게 하려고 노력했는데 뜻대로 안 되어 수없이 고민에 빠져 밤을 새우며 고민한 결과, 공로 연수 들어가기로 결심했다. 막상 진로를 정하고 나니까 사람 마음이 간사한 것일까? 하루하루가 지겨워 출근하기 싫고, 너는 얼른 날짜가 지나갔으면 했지. 한 달여간 숙소에 있던 짐 정리하고, 사무실에서 쓰던 물건 정리하면서 수많은 생각들이 떠올라 너는 남몰래 혼자 훌쩍이기도 했다.

네가 언제 30여 년이 흘러 퇴직이라는 자리에 왔을까? 왜 네가 퇴직할 때 급식 중단이 되고 말까? 너의 잘못인 것처럼 자책했겠지만, 요즘 힘든 일과 몸 쓰는 일 안 하려는 사람들 탓이니까 죄책감 버리고 너에게 주어진 특혜 누리면 좋겠다.

너는 마지막 근무 마치고 담담했는데, 부서마다 인사 하자는 팀장님 말에 "오늘이 마지막 날이네." 실감하고 첫 부서에 들어가 말 한마디 못 하고 눈물이 터져 인사를 눈물로 대신하고 돌아섰다. 덥고 답답했던 앞치마와 장화 벗어내면 홀가분할 줄 알았는데 연수원 구석구석이 눈에 밟히고, 때아니게 부는 세찬 바람은 너의 속울음을 겉으로 토하게 했다.

예야! 지금까지 아무 사고 없이 무탈하게 퇴직하는 것을 큰 복으로 생각하고 앞으로 인생 제2막은 꽃길만 걸어서 행복이 주렁주렁 달렸으면 좋겠다. 너의 꽃길에 네가 원하는 꽃들이 가득 피어 언제나 행복했으면 좋겠다.

# 동네 목욕탕에서 생긴 일

한 달 전부터 동네 목욕탕 세신 하는 언니한테 예약을 잡아 두었다. 요즘 친정엄마께 전화 드리면 딸 집에 오고 싶은 마음을 자주 드러내셨다. 대놓고 말은 안 하지만 말 한마디 한마디에서 전해 오는 그 무언가가 죄스러운 마음이 들어 연말에 연차 계획을 세워 놓고 엄마께도 언제 모시러 갈 것이라고 말씀드렸더니 애들처럼 좋아하셨다. 언젠가 많이 속상한 일이 있었는지 친정집 바로 아랫집 아주머니가 말씀하시길 "경희네 집에 가서 해 주는 밥 먹고 있으면 아주 편한데…" 그런 말씀을 하셨단다.

가슴이 먹먹하고 아팠다. 그런 내색을 하실 엄마가 아닌데 오죽 힘들면 하셨을까? 눈물이 핑 돌았다. "아줌마! 아직 나는 일을 해야 하는데, 집에 혼자 계시게 할 수 없잖아요? 그래도 여기는 경로당도 마음대로 다니고 말벗도 많고 한데…" 그냥 속상해서 하신 말씀이니까 신경 쓰지 말라고 하는데 어디 그런가? 마음이 아파서 며칠 만이라도 모셔 와야겠다고 마음먹고 직장에 연가 내고 모셔 왔다.

몇 년 전에 모셔 와 좋아하시는 것 해드리며 이런저런 옛날 이야기 털어놓으시며 좋아하시던 때가 생각났다. 많이 드시는 편이 아니고 밥도 애들만큼 드셔서 조금씩 하는 것이 어색하고 힘들다. 매일 많은 양의 음식을 하다가 아주 조금씩 하려니 소꿉놀이하는 것처럼 장난스럽지만, 며칠 동안 요것 저것 골고루 해 드리며 효녀 흉내 좀 내 보아야겠다.

어제는 목욕탕에 모시고 갔다. 집 가까운 곳에도 있지만, 다니던 곳에 가야 세신 해 주는 언니가 신경 써서 해주니까 멀리 장호원에 있는 목욕탕에 갔는데 손님들이 무척 많아 시간이 꽤 걸릴 것으로 생각하니 힘들어하실 엄마가 신경이 쓰였다. 세신 하는 언니에게 예약했었는데 살짝 물어보니 까맣게 잊어버렸다며 미안해했다. "어쩔 수 없지 뭐!"하고는 탕에 들어가 엄마 머리 감기고 샤워 시켜 따뜻한 탕에 들여보내려니 뜨거운 곳에는 질색하셨다. 물도 미지근해야 했다. "큰일이었다. 탕에도 못 들어가면 추울 텐데, 어쩌지? 순서는 1시간 넘게 기다려야 해서 난감해하고 있는데 수중안마 하는 곳이 물 온도가 체온과 비슷하다며 거기에 들어가게 하라고 내 또래가 걱정스럽게 권했다. "엄마 저기는 안 뜨거워 저기 들어가면 돼. 같이 들어가요." 했더니 거기서는 앉아 계셨다.

천만다행이었다. 나는 따끈한 곳이 좋아 혹시 넘어질까 살피면서 온탕에 들어앉아 있었는데, 울 엄마 모습이 많이 신경 쓰였나 보다. 세신 해 주는 언니가 살짝 오더니 다음 분에게 양해를 구했다며 "나이 드신 분 저렇게 오래 있으면 위험하니까" 먼저 해 준다고 했다. 순서 바꿔 먼저 해 줄 테니까 준비하라고 해서 정말 고마웠다. 본인이 기억 못해 예약이 안 된 것이니까 엄마 먼저 씻겨 내보내라고 했다. 세신 하는 언니도 고마웠지만, 선뜻 양보해 준 분이 정말 고마워서 찾아 인사드렸다. 오늘은 시간이 급한 것이 없다며 신경 쓰지 말라고 하면서 그분도 연로하신 부모님 생각이 나 그랬다며 내 손을 꼭 잡아 주었다.

　옛날에는 목욕탕에서도 정이 오갔는데 지금은 찾아볼 수 없다. 각자 목욕하다가 등을 밀 수 없으면 "등 같이 미실래요?" 하면서 서로 밀어주곤 했었는데 지금은 그렇지 않다. 대부분 사람이 세신 하는 언니에게 맡긴다. 그만큼 목욕탕 인심도 세월 따라 각박해졌다는 증거다. 이런 때에 양보해 주신 분이 너무 감사했다.

　어제는 목욕탕에 나처럼 친정엄마 모시고 온 딸들이 많았다. 주춤주춤 덜 손잡고 들어서는 모습이 참 보기 좋아 마음은 온탕의 온도보다 높아졌다. 엄마를 세신 하는 언니에게 맡겨 놓고 탕에 앉아 있는데 풍채가 좋으신 어머님이 갑자기 딸을 바라보더니 나가신다. 분명, 혼자 목욕하는 딸내미 등 밀어주려고 나가시는 것 같아 "어머니 왜요? 딸 등 밀어주시게요? 제가 밀어줄 테니까 그냥 계세요." 했더니 당신이 밀어주신다며 밀어주시는 데 힘 있게 잘 밀어주는 걸 보고 다들 놀랐다. 딸 등 밀어주는 모습에서 엄마의 사랑이 잔뜩 느껴졌다. '자식이 나이가 들어도 부모 눈에는 어린 게 보이구나!' 하는 생각이 들어서 많이 아주 고마웠다.

　탕에 다시 들어오신 어머님께 연세를 여쭈었다. "많아요, 구십이에요. 어머나! 정정하세요. 우리 엄마는 구십 사세이세요. 어머님은 풍채가 좋으신데 우리 엄마는 바짝 말랐어요." 했더니 살찌면 다리와 몸이 아프다며 살찌면 안 된다고 하셨다.

　목욕탕의 풍경을 보고 느낀 점이다. 어르신들 모시고 목욕 오는 걸 보면 거의 딸들이 모시고 온다. 며느리와 오는 경우는 드물고 들어서는 모습부터 다르다. 며느리도 자식이고 부모인데 불편한 관계는 어쩔 수 없는 현실이다. 부모 역시 며느리와 목욕 다니는 것이 불편하다는 말을 듣기는 했다. "아무리 잘해줘도 시어머니는 시어머니, 친정엄마는 친정엄마다." "설탕이 제아무리 달아도 설탕일 뿐이고, 소금에서 단맛이 난다 해도 설탕이 될 수 없듯이 현실이 그런 것이란 생각이 든다. 그렇지만, 목욕탕에서 느낀 훈훈함은 목욕탕 안에 적혀 있는 수중 안마 온도 36.6℃, 온탕 온도 46.6℃, 찜질방 67.6℃보다 더 높은 사랑의 온도 100℃가 넘었다.

　개운하게 목욕하고 돌아오는 길에는 모처럼 하얀 눈이 펑펑 내려 솜이불 덮어주듯 했고, 한 해의 허물을 덮어 새롭게 하얀 마음으로 새해를 맞으라는 뜻으로 보였다.

　이제 얼마나 함께 할 시간이 있을까? 짧은 시간이지만 엄마와 함께 단둘이서 추억을 만들어야겠다. 저녁밥은 곤드레나물밥 짓고, 조기구이와 삼겹살, 우렁이 넣고 된장찌개 바글바글 끓여 싹싹 비벼서 엄마와 함께한 밥상에 웃음꽃이 피었다. 훈훈한 인심이 살아 있는 목욕탕에 다녀오면서 그래도 아직은 살맛이 나는 세상이라는 걸 느꼈고 어디서든지 어르신을 공경하는 맘 가지고 살아야겠다고 다짐한 하루였다.

　하얀 눈이 소복이 쌓여가는 밤. 저 눈만큼 엄마의 마음에도 편안함이 가득 쌓여 갔으면 하는 간절한 바람이고, 사시는 날까지 건강한 모습으로 오래오래 계셔주기를 기도하는 밤이다.

## 청춘아! 쉬어가렴

　이만큼 살아오면서 우여곡절이 참 많았습니다. 반평생을 넘어 돌아보는 지난날이 왜 그렇게 힘들었을까? 남들처럼 평탄한 삶을 추구하지는 않았지만, 노력한 만큼 기대에 못 미치고 또 다른 어려움이 먼저 앞을 막아설 때면 기댈 곳 하나 없는 처지를 원망만 했습니다. 열심히 살아보겠다고 발버둥 치면서 목표를 세워 놓고 거의 코앞에 다다르면 꿈에도 생각하지 못했던 일이 자신 아닌 타인에 의해 무너질 때 온몸에 맥이 풀려 몇 날 며칠을 허탈함에 허덕이며 몸을 망가뜨렸습니다.

　'요놈의 신세는 왜 이럴까? 무슨 팔자를 이렇게 타고 태어났을까? 흙 수저 말고 금 수저 물고 태어났으면 얼마나 좋을까?' 하는 생각을 하다가도 모두가 부질없는 일이고, 그런 생각하는 자체가 사치에 불과했습니다. 부정하고 원망해도 아무런 소용이 없고 현실은 또 나의 몫일 뿐이었습니다.

　지금은 하루가 아까운 청춘을 그때는 세월이 빨리 가기를 바랐습니다. 얼른얼른 아이들이 커서 제 자리 찾아가면 다른 길을 택할 것이라고 누누이 마음먹으며 지내온 날들이 꿈이 아닌 현실이 되었습니다. 재촉했던 젊은 날의 청춘은 잃어버렸지만, 지금은 꼭 잡아두고 싶은 청춘입니다.

일 년을 봄여름, 가을, 겨울 사계절로 나누는 것처럼 삶을 나눈다면 지금 살아가고 있는 때는 가을입니다. 새봄에 마른 땅을 개간하여 씨를 뿌리고 천지의 도움을 받아 열매를 하나하나 맺게 한 노력이 가상해서 한 번의 기회를 준 것 같습니다. 모진 비바람을 잘 견뎌 낸 것에 대한 보상을 받은 것처럼 부자로 살고 있습니다. 삶의 질이 향상되어 풍요롭고, 노력한 만큼 거둘 수 있는 수확의 계절을 살고 있습니다.

이제는 노력해서 얻은 것을 타인에 의해서 잃어버리는 일은 없습니다. 온전히 내 것으로 간직되고 내 의지로 나눔을 하는 즐거운 삶을 삽니다. 혹시라도 시샘하는 누군가가 있어 상처 날까 봐 늘, 겸손을 바탕으로 살려고 노력하며 익어갈수록 고개를 숙이는 나락들처럼 기쁨을 주는 삶으로 가을의 청춘을 잡고 싶습니다.

이날을 기대하면서 거침없이 달려 온 시간이 파노라마처럼 새벽녘 하늘에 그려집니다. 부모 품을 벗어나면서 기대했던 봄의 청춘은 길지 않았습니다. 아무리 노력해도 꽃을 피울 기미는커녕 새순이 돋아나기도 쉽지 않았습니다. 고개를 들면 밟히고 꺾였던 때가 지금도 가슴 아프게 합니다. 정신적 고통과 육체적으로 시달려 몸은 비리비리 말라 큰 병에 걸린 것 아니냐는 이웃 사람들의 걱정이 컸었고, 마음 놓고 잠조차 잘 수 없었던 날이 지금 생각하니 최고로 헤쳐 나오기 힘든 시기였습니다.

지금 그 시절을 견디게 한 딸아이가 시집가서 선물 준 두 손녀가 새근새근 자고 있습니다. 오늘 작은 수술을 하는 날이라 어제 데려다 놓고 갔습니다. 초등학교 3학년과 5학년이 되는 두 손녀딸 보면서 내 딸아이 어릴 적 모습이 떠오릅니다. 잘 해주기는커녕 어린 마음에 부모들이 상처 준 일들만 생각납니다. 딸아이는 손녀들을 며칠 떼어 놓으면서 가슴이 아파 울고 갔는데 나는 너무 많은 상처를 주었구나! 이런저런 생각에 잊힌 일들이 또렷이 생각납니다. 모진 세월 그래도 잘 참아 두 딸아이가 보금자리 만들어 잘 가꾸며 살아가는 모습을 보는 지금은 가을의 청춘입니다.

이 가을의 청춘을 멈추게 했으면 좋겠습니다. 수확시기를 잃어 버렸던 많은 날을 되찾아 이 가을을 즐기고 싶은 욕심이 가득합니다. 팔자타령 했던 시절을 모두 잊고 마음껏 즐기고 싶은 가을입니다. 100세 시대에 내 나이는 젊은 날입니다. 지금부터 하고 싶었던 일, 미루는 일 없이 해서 따뜻한 겨울나기 준비를 단단히 해 두어야겠다는 생각입니다. 그래야만 혹한의 추위가 와도 잘 견디게 될 겁니다.

멀리 동녘 하늘이 빨갛게 물들고 있습니다. 청룡의 기를 받아 열심히 달려 마음의 양식을 쌓고 겨울이 올 때까지는 가을이란 청춘에서 많이 머물고 싶습니다. 청춘을 되돌릴 수 없으니 즐기며 쉬어가고 싶습니다.

"청춘아, 쉬어가면 안 되겠니?"란 물음표를 남겨보는 기분 좋은 날입니다. 지금까지 독자분들께서도 힘겨운 일을 많이 겪고 살아오셨다면 지금의 나이가 제일 좋은 나이라고 합니다. 자식들 시집 장가 다 보내고 오붓한 삶의 시간입니다. 이제는 자기 삶이 중요하다는 것을 절실히 느끼는 때입니다. 여러분들도 가을이란 청춘에 머물러 즐겨 보시길 바랍니다.

# 작가 이영조

목차
1. 딸들과의 여행
2. 시어머님
3. 햇살 많은 내 고향, 밀양

## #프로필

2024년 한국방송통신대학교 국어국문학과 졸업
2025년 한국방송통신대학교 사회복지학과 재학중
대한문학세계 시, 수필 부문 등단
(사)창작문학예술인협의회 회원
대한문인협회 인천지회 정회원
대한창작문예대학 졸업
문예창작지도자, 인지놀이지도사

2023년 한국방송통신대학교 문예지 《문연》, 《해움골》 외 다수 공저

〈저서〉
시집 [그리움에 묻고 내가 대답하다]

## #시작 노트

살아온 과정을 돌이켜보면 지치고 힘든 날들이 많았던 중에서도 지나고 보니 자식들과 즐거운 여행, 시집살이의 순간들이 생각난다.
지난 시간들 중에서도 시어머님과의 힘든 생활들이 새삼스럽게 느껴지기도 하며, 좀 더 잘해드리지 못한 날들이 후회되기도 하다.
또한 자식들과의 여행은 일생에 가장 즐거운 시간이었던 것 같다.

## 딸들과의 여행

인생을 살아가면서 여행만큼 행복감을 느끼게 하는 휴가 시간도 드물 것이다. 그러나 과거나 지금의 나에게 휴가는 사치같아 제대로 가본 적이 없었던 것 같다.

이번 여행은 딸들이 엄마와 함께 베트남 여행을 가자고 다낭에 있는 남호이안 풀빌라를 예약했다고 한다. 아쉬움이 있다면 지난달에 막내딸의 시어머니 칠순으로 베트남을 다녀와서 같이 갈 수 없었다는 것이다.

베트남은 친구들과도, 학교 졸업여행도 다녀온 곳이지만 자식들과 가는 여행이라 더욱 행복한 여행이라 생각된다. 여행 경비는 엄마 몫까지 딸들이 챙긴다고 해서 신경 쓰지 않아도 되었다. 막내는 시어머님 칠순 여행 후 남은 60만원 상당의 베트남 돈을 주어서 고마웠다. 중간 과제물도 끝난 후라서 일정을 맞춰 딸들과 같이 베트남 국적 비행기에 올랐다. 우리나라 비행기보다는 자리도 좁아 꼬박 5시간 동안 힘들게 비행을 하고 다낭 공항에 내렸다. 수속을 마치고 나는 그때부터 벙어리가 되었다. 학습실에서 영어 수업 있을 때라도 열심히 공부를 해야겠다고 마음속으로 다짐하지만 나이로 인해 지금 공부한다고 해도 얼마나 할 수 있을까 생각뿐이다.

1시간 30분 정도 버스로 달려 다낭 남호이안 빈펄리조트에 도착했다. 숙소는 걸어서도 10분 내외면 도착할 수 있는 거리였지만 캐리어를 끌고 후덥지근한 날씨에 걷기에는 무리여서 그랩을 타고 숙소까지 갔다.

우리가 묵을 숙소에 도착하니 어느 호텔보다도 좋아 보였고 건축 자재 등을 보아도 고급스러움이 배어 있었다. 2층 구조로, 1층은 풀장을 끼고 거실과 주방으로 나뉘어 있었고 2층은 베란다가 내려다보이는 침실 두 개가 양쪽으로 배치되어 있었다.

둘째 딸과 손녀는 2층에 있는 안방을 쓰고 큰딸과 나는 옆방을 쓰기로 했다. 열대지방이지만 냉난방이 잘되어 있어 숙소는 쾌적하고 시원했다. 짐 정리를 하고 좀 쉬면서 침대에 누워 창밖을 보았다. 바다와 야자수, 망고가 달린 나무들과 꽃들이 한눈에 들어왔다. 천국이 이런 곳인가 하는 생각이 들었다. 나는 딸들이 자기네들이 살기 바쁜 핑계로 엄마 생각은 별로 안 한다는 생각을 할 때가 가끔 있었는데, 이런 곳에서 호사를 시켜주는구나 싶어 내심 고맙게 여겨졌다.

시기가 우기라고 했지만 그날은 햇볕이 쨍쨍하여 리조트 안에 있는 바닷가 풀장으로 가서 물놀이를 하였다. 수영해 본 지가 언제인지 모르겠다. 딸들과 손녀와의 물놀이는 동심으로 돌아간 듯 즐거운 시간이었다. 여행 가면 비키니 입은 사진을 꼭 찍어 올리라는 은숙 학우의 말이 있었기에 물놀이 사진 두 장을 단체 카톡으로 올리기도 했다.

리조트에서 제공한 저녁 식사는 베트남 최고의 음식들이 나왔지만 나에게는 느끼하기만 해서 우리나라 김치가 최고의 음식 같았다. 여행에서 첫날은 긴 비행에다 물놀이까지 해서 피곤했지만 그럭저럭 잘 보냈다.

이튿날은 숙소에 딸린 풀장에서 물놀이를 하고 주변을 둘러보기도 하고 숙소에서 제공되는 건식, 습식 찜질방을 이용해서 이국의 맛을 느끼며 하루를 보냈다.

3일째 되는 날은 택시로 20분 정도 거리에 있는 올드타운 시내 관광을 한 후 점심을 먹고 전신 마사지를 하기로 하였다. 점심 식사는 딸들이 인터넷으로 검색해서 현지에 있는 바닷가 식당에서 킹크랩, 파스타 등 현지의 음식이지만 내 식성에 잘 맞았다. 식사 후 마사지숍에서 전신마사지를 받아보니 우리나라 마사지와 느낌이 비슷하였다. 전신마사지를 받고 나니 여행에서의 피로가 풀리는 것 같았다. 식사나 관광을 하는 동안 호이안 사람들은 순박함이 엿보이며 친절하였다.

저녁에는 올드타운의 밤거리를 구경하기로 하여 택시를 타고 가는데 그곳 운송수단은 주로 오토바이나 택시였는데 버스는 보이지 않았다. 올드타운에는 세계의 인종들이 다 모인 곳

같았다. 강 주변을 화려하게 수놓은 불빛들과 관광객을 태운 작은 배들, 상인들의 호객행위는 여느 관광지와 다를 바가 없었다. 초등학교 2, 3학년 정도 되어 보이는 어린아이가 길거리에서 조그마한 불빛이 들어간 조화 같은 것을 파는 모습을 보고 살기 위해 장사를 하는 모습이 가슴이 찡하였다.

 발 디딜 틈 없이 많은 인파 속에서 올드타운 거리를 관광하고, 저녁 식사는 사람들이 많은 식당에서 베트남 현지식으로 하였다. 여행에서 가장 기억에 남는 먹거리는 올드타운에서 걸어 다니면서 먹었던 간식 베트남 피자 반짱느엉이 최고였던 것 같다. 늦은 시내 관광으로 인해 택시를 타고 숙소로 돌아올 때 뇌우와 소나기가 무섭게 내리치는데도 도로에는 자동차와 오토바이들이 꽤 많았다. 무리 지어 다니는 오토바이 사이를 자동차들은 사고도 없이 잘도 달렸다.

 여행을 마치고 돌아오는 날 다낭 공항에서 탑승 수속을 할 때 기내에 실을 수 없는 보조 배터리를 캐리어에 넣어서 곤란을 겪었다. 인천 공항에서와 같은 실수를 두 번이나 해서 애들에게 핀잔을 들었지만 그냥 무시했다. 비행기에 올라 이륙을 기다리는데 이륙 직전에 노인 한 분이 큰소리를 지르며 고통을 호소하여 그분을 내리고 출발하여야 했다.

 그 소동으로 인해 2시간이나 비행기가 지연되는 바람에 중1인 손녀딸이 울고불고 난리였다. 다음 날 학교에서 영어 듣기 평가 시험을 봐야 하는데 시간이 늦을 것 같다는 것이다. 결국 손녀는 영어 듣기 평가를 보지 못하였고 학교에서 규정에 따른 조치가 있을 거라 했다.

여행경비 한 푼도 안 내고 잘 다녀온 여행이었지만, 내심 애들한테 미안해서 딸들과의 단체 카톡에 글을 올렸다. "너희들 덕분에 꽃길 걷는 느낌이었다"라고 했다. 그러자 큰딸이 "ㅋㅋㅋ 딸 나름이지~~ 난 성질이 못됐어, 쏴리"라고 올린다. 둘째 딸은 "무슨 꽃길이야. 지랄쟁이는 빠지겠음!!! 양심이 있지ㅋ", 막내는 "ㅋㅋㅋ 다들 양심은 있어"라고 한다. 자식이 있어 이런 행복도 맛보겠지, 혼자 웃을 수 있었다.

요즈음 애들은 결혼도 하지 않고 자식도 낳지 않는 데 비하면, 우리 딸들은 자기네들 말처럼 지랄쟁이에다 성질머리 있는 딸들이지만 그래도 자신들의 일을 야무지게 잘하면서 지내는 딸들이 다행이라 생각된다. 나이 들어가면서 아옹다옹 살아가는 이런 시간들이 얼마나 될까 생각하게 되고, 힘들게 살아가는 자식들을 이해해야겠다는 생각도 하게 된다. 이번 여행은 베트남 다낭 풀빌라 리조트에서의 자식들에게 효도 받은 행복한 여행이었다.

# 시어머님

　시어머니와의 인연은 내가 결혼하고 둘째 딸까지 낳았을 때 당신의 유일한 아들인 남편과 자식들과 함께 살 때부터다. 내가 생각하는 시어머니는 자신을 무척 아끼며 자유로움을 추구하는 영혼을 가진 여자인 듯했다.

　결혼하고 처음은 시어머니를 어머니라 불러야 하는데 어머니란 말이 잘 나오지 않아 답답했지만 잠시뿐이었다. 시어머니는 나름대로 개성도 강하고 여성으로서의 장점도 많은 사람이었지만 남편 사랑도 받지 못하고 한이 많은 삶을 살았다 생각된다.

　시어머니는 첫 남편을 만나 아들을 낳고 아들이 어릴 때 남편과 사별하고 개가를 하여 살았다고 했다. 두 번째 남편을 만나서 자식을 낳지 못하자 시어머니는 당신의 친정 동네 여자를 남편의 작은 부인으로 들이고 아내 자리를 내어주었다 했다.

　시어머니는 살기 위해 많은 고생을 하면서도 당신이 낳은 아들은 자신이 키우지도 못하고 사랑도 주지 못했다. 그러면서도 둘째 남편의 딸을 데려다 키워야 하는 얄궂은 운명이었다.

가끔은 엄마라며 찾아오는 시어머님께서 키운 딸을 보며, 여자로서 불행한 시어머님이 안타까웠다. 사람은 행복을 추구하고 사랑받기를 원하며 살지만, 마음처럼 안 되는 게 어른들이 말하는 팔자라는 건가, 시어머니의 일생이 그런 것 같았다.

내가 직장에 다녔기 때문에 시어머니는 아들 집에 와서 살면서도 며느리인 나에게 시부모로서 대우를 잘 받지 못했다고 생각된다. 손자들을 사랑하면서 집안일을 잘 돌봐주시는 고마운 시어머니였지만 그때 나는 어렵게만 느껴져서 다정스럽게 대해 드리지 못했다. 젊은 날 힘겨웠으면 노후에는 편안한 삶을 살았으면 좋았을 텐데, 요즈음 가끔 시어머니를 생각하면 가슴이 먹먹하고 미안한 생각이 든다.

시어머니는 계절이 한 번 바뀔 때마다 당신 친정이며 지인들을 만나기 위해 여행 같은 나들이로 스트레스를 푸는 것이 오직 즐거움인 것 같았다. 그런 시어머님께서 어느 날 친정 동생네 다녀온다고 하고 나가서 3일쯤 되는 날 시삼촌으로부터 전화가 왔다. 시어머님이 좀 이상하다며 모시고 가라는 전화였다.

남편은 그 전화를 받은 즉시 시어머니를 모시고 왔는데 거실에다 모를 심는다는 둥, 옷가지를 다 꺼내 놓기도 하고, 대야에다 사진들을 태우기도 하고, 수돗물을 계속 틀어 놓기도 하고, 행동이며 말씀을 통해 치매라는 것을 알 수 있었다.

나는 출근해야 하고 애들은 학교를 가고 어머님을 돌볼 수 있는 상황이 아니었지만, 가족들이 서로 돌아가면서 치매 시어머니를 모셨다. 가끔 온전한 정신이 돌아올 때면 밥을 떠먹여 드리는 나에게 고맙다는 표정을 짓던 눈빛이 눈에 선하다.

어느 날 둘째 딸이 학교를 가지 않고 할머니와 같이 집에 있었는데 잠깐 사이에 집을 나가셨다. 시어머니의 가출 소식을 각 파출소에 알리고 남편과 나는 퇴근 후면 어머님을 찾아 이웃 동네나 파출소 정신병원 등으로 찾아다녔지만 찾을 길이 없었다. 시어머님께서 집을 나간 지 한 달쯤 되었을 때 동대문시립병원에서 시어머니가 맞는지 확인하라는 통보를 받았다. 남편과 나는 동대문시립병원으로 달려가 그곳 영안실에서 돌아가신 지 한 달이 된 시어머님 시신을 확인하고 장례를 치를 수 있었다. 시어머님의 지문으로 가족관계 주소를 확인했다고 했다.

치매로 집을 나와 거리를 헤매던 시어머님을 대방파출소에서 발견하고 동대문시립병원으로 이송했다고 했다. 집에 계실 때 치료하려고 했던 복부 지방종은 병원에서 굳이 하지 않아도 된다고 해서 수술을 하지 않았는데 동대문시립병원에서 수술했던 기록도 있었다. 한 달가량 병원에서 치료를 받다 아무도 지켜보는 사람 없이 홀로 세상을 떠나신 것이다.

인생을 살면서 아프지 않고 자식들에게 폐 끼치지 않고 세상을 마감할 수 있으면 하고 누구나 희망하지만 사람은 태어난 복대로 행복도 고생도 겪으면서 긴 인생을 살다가 일생을 마감하는가 보다. 부모와 자식으로 만난 인연으로 며느리인 내가 좀 더 살갑게 대해 드리지 못한 게 미안하고 후회가 된다. 이승에서 힘든 삶 다 내려놓고 저승에서 행복하게 사시길 바라는 마음이다.

# 햇살 많은 내 고향, 밀양

내 고향은 햇볕이 밀집되는 곳이란 이름을 가진 밀양이다. 겨울에도 눈을 보기가 어렵고 방 안에서 식사하지 않고 툇마루에 앉아 식사를 할 때면 햇볕이 따스하게 온몸을 감싸는 곳이다.

작은 산으로 둘러싸여 아늑하며 어린 시절에는 동네 애들이 많아 저녁이 되면 노느라 정신없어 부모님께서 불러야 집으로 돌아오는 때가 많았다. 얕은 산 뒤에는 큰 저수지가 있어 농사 때 물 부족이 없이 농수로 가득 물이 흘러가는 곳으로 여름밤이면 멱감기를 하며 지냈다.

어느 해 어른들은 농사일로 들에 가고 동네는 조용했다. 나는 옆집 동무와 농수로 물이 가득 내려가는 데서 놀았다. 옆집 친구가 발을 헛디뎌 물에 빠졌다. 그 애의 분홍색 치마가 봉긋 솟아올랐다. 얼마 동안 그렇게 물에 떠내려갔는데도 나는 어려서 죽음이 무엇인지 몰라 어른들에게 알리지도 못했다. 아니, 주위에 아무도 없었던 것 같다. 그냥 그렇게 친구가 떠내려가는 걸 보았는데 농수로 아래 있던 어른들한테 발견되었을 때는 이미 세상을 떠난 상태였다. 다섯 살쯤이었던 것 같다. 너무 일찍 세상을 떠난 친구가 어렴풋하다.

 뒷동산 옆에 위양지라는 저수지가 있었다. 봄이면 꽃으로 덮여 아낙네들이 희초하는 곳이었는데 지금은 관광지로 불리는 곳이다. 언젠가 TV에서 위양지를 소개하는데 어릴 적에 그곳에 가서 친구들과 놀던 때가 생각나 반가웠다.

 고향은 집성촌으로 자랄 때는 행동 제약도 많았었다. 작년에 부모님 산소에 들르기 위해 살았던 동네에 가보니 빈집들이 있어 썰렁하였다.

 우리 집은 안채 사랑채 옆에 화장실과 창고가 있고 뒤란에는 봄이면 살구꽃이 예뻤다. 곳간에서는 설이 다가오면 할머니와 어머니가 한 달 동안 정과 유과 엿을 고느라 분주했다. 공부하라고 하면 창고에서 먹을 것만 찾아 먹느라 공부는 뒷전이었다. 어릴 적에는 안채와 사랑채가 너무 멀리 떨어져 마당이 크게 보였는데 지금은 너무 조그맣게 느껴지는 마당이다.

 작은 머슴이 산에 나무하러 가면 참꽃 머루 다래를 꺾어 주던 생각도 난다. 그 머슴 오빠는 부산으로 공부하러 가서 낮에는 과수원 일을 하고 밤에는 야간 학교에 다니다가 연탄가스 중독으로 죽었다는 소식을 들었다. 그때는 잘 몰랐는데 요즈음 생각하면 머슴 오빠가 너무 불쌍하게 생각된다. 내 어릴 적 고향은 아픈 기억과 함께 아름다운 추억을 간직한 곳이다.

## 작가 이정원

목차
1. 어느 초여름날에
2. 구절초의 계절, 가을이 온다
3. 제주 일경(一景),
    제주 성산일출봉에서
4. 그리움에 대하여
5. 날씨와 인생살이

#프로필
    대한문학세계 시, 수필 부문 등단
    (사)창작문학예술인협의회 회원
    대한문인협회 경기지회 정회원

    2021년 한국문학 베스트셀러 작가상
    2022년 한국문학 예술인 금상 외

    〈저서〉
    시집 [삶의 항로]

#시작 노트
    아름다운 날이다.
    붉게 물들었던 오월의 열정 장미처럼
    글에 대한 열정이 샘 솟는다.
    수필 동인지에 함께할 수 있어 기쁘다.

# 어느 초여름날에

1.

작년에 이어 올여름도 몹시 더울 것으로 기상청은 밝혔다. 지구 온난화로 지구 온도가 상승해, 올해에도 폭염이 발생한다고 한다.

어느 초여름날. 폭염 속에 내리는 굵은 빗줄기를 바라보며 지난 오월 장미꽃 열정을 회상한다.

붉게 물들었던 오월의 열정, 한 떨기 꽃잎이 발끝에서 뒹굴고 있다. 용광로처럼 꺼지지 않을 것 같은 장미꽃 심장이 초여름 소낙비에 식어버린 듯하다. 폭염으로 무더운 낮 더위도 소낙비가 내려 잠시 더위가 물러갔다.

찬란했던 기억을 머금은 장미꽃 열정은 사그라지는 듯 하나 잠들어 있던 시인의 혼이 살포시 핀 시어 한 소절에 다시 깨어난다.

소낙비와 열대야의 계절 칠월, 순금의 언어로 뜨거운 문학의 숨결 속에 시인과 작가의 길을 오롯이 걸으련다.

2.

일과를 마치고 퇴근길에 버스 창밖을 바라보니 비가 내린다. 경의선 백마역 근처 기찻길에는 빨간색 '정지' 신호등 표지판이 있다.

지하철이 오지 않을 때 버스와 차가 외부 기찻길을 통과하고, 반대로 지하철이 올 때에는 빨간색 '정지' 신호등 불빛이 들어오며, 역무원 아저씨가 차량을 통제한다.

버스에서 바라보는 기찻길은 가고 싶어도 멈춰야 하는 순간이다. 창밖 풍경에서 비로소 나그네 인생 여정을 마주한다. 멈출 때 멈추고 갈 때는 가야 하는 절제와 자유가 공존한다.

철학의 미학 속에 앞으로 나가기 전에 잠시 멈춰본다.

인생 여정을 잠시 묵상하며 어느 초여름날도 스쳐 지나고 있다.

# 구절초의 계절, 가을이 온다

작년 2024년 시월 가을. 하늘을 올려다보니 붉은 단풍이 가을을 물들인다. 한가위 추석이 지난 시월 중순 가을비가 대지를 적시고 있다.

길을 걷다 보면, 하얀 구절초와 분홍 구절초가 꽃향기를 내뿜으며 가을의 시간을 알린다. 어느새 가을을 반기는 구절초의 계절이 성큼 다가왔다.

들꽃으로 태어나 줄기 끝에 잔잔한 물결로 피어오르는 구절초 가을 향기가 진한 여운으로 손짓한다. 가을비에 구절초 꽃잎이 흠씬 젖은 채 맨땅 위에 옹송그리는 몸짓을 바라보며 가을을 맞이한다.

'진실한 사랑' 꽃말을 지닌 구절초. 열정으로 붉게 태우는 낙엽을 바라보며, 가을바람 타고 임 오는 소식을 기다린다. 이 가을 행복하시길 바란다.

# 제주 일경(一景), 제주 성산일출봉에서

참으로 오랜만에 여행한다. 둘째 중학생 딸과 첫째 고등학생 아들, 그리고 아내와 함께하는 제주도 여행을 작년 5월 13일부터 15일까지 2박 3일 일정으로 다녀왔다.

딸이 제주도 버스 투어를 신청해 제주 동쪽 지역을 탐방했다. 5월 수국 축제가 열리는 휴애리와 성산일출봉, 함덕해수욕장 등 여러 곳을 여행했다. 여행지에서 가장 여운이 남았던 성산일출봉을 소개하려 한다.

해가 뜨는 오름으로 불리는 제주 성산일출봉은 산 전체가 큰 분화구를 형성해 99개의 기암이 절경이 있는 제주 일경이다. 높이 182m로 사발 모양의 분화구를 잘 간직하고 있어, 2007년 세계자연유산으로 등재된 곳이기도 하다.

이곳에 도착해 보니 바닷가 풍경과 성산일출봉 기암 절경에 나도 모르게 감탄의 탄성이 나왔다.

특별히 성산일출봉은 화산재의 퇴적작용으로 이루어진 곳이라 주변 해안가 돌멩이를 보니 구멍이 숭숭 뚫려져 있었다.

딸과 아내는 돌멩이가 신기했는지 만지고, 해안 바닷가에 던지며 휴식을 취했다. 이날 자외선 지수가 높아 이마와 등줄기에서 땀이 나기도 했지만, 맑은 날씨 속에 여행 일정을 소화했다.

마침, 점심시간이 다가와 성산일출봉 근처 식당으로 갔다. 전복과 조개, 갈치구이와 각종 해물이 들어 있는 해물탕 등 신선한 제주 수산물이 식탁에 차려졌다. 허기진 배를 채우며 맛있는 수산물을 입으로 즐겼다. 우리 가족은 버스 투어 일정을 마치고, 숙소로 돌아왔다.

제주도에 해가 질 무렵 석양이 수평선을 붉게 물들였다. 잔잔한 파도 소리를 들으며 석양을 바라보며 편안한 시간을 보냈다.

아름다운 풍경을 바라보니, 머릿속에 시가 떠올라 〈제주도의 밤〉 시를 자작했다. 시 일부분을 소개한다.

제주 탑동 해안로에 해가 질 무렵
수평선을 붉게 물든 바다에
그리움이 잠들어 있다

아름다운 시간이 흐르고
잔잔한 파도 소리가
깊은 수면의 자장가 되어
고된 육체도 스르르 잠든다

제주도의 밤이
천천히 아주 천천히
고이 잠든다.

      이정원 시인의 〈제주도의 밤〉 시 중


석양을 바라보니, 시 구절처럼 아름다운 시간이 흐르고 잔잔한 파도 소리가 자장가 되어 눈이 감긴다. 제주의 밤이 천천히 아주 천천히 잠든다.

제주도 여행을 되돌아보니 추억들이 떠오른다. 많은 사진을 찍으며 해맑게 웃는 모습이 눈에 선하다. 제주에서의 여행은 우리 가족에게 소중한 추억으로 남았다. 제주의 시간은 아름다운 시간이었다.

## 그리움에 대하여

그리움. 참으로 추상적이고 설명하기 어려운 단어이다.

누군가는 철썩대는 파도를 바라보며 하얀 포말을 그리움의 대상으로 삼기도 하고, 때로는 해안가에 등대를 바라보며 고기잡이 어부(남편, 연인)가 빨리 돌아오길 기다리는 심정으로 생각할 수도 있을 것이다.

2년 전, 갤러리 전시회에 간 적이 있었다. 전시회에서 자작나무 숲을 빼곡히 그려놓고 눈이 내리는 그림을 감상하며 아래 적힌 작품 제목을 확인해 보았다. 작품 제목은 바로 "그리움". 화가는 아마도 눈이 내리는 자작나무 숲에서 연인을 기다리고 있었는지도 모를 생각이 문득 들었다.

나는 그리움에 대해 글을 어떤 표현으로 써 볼 것인지 여러 고민을 한다.

"오랜 추억에 잠겨 명상을 한다" 혹은 "못다한 사랑을 그녀에게 전하고 싶다"라는 표현 등으로 추상적인 단어를 표현하려 애쓴다. 그리움이라는 단어는 일상 속에서 찾아오고, 추억이나 사랑 같은 이미지를 통해 그려낼 수 있다.

그리움을 정의할 수 있을까? 추상적인 형태의 단어를 문장이나 그림 등으로 구체화하는 시도를 끊임없이 하다보면 대략 어느 선까지는 도달할 수 있지 않을까 생각한다.

등대 시 작품을 통해 그리움을 표현해 본다.

등대 / 이정원

한 줄기 등대 빛
애타는 내 가슴이런가
어두운 밤바다를 비춘다

거센 파도가 일렁이는데도
흔들림 없이
외로운 빈자리를 지킨다

만선으로 돌아오는 어부
기쁜 목소리로 반기듯
기다림에 지친 목마른 눈빛을 보낸다

어둠을 밝게 비추는 등대
인생 항해 길의 나침반 되어
선한 빛으로 그리움의 증인이 된다.

# 날씨와 인생살이

"여보, 잠깐 나와 봐요. 봄비가 와요."

아내가 봄비가 온다고 호들갑이다. 절기 '입춘'을 앞두고 요란한 봄비가 쏟아졌다. 기후 변화 탓일까. 올해 들어 날씨가 요란스럽다. 말 그대로 요즘 날씨는 종잡을 수가 없다.

1월이 지나고, 2월 초. 오전에는 비가 내리고 오후 들어서는 싸라기눈이 내려 날씨가 오락가락한다. 날씨 예보로는 수도권과 중부 지방은 흐리고, 제주도에는 비가 온다고 한다.

오락가락한 날씨가 기분 탓일까? 마음이 싱숭해진다. 가만히 생각해 보면, 날씨는 인생살이와 밀접한 관계가 있어 보인다. 아침에는 기분이 좋지 않아 언성을 높였다가도 저녁에는 환하게 웃을 때가 있다. 마치 놀이동산에서 청룡 열차를 탄 느낌이다.

절기 '입춘'을 기다리는 마음으로 잠시 침묵의 시간을 가져본다. 오후에 내린 싸라기눈을 바라보며, '마음에 흰 눈이 쌓였으면 좋겠다'는 생각을 떠올려본다. 내 마음에 흰 눈이 소복이 쌓이고. 그렇게 시간이 흘러 개나리와 진달래, 벚꽃 피는 봄을 머릿속에 상상해 본다.

　마음에 쌓인 순결한 흰 눈이 녹아 고대하던 행복이 찾아오길 소망한다. 변화무쌍한 날씨처럼 인생의 겨울이 지나고, 꽃 피는 봄이 오길 간절히 바라는 마음이다. 살다 보면, 비가 내리다 눈으로 바뀌는 짓궂은 날씨처럼 역경의 시간이 찾아온다. 역경의 시간은 힘들다. 하지만 시간을 견디고 이겨내면, 따스한 햇볕이 비추는 희망의 시간이 반드시 오리라 생각한다.

　"벚꽃 축제가 열려요. 손잡고 꽃구경하러 가요."
　올해도 벚꽃이 만개했다. 아내가 꽃구경하자고 보채는 말이 귓전을 때린다. 양탄자처럼 흩어진 꽃길을 아내와 마실 하며, 아름다운 풍경을 바라본다. 올망졸망 뒤섞여 사랑스러운 자태로 피어있는 벚꽃 송이 꽃길을 걸으며 추억에 사무친다. 내 마음이 분홍빛 꽃잎 되어 "우리 꽃길만 걷자" 말하며, 희망의 시간을 아내와 꿈꿔본다.
　변화무쌍한 날씨 속에도 진정한 행복을 느낄 수 있어, 올해 봄은 아름답고 추억이 사무치는 봄날로 남기를, 꽃길만 걷기를 소망한다.

　역경의 인생 겨울을 이겨내고, 순결한 흰 눈이 녹아 봄꽃 향연 속에 행복이 파도처럼 밀려온다.

　눈서리가 쌓인 노란 복수초가 동면에서 깨어나 봄의 태동을 알린다. 내 마음속에 황금 꽃잎 복수초가 피어나는 것 같다. 참으로 아름다운 봄날이다.

# 작가 이환규

목차
1. 연골주사
2. 감나무가 있는 마당
3. 치유와 포용
4. 여름날의 악몽

## #프로필
대한문학세계 시, 수필 부문 등단
(사)창작문학예술인협의회 회원
대한문인협회 경기지회 정회원
시를 꿈꾸다 문학회 회원
현)2020~대한문인협회 상벌위원장
2022년 경기지회 향토문학 작품 경연대회 대상
2025년 신춘문학상 장려상
2025년 짧은 시 짓기 공모전 동상 외

## #시작 노트
시간이 흐르면
바람은 물 위에 흔적을 남기며
많은 이야기를 전해준다
세상은 숨은 보물 찾아주기를 바라듯 숨바꼭질하며 달려가고
하늘은 흐리다고 비를 내리지 않지만
희망을 감추고 있다
우리가 나이 들어감을 막아내지는 못하지만 멋있고 기풍 있게
늙어갈 수는 있지 않을까?
구름을 걷어내면 햇살이 있듯이..
글을 쓴다는 것은 벌거숭이처럼 생각과 속살을 보여주는 것이기에
참으로 조심스럽다.

# 연골 주사

계절이 바뀌어 새벽 공기가 상큼하다. 아침저녁으로 찬바람을 몸으로 느끼게 되니 더욱 실감이 난다.

불과 며칠 전만 해도 덥다고 태양을 피해 다니고 여름 폭우와 장마에 피해를 보고 눈물지었는데 망각의 동물인 우리는 까마귀 고기를 먹었는지 잊어버리고 일상으로 돌아와 있다.

주말 아침 찬 바람 탓인지 오른쪽 무릎이 시큰거려서 정형외과를 가야겠다고 마음먹고 길을 나섰다.

오래전 초등학교에 다니던 시절로 기억이 된다. 운동장에서 운동하다가 무릎을 다쳤다. 무릎 뼈마디 부위라 통증이 오래 갔지만 지금처럼 눈 돌리면 보이는 병·의원도 없고 치료받을 형편도 아프다는 말도 꺼내기 어려웠던 70년대 초중반 그때는 경제적으로 중화학 공업이 경공업을 앞질러 수출 100억 불 시대를 열고 있었지만, 서민의 삶은 팍팍하기 이를 데 없이 저

임금에 노동력 착취가 일상이고 돈 구경하기 하늘의 별 따기 였다. 그러니 병원 치료를 제대로 받지도 못하였다.

그런저런 이유로 까맣게 잊고 살았는데 어느 해인가 등산을 하고 하산 중에 무릎이 빠지듯이 아픈 증상을 느끼게 되었고 그 후에도 계단을 내려올 때는 어김없이 같은 증상을 겪었다.

당연히 어릴 적 다친 무릎 영향이겠지 하고 나이가 들어 근육이 빠져서 뼈를 잡아 주지 못해 아프구나 하고 스스로 진단을 내렸다.

그런데 정형외과에서 엑스레이를 찍고 진료를 받아보니 의사 선생님 하는 말이 관절염이라고 한다. 운동도 많이 했고 아직 근력도 남부럽지 않게 가지고 있다고 자부하는데 관절염이라니...

그 후로 몇 차례에 걸쳐 물리치료를 받으며 지내 왔는데 아침 찬 바람에 잠깐 잊고 있었던 무릎이 시큰거린 것이다.

정형외과에 접수하기 전에 물리치료실을 들여다보니 웬 환자가 수십 명이 대기하고 있어 물리치료는 받지 못하겠다고 생각하고 접수 후 진료를 보는데 의사 선생님이 자신도 10년 넘게 연골주사를 맞고 있다며 맞아보라고 권해주어 설명을 들어보니 연골 영양제로 통증도 완화해 주는데 6개월에 한 번 정도 맞으면 효과도 있다고 하여 물리치료 대신 연골주사를 맞고 걸어오는데 그사이에 약효가 돌았는지 그렇게 생각이 든 것인지 무릎이 편안해지는 느낌을 받아 효과가 전혀 없는 주사는 아니기에 플라세보 효과라고 보기도 좀 모호하지만, 아무튼 연골주사라는 다른 물질의 도움을 받게 되었으니 아직 가 보고 싶은 곳이 많은데 큰 걱정이 앞서기도 하지만 운동을 병행하면서 긍정적인 생각으로 극복해 나가기로 마음먹었다.

# 감나무가 있는 마당

이제 좀 나아졌다고 가난한 신혼생활로 출발을 했던 시절을 잊었나 보다. 인간은 망각의 동물이고, 기억하기 싫은 이등병의 군 생활도 힘들었던 때는 잊어버리고 짧았던 병장 시절만 생각난다고 하지 않는가?

달동네 미로 길을 굽이굽이 돌고 돌아 올라가면 낡은 슬레이트 지붕에 부엌 딸린 단칸방 하나 연탄보일러 곤로 하나 놓고 월세 내며 살았던 시절, 마당에는 감나무와 재래식 화장실이 있었다.

한참 산업화가 시작된 70년대 상경한 사람들의 모습이 그러했는데 세월이 지났건만 나도 별반 다르지 않게 신혼생활을 시작했다.

지금 뒤돌아보면 그때도 생활은 어려웠지만 이웃 간의 끈끈한 정은 있었던 거 같다. 옆집에는 청소부 부부가 애 둘을 데리고 단칸방에 살았고, 그 옆방은 교도관이, 또 옆방은 길에서 막도장을 파주는 아저씨가 살았다. 참 다양한 직업을 가진 어려운 사람들이 어울려 살았던 지난시 절의 소중했던 추억이다.

그런 집에서 어린 부부가 애 키우며 힘들게 사는데 옆집 아줌마는 어렵게 사는 것을 체험해서인지 한겨울 손이 떨어질 정도로 시린 물에 주저 없이 손을 넣어 천으로 된 기저귀도 빨아주었다. 지금처럼 세탁기는 언감생심 구경도 못 했고 짤순이가 있기는 했지만, 우리가 쓸 수 있는 물건이 아니었다.

이것저것 챙겨주며 참 많은 도움을 줬는데 달동네를 벗어나 다른 월세방으로 이사를 하면서 소식이 끊겼다.

가진 게 없던 사람은 유독 정이 많았던 거 같다. 없으니 서로 알아보고 돕는데 아끼지 않았으며 가진 자는 오히려 베푸는 모습을 본 적이 없다. 뭔가 끈끈하면서도 서로 의지하고 미래에 대한 희망이 있었기 때문이었을까? 가진 자는 더는 가질 것이 없을 만도 한데 끝없이 욕심을 부리고 없는 자는 가질 수 있는 꿈이 있었기 때문일 것이다.

세월이 지난 지금 그 자리는 재개발로 콘크리트 아파트가 자리 잡고 있지만, 그때 그 집 마당의 감나무 그리고 몇 가구 세 들어 살았던 사람들의 따스한 정이 새삼 소중하게 생각난다.

## 치유와 포용

아침 출근길, 오늘도 전쟁터에 나가는 기분으로 마음을 추스르고 출근을 한다. 한순간도 긴장을 늦추지 않고 살아온 세월이다.

아이들이 어릴 때는 마음 놓고 가족여행 한번 가본 기억이 없으며, 가족보다 직장이 우선이고 밤낮을 가리지 않고 일하며 뜬눈으로 밤을 지샌 날이 1년의 1/4이다.

어찌 보면 이 직장이 나와 가족의 생계를 뒷받침해 주는 것이기에 사명감보다는 그냥 고맙고 열심히 해야 한다는 생각밖에 없었던 거 같다. 그래서인지 두 아들이 장성했는데도 부자지간의 끈끈한 잔정이 없고 애정 표현과 따뜻한 말 한마디는 듣지를 못한다. 왜 그렇게 하지 못했는가 후회스럽지만 누구를 원망하겠나 이미 지나간 시간을 되돌릴 수도 없는 것을…

나는 평생 형사 일을 했다. 강력계 형사로 수많은 사건을 접하고 해결하면서 희로애락, 산전수전 시쳇말로 공중전까지 다 겪으며 범죄자를 상대해 왔다.

내 가족이 무슨 생각을 하고 무엇을 원하는지보다 범죄자들이 무슨 생각을 하고 어떤 행동을 할 것인가를 더 연구했다. 직업의 특수성 때문일까? 감정의 변화도 줄어들고 성격도 변했다는 말을 자주 듣곤 한다. 슬픈 드라마나 영화를 봐도, 저건 그냥 대본이고 연기일 뿐이라는 생각이다. 감정이 가뭄에 드러난 논바닥 같이 메말랐다고나 할까? 마누라는 감정이 없다고 늘 타박이다.

심리학에서 문제를 일으키는 원인을 정서와 행동 그리고 생각으로 분류하는데 세 가지 중 한 가지만 바로잡아도 치유가 된다고 하니 범죄자의 경우 이처럼 교화 과정에서 한 가지를 치유하면 변화가 생기지 않을까라고도 생각하는데 나의 감정 변화에도 이러한 치유의 방법이 효과가 있지 않을까 생각해 본다.

각종 난무하는 사회적 범죄로부터 선량한 시민이 보호받으려면 격리 과정에서 당연히 치유를 받아야 한다고 생각된다. 사회적 비용을 부담하는 국민이 누려야 할 권리이기 때문이다.

사회는 어두운 곳이 있는 반면 밝고 건강한 곳이 더 많기에 우리는 희망을 가지고 내일을 바라볼 수 있지 않은가? 설령 인격장애 사회의 이분법적 사고방식으로 그들과 다른 생각 다른 생활을 한다 해도 우리는 스스로 만물의 영장이라고 자부하는 인간이기 때문에 이 모든 걸 포용해야 하지 않을까?

# 여름날의 악몽

더위가 세상을 집어 삼킬 듯 기승을 부리고 용광로 같은 불덩이 속에서 견뎌야 하는 유난히도 더웠던 2018년의 여름 악몽의 날이다.

날씨는 덥지만 깔끔하게 얇은 정장을 차려입은 남자가 사무실 밖에서 "안녕하세요. 상담 좀 하러 왔는데요?"라며 인사를 한다. "예. 들어오세요."라며 안내를 한 후 자세히 보지는 못했으나 언뜻 안면은 있어 보였다. 자리에 앉아 얘기를 들어보니 예전에 있었던 일에 불만을 품은 민원인이었다.

두 달 전 사소한 시비로 처리했던 일이 원만히 해결되었으나 또 다른 여성 관련 문제가 있었던 모양이다. 그런데 담당자에게 한번 마음이 뒤틀리고 꼬였는데 아무리 설명해도 막무가내다. 또 다른 여성 관련 일에 다른 곳에서 조사를 받는 것이 마치 그전 담당자의 잘못으로 인식하여 원한을 갖고 있었다.

담당자와 대화를 하던 중 "물 좀 마실게요."라며 정수기 앞으로 가더니 잠시 후 입에 거품을 물고 쓰러졌다. 미리 준비해 온 뭔가가 들어있는 병을 꺼내어 마신 것이었다. 순간적으로 독하고 음산한 냄새가 사무실에 확 풍겼다.

일이야 어찌 됐든 잘잘못을 떠나 사고가 난다는 것은 결과적으로 피해자나 공직자에겐 돌이킬 수 없는 재앙이다. 머릿속에 스쳐 지나가는 수많은 생각을 뒤로하고 119에 전화를 하면서 응급처치했다. 하지만 구급차가 올 때까지 기다릴 시간이 없는 급박한 상황이었다.

30년 세월 수많은 일을 해봤지만, 너무 황당하다. 개인 차량으로 병원 응급실에 도착하여 위세척했다. 왜이리 극단적일까? 세상의 이치가 한곳이 막히면 한쪽이 열린다는데…

매스컴에서 아무리 여성 관련 범죄에 대해서 단죄를 한다고 뉴스가 나와도 그런 일이 있었다면 전문가의 도움을 받던지 방어권을 행사하여 대처해 나가면 되는 것인데 극단적 생각으로 작정을 하고 온 거 같았다. 그 사람 하는 말이 자신이 약을 마셔야 너를 혼내줄 수 있을 거 같았다고 한다. 그 생각이 참 어이가 없었다. 병원 응급실에 달려온 그의 부인은 내용을 알고 있는 듯 연신 죄송하다고 한다.

다른 방법이 있었을 텐데 복잡한 머릿속을 헤아려 보아도 그의 속을 알 수가 없는 노릇이다.

그도 얼마나 답답했으면 그런 선택을 준비했을까? 힘든 상황이 와도 인생 끝나는 게 아닌데, 창피함은 잠시지만 남겨진 사람은 어찌하라고.

사람이 독하다. 세상에서 사람보다 무서운 존재는 없다는 말을 옛부터 들어왔다. 사람은 마음만 먹으면 무엇이든 선한 일이던 악한 일이던 할 수 있다는 것을 여실히 또 체험 했다.

말은 어눌하지만, 의식도 있고 깨어나서 다행이다. 안도의 한숨을 내쉬면서 발길을 돌리면서 생각해 본다. 무서운 존재로 살지 말자고 떠난다고 자신과 남겨진 사람의 고통은 없어지지 않는다는 것을…

### 작가 임현옥

목차
1. 그녀의 짝사랑
2. 그해 마지막 여름

## #프로필
대한문학세계 시, 수필 부문 등단
(사)창작문학예술인협의회 회원
대한문인협회 서울지회 정회원
대한창작문예대학 졸업
문예창작지도자 자격 취득
대한창작문예대학 졸업작품 경연대회 대상
서울지회 향토문학 작품 경연대회 은상
2025년 짧은 시 짓기 공모전 은상 외

## #시작 노트
오래전 마음 한켠에 살며시 접어두었던 풍경과 감정들이
어느 날 조용히 마음을 두드렸습니다.
그것이 그리움인지, 지나간 시간의 따스한 온기인지 알 수 없지만
나는 문득 걸음을 멈추고, 삶의 조용한 순간들을 다시 떠올려보았습니다.
이제는 멀어진 행적들을 그저 소중한 추억으로 간직하며,
남은 시간은 조금 더 가볍고 편안한 마음으로
나만의 길을 천천히 걸어가려 합니다.

수필 동인지의 발간을 진심으로 축하드리며,
이 작은 글들이 누군가의 마음에도 따스한 빛이 되기를 바랍니다.

## 그녀의 짝사랑

그녀는 저녁밥 수저를 내려놓고 밥상에서 먼저 몸을 일으킨다. 시부모님 아직 식사 중인데 슬쩍 눈치를 보면서 숭늉 뜨러 가는 척 부엌으로 나갔다. 아직 부엌엔 밥과 국을 끓여 낸 잔불이 남아 있어 호독호독 소리 내며 타고 있었다. 시집은 재래식 부엌이라 밥과 물을 데우는 아궁이에 반들반들 세월 묻은 가마솥이 두 개 걸려있고 불 때고 남은 잔불 위에 된장찌개를 끓여 내는 그녀가 살던 현대식 집과는 다른 정겨운 시골집이다.

부엌으로 이어지는 자그마한 문을 나서면, 신혼부부가 거처하는 부엌 딸린 두 칸짜리 방이 나오고 그 사잇길 끝에는 울타리가 있는 뒤뜰은 넓게 장독대가 자리를 지키고 있다. 햇살에 반짝이는 항아리 뚜껑들 사이로 장맛이 익어가는 냄새가 퍼지고 항아리를 바르게 고여놓은 돌 틈 사이로 피어나는 풀꽃들이 고개를 내밀기도 한다.

오랜 세월 그 자리를 지키며 비바람을 견뎌온 금이 간 항아리가 그녀가 시집오기 전부터 조용히 엎어져 있다. 표면에는 흘러간 흔적이 고스란히 남아 있어 세월 묵은 냄새와 부엌을 오가던 여인들의 손맛이 깊이 배어 있었다. 가끔은 그곳에서 정화수 떠 놓고 시어머니는 두 손 모으고 기도하고 계신 걸 간간이 보았다. 장독대 주위에는 키가 큰 가죽나무 서너 그루가 서 있다.

 모내기 철이 다가오면 지난해 말려두었던 가죽 나뭇잎을 바삭하게 볶아 소금 간에 설탕을 살짝 뿌려내 막걸리와 함께 일꾼들의 새참으로 내가면 훌륭한 자반으로 탄생한다. 나에겐 처음 보는 생소한 자반이기도 했다. 언제부터인가, 어스름한 저녁이 되면 장독대 항아리 곁에 쪼그려 앉아 집에 두고 온 막내들 생각에 나도 모르게 눈물을 훔치곤 했다. 어쩌면 그곳은 그녀의 눈물을 감춰줄 수 있는 작은 은신처였는지도 모른다.

 뒤를 밟아 따라 나온 그가 가슴을 내어주며 "엄마 일찍 돌아오실 거고 아기들도 잘 있을 거니 걱정하지 마!" 며칠 있다 다니러 가자며 진심으로 위로하는 그의 마음이 따뜻하게 느껴왔다.

 사십 대 혼자되서 엄마의 생활전선은 늘 바쁘게 돌아갔다. 엄마가 늦은 시간이 되어야 돌아와 그녀는 어린 동생의 생각을 안 할 수가 없었다. 다행히 쌍둥이들이라 서로 의지할 것이라 위안을 삼곤 했어도 마음은 비워지진 않았다. 애써 그의 말을 들으며 손을 잡고 일어났다.

 그녀가 시집으로 왔을 때 막내들은 초등학교 4학년이었다.

한창 어른들의 손이 필요한 나이여서 그녀는 서쪽으로 해가 질 때면 장독대 숨어 남모르게 눈시울을 적셨다.

 그러는 중에도 시집온 지 얼마 되지 않아 모든 것이 서툴렀지만, 그녀는 하루하루 시집의 가풍을 몸으로 익히려 노력하는 데에 인색하지 않았다. 세월은 쉬지 않고 흘러갔고, 그렇게 흘러간 평범한 날들이 어느새 그녀 삶의 굳건한 뿌리가 되어 가고 있었다.

 아기가 생겨 막달이 되어 제법 배가 불러왔다. 결혼한 지 일년 만에 집을 얻어 나왔다. 시아버님은 조금 더 같이 있다 나갔으면 서운해하기도 했었지만, 한집에 시숙 내외 그리고 조카들 대가족이 살기에는 그녀에겐 살림보다 마음이 힘들어 그를 졸라 시댁에서 조금 떨어진 곳에 집을 얻어 나왔다. 막내들을 방학 때 데려와 잠시라도 내 곁에 두고 싶은 계획도 없지 않았다.

 그해 동짓달 첫아이가 태어났다. 엄마라는 값진 이름을 붙여준 여자 아기가 그녀의 품에 안겼다. 산고의 고통은 말로 다 할 수 없었다. 왜 하늘이 노란색으로 물들어야 비로소 생명을 얻는지 그 말이 어떤 의미 인지 뼛속까지 느꼈고 부모의 은공이 스쳐 가는 순간이기도 했었다. 첫아이는 자라면서 이모와 삼촌을 친구처럼 따랐다. 목에 머플러를 매고 장롱 속 이불 위에서 뛰어내리는 짓궂은 삼촌에게 슈퍼맨 삼촌이라는 이름 붙여 지금도 정겹게 불리고 있는 애칭이 되었다.

그녀는 두 막냇동생을 방학 때마다 데리고 와서 곁에 두었다. 눈 앞에 있어야 마음이 놓였고 엄마도 직장생활이 수월할 수 있도록 도움이 되길 바람이기도 해서였다.

어느 해 여름 그녀의 집에서 방학을 끝내고 집으로 돌아가는 날이 되었다. 방이동에서 출발하면 노량진에서 회차하는 버스가 있어 오고 가는데 동생들이 어렸다 해도 무리 없이 갈 수 있었다. 그녀는 노량진까지 가는 동안 고민에 빠졌다. 수중에 있는 돈은 고작 오천 원뿐 두 동생을 빈손으로 보내면 마음이 아플 것이고, 다음 월급날까지 살아가려면 빠듯한 살림은 불을 보듯 뻔했다. 하지만 용돈을 손에 쥐여 보내는 것이, 차라리 조금 힘들더라도 마음은 가벼울 것 같아 버스에 올라타는 아이에게 오천 원을 손에 쥐여주며 말했다. "얼마 안 되지만 둘이 나눠 써." 손을 흔들며 아이들을 보냈다.

남편은 세 살 난 아이를 안고, 그녀보다 한발 앞서 걷고 있었다. 그녀는 막내를 보낸 뒷마음이 허전해 이미 떠나는 버스를 몇 번이나 뒤돌아보며, 아이를 태운 버스가 보이지 않을 때까지 천천히 걸었다.

집을 얻어 나올 무렵, 그는 직장에 들어간 지 얼마 되지 않아 살림은 빠듯할 수밖에 없었다.

농사 지은 쌀과 푸성귀는 아버님 도움을 받았지만 어쩌다 집에 손님이라도 왔다 가면 가계부에 구멍이 나서 허덕이곤 했다.

어둑어둑 해가 지고, 가로등이 하나둘 켜지기 시작했다. 네온사인이 오색으로 물드는 저녁 눈앞에 낯익은 오천 원짜리 한 장이 바닥에 떨어져 있었다. 그녀를 바라보듯 고요히 누워 있는 것이 아닌가. 그녀는 잠시 자신의 눈을 의심했다. 주머니를 더듬어 확인했다. 분명 아이들 손에 꼭 쥐여준 그 돈인데, 왜 여기에 있는 걸까. 그녀는 당황한 마음으로 주위를 두리번거리며 얼른 돈을 주워서 들었다. 사람들은 퇴근길에 바쁘게 오고 갔다. 만약 빈손으로 아이들을 보냈더라면 오랫동안 힘들어했을 자신을 너무도 잘 안다. 두 동생이 남기고 간 따뜻한 온기 하나로 다음 만남을 기약하며 허전한 마음을 달랜다.

어느덧 세월은 그들 머리에도 희끗희끗 흰서리 내려앉아 오십이 훌쩍 넘었건만 아직도 그녀의 눈에 밟히던 그 시절의 동생들로 남아 있다. 어쩌면 마음 안에는 혼자만의 짝사랑이었을지도 모른다.

# 그해 마지막 여름

조금 전, 호수가 보이는 카페에서 커다란 그릇에 담긴 팥빙수를 맛보며 더위를 식혔다. 백합과 나리꽃이 만발한 수목원은 햇볕이 유난히 따가웠다. 더위를 식히기엔 바람 한 점, 불지 않아 나무 그늘이 전부였다.

내일 아침 고요 수목원 갈까? 요즘 틈만 나면 가까운 곳으로 드라이브를 청한다. 그 좋던 몸집은 어디로 가고 깡말라 버린 모습이 금방이라도 부서질 것처럼 위태로워 보였다. 그날, 나는 가게 문을 닫고 그를 따라나섰다. 가평으로 가는 길엔 옥수수를 파는 곳이 많아 차가 정체된다 싶으면 아줌마들은 여지없이 차 사이로 찐 옥수수를 들고 나선다고 그가 옥수수를 좋아해 절대 놓치지 않는다. 그날도 어김없이 차를 세웠다. 그는 하모니카를 불듯 한두 번 훑으면 빈 자루만 남는다.

창밖은 산마다 녹음이 짙어지고 여름이 한가운데 서 있었다.

대화조차 뜸했던 세월이 얼만데, 이제 마주 앉아도 어색하기만 하다. 서로의 얼굴을 바라보며 건네는 말은 어쩐지 낯설고, 침묵조차 무겁다. 그것을 깨려고 외로운 손 잡아달라 수 없이 내밀었건만 언제나 비켜 간 허송세월 우리에게 과연 감정이라는 것이 남아있는 걸까? 사진 한 장 남기자며 지나가는 젊은이에게 카메라를 맡겼다.

젊은이는 익숙한 손놀림으로 셔터를 눌렀고, 그는 애써 어색한 포옹으로 포즈를 취하며 슬그머니 어깨에 손을 얹었다. 다시는 돌아오지 않을 그 찰나를 사진으로 담았고 고마웠다는 목례를 나누며 카메라를 건네받았다. 걷기가 조금 힘들어 보여 의자에 앉았다 가기를 몇 번 어색해하는 그에게 아침고요수목원의 이야기를 나누었다.

"어떤 한 부부가 있었는데 부인은 꽃을 너무 좋아했고, 남편은 사랑하는 부인을 위해 꽃밭을 만들기 시작했는데 해마다 꽃을 심고 정성스럽게 가꾼 꽃밭은 세월이 흘러 점점 커져 지금은 모두가 부러워하는 이렇게 큰 수목원이 되었대. 참 훈훈하고 마음 따뜻한 얘기지?"

그의 얼굴을 바라보며 물었다. 그는 대답 없이 미소만 지었다. 은근히 우리 사이를 떠올리게 하려던 이야기가 그의 마음에 전해졌으려나. 여름꽃은 나리꽃 형태의 꽃 말고는 봄꽃처럼 많지는 않다. 우리는 대충 둘러보고 출구로 천천히 걸음을 옮겼다.

집으로 돌아오는 길, 두물머리에 들렀다. 술로 허비한 시간을 다 보내고 남들은 수없이 다녀갔을 양수리 두물머리 이곳 한번 같이 와보지 못하고 생소한 얼굴로 내 발걸음을 따라 걸었다. 백련 홍련이 꽃을 피우기 시작했고 북한강과 남한강이 반갑게 만나 포옹하는 두물머리 오백 년 가까이 든든한 수호목이 되어 참새들의 놀이터가 되고 이곳을 오가는 수많은 인파가 느티나무 그늘에 앉아 땀을 식힌다는 이야기도 건넸다.

수목원과는 달리 강바람이 불어 느티나무 잎이 소리 내 흔들리고 또 하나의 터줏대감인 외로운 배 한 척도 고요한 운치를 더했다. 그가 연잎 핫도그와 아이스크림을 손에 들고 와 남이 두고 간 온기에 우린 어깨를 붙이고 앉았다. 그는 핫도그를 한 입 베어 물고, 오직 그 맛에만 집중했다. 나는 끊긴 대화의 끈을 어디서 다시 잡아야 할지 망설였다. 그의 낯선 표정이, 이유 모를 두려움으로 다가왔다.

오백 년 느티나무의 역사와 강원도 검룡소가 발원지며 남한강과 북한강이 합치는 곳이라 하여 두물머리라 하였고 강 건너 세미원의 이야기도 꺼냈다.

"처음엔 조그만 비닐하우스였을 당시 엄마와 와봤고 꽃들과 물에 피는 수생식물이 전부였는데 지금은 두물머리와 세미원을 잇는 배다리까지 연결되어 오고 가는 길이 가까워졌고 넓은 세미원이 되어 그 안에 먹거리도 생겨 양수 대교 아래는 전체가 공원으로 조성해 관광객들도 많이 찾아오는 연꽃으로 유명한 곳이기도 하지." 이런저런 이야기로 어색한 사이를 좁혀갔다.

이곳에 오면 느티나무를 놀이터 삼아 바쁘게 살아가는 참새들 재롱도 볼 수 있고 저기 보이는 저 나무는 튤립나무인데 오월이면 저 큰 나무에 노란 꽃이 만발해도 너무 높은 그곳이라 모르고 지나가는 사람들이 더 많다는 얘기 가을엔 예쁜 단풍과 새벽에 물안개 피는 아름다운 곳이라 소개도 아끼지 않았다.

늦은 오후 시간, 길게 늘어선 차들의 행렬이 좁은 주차장으로 줄을 지어 꾸역꾸역 들어왔다.

가족 동반이 많았다. 부모님과 함께, 그리고 연인들과 함께, 늘 내 눈에 부러움으로 가득 채우고 돌아와야 했던 텅 빈 가슴이 익숙해진 세월로 굳혀갔다.

눈에 넣어도 넣어도 넘쳐나게 이 좋은 세상. 방구석에 앉아 술을 친구 삼았던 지나간 허송세월한 그가 가엽다는 생각이 문득 들었다.

하얀 백련들이 바람에 흔들리고, 커다란 잎들이 부딪치며 소리를 낸다. 추억을 담기 위해 꽃들 앞에 선 인파들을 바라보았다. 정말 아름다운 그림이었다.

차갑게 식어간 사랑, 늙어버린 자신의 청춘이 아깝다 생각이 들었는지 오늘 집을 떠나 이곳에 와 있다. '우리'라는 단어 참 오랜만에 입에 올려본다.

그 무엇이 힘들게 할지라도 부부의 힘이면 이겨내지 못 한 게 없을 텐데 고작 술이라는 마술에 걸려 웃음도 잊고 살아야 했던 그 지난날이 후회라도 하는 걸까 미래가 보였던 걸까 그제야 마음의 손을 내밀었다. 반가움에 잡으려 했지만, 그 손은 이미 허공 속으로 사라져 버렸다.

이제는 돌아올 수 없는 시간, 빈 캔버스 앞에 멍하니 선 채 나는 결국, 내 인생의 그림을 완성하지 못한 채 붓을 내려놓아야 했다.

# 작가 장선희

목차
1. 70년 시대의 공간 속
2. 혜화동 목욕탕 가는 길

#프로필
    대한문학세계 시, 소설 부문 등단
    (사)창작문학예술인협의회 회원
    대한문인협회 서울지회 정회원
    대한시낭송가협회 정회원
    사단법인 한국소설가협회 정회원
    한국문학 베스트셀러 우수상, 한국문학 우수작품상
    한국문학 금상, 향토문학상 등 다수
    〈저서〉
    제1시집 [꿈의 바다]
    제2시집 [찬란한 하루]
    장편소설 [향기로운 꽃이 되었다]

#시작 노트
    바람 따라 구름 따라
    내 마음도 흘러 흘러
    인생을 잘살아 보려고
    소중하고 감사함을 알아가며
    결국 나를 사랑하여라.

# 70년 시대의 공간 속

나의 70년대 청소년기를 보냈던 공간 속을 되돌아본다. 그 시대에 가장 인상 깊었던 시절을 지금도 잊을 수가 없다. 내가 중학교에 다니고 있을 시기였다. 박정희 대통령의 정권으로 본격적인 '새마을 운동'이 실시되었다. 온통 마을은 집마다 초가지붕에서 슬레이트 지붕으로 개조되고 있었다. 우리나라가 전국적으로 그렇게 실천되는 것 같았다.

우리 동네는 경기도 양평군 용문이라는 작은 마을이다. 지금 헤아려 본다면 아마 30가구 정도가 살았던 것 같다. 동네에서 버스를 타고 20분 정도 가면 '용문사'라는 절이 있다. 그곳에는 1,100년으로 추정되는 제30호의 높이 38.8m, 둘레 11.0m, 부피 97.9m로 우리나라에서 가장 오래된 천연기념물의 은행나무가 있다. 조선 세종 때에 정3품 품계를 받았다는 역사적인 가치가 있는 곳이다. 그리고 강원도 전방이 그리 멀지 않아서 근처에 부대가 꽤 있었고 국군 장병들을 쉽게 만날 수 있는 동네였다.

어머니는 군인들이 입었던 세탁물 군복을 잔뜩 받아와서 빨래해 주는 일을 시작했다. 돈을 받기도 하며 군인들이 가지고 다니는 가방이나 먹을거리는 해산물 등으로 대신 받아 오기도 했다. 가방으로 받아오면 붉은색 물감을 들여서 나의 책가방으로 가지고 다녔다.

　우리 집은 항상 수제 비누를 만들었다. 양잿물과 쌀겨를 이용해서 만든 거무스름한 색깔의 비누가 쪽마루에 널려 있곤 했다. 우리 동네는 추운 한겨울이 되면 개울물이 꽁꽁 얼어버릴 정도로 몹시 추웠다. 어머니는 고무장갑도 없이 도랑물의 얼음을 방망이로 깨면서 빨래를 했다. 그래서 손발이 동상에 걸리기도 하고 고생이었다. 밤에는 잠들기 전 물을 끓여서 따끈한 대야에 손발을 담그기도 하며 견디었다. 이불 속에서 손발이 녹으면 가렵다고 긁어서 벌겋게 부어올랐다. 내가 도와드리는 일은 대야에 물을 버리는 일 뿐이었다.

　1974년에는 최초로 동네에 텔레비전이 들어왔다. 형편이 좋은 잘 사는 집은 마루에 설치해 놓았다. 동네 사람들은 그 집으로 어른이나 아이 할 것 없이 저녁마다 KBS 일일연속극을 보러 다녔다. 제목은 '꽃피는 팔도강산' 김희갑, 황정순 배우가 주연이었다. 온 가족이 열심히 살아가는 희망적인 이야기에 울고 웃는 유익한 볼거리의 시간이 너무 신나고 좋았다.

　텔레비전에서 아이들이 좋아하는 만화영화도 나오고 최고의 흥미진진한 시간이었다. 보는 중간에 틈틈이 새마을 운동을 홍보하는 '새마을 노래'가 힘차게 불리고 온통 잘살아 보자는 경제발전의 정책이 실천되는 세상 분위기였다.

그리고 가끔 아이들과 동네를 돌아다니다 보면 상이군인들과 종종 마주쳤다. 그 사람들은 팔이나 다리가 잘려져 있고 몹시 불편해 보였다. 상이군인은 집안에서 '엉금엉금' 기어다니며 생활했다. 외출할 때는 휠체어를 이용하거나 목발을 짚고 다니는 모습에 아이들은 무서워서 도망치기도 하면서 피해 다녔다. 그때는 몰랐지만 나중에 커서 알고 보니 월남전에 참전했던 유공자라고 들었다. 무서운 사람이 아니고 훌륭한 사람이라는 걸 알게 되었다.

우리 집은 내가 중학교에 입학하고 나서 새로 짓기 시작했다. 작은외삼촌은 목수가 직업이다. 그래서 집을 짓는 설계도를 작은외삼촌의 주도하에 시작했다. 아버지와 큰외삼촌도 함께 세 분의 일손으로 반년 동안의 세월을 힘들게 지었다. 어머니와 나는 삼시세끼 음식 준비와 잔심부름을 도맡아야 했고 눈보라 치는 날은 여자가 더 고생인 것 같았다. 그때 넓은 마루에 미닫이 유리문이 달리고 자연스럽게 슬레이트 지붕으로 개조하면서 집이 아늑해서 너무 좋았다. 나는 동생과 함께 신이 났고 마루에서 춤을 추며 뛰어다니기도 했다. 수동펌프를 쓰던 우물에도 상수도가 설치되고 수도꼭지를 틀면 물이 '콸콸' 쏟아졌다. 그렇게 우리 집은 세련된 새집이 되었다.

세상은 점점 발전하고 우리 동네에 전기도 들어왔다. 등잔불을 켜고 살다가 집마다 전깃불이 들어오니 밤에도 대낮처럼 환했다. 그런데 나는 한창 공부해야 하는 학생이지만 밤에 전깃불을 마음대로 켜지는 못했다. 시험공부 해야 하는 날이면 부모님께 혼나기 일쑤였다. 남들 자는 시간에 불을 켜야 했고 전기세가 많이 나온다는 어머니의 핀잔이 무서웠다. 새가슴처럼 연약한 내 가슴은 '벌렁벌렁' 그때마다 가슴앓이 해야 했다. 머릿속에 온전한 공부가 아니었다.

 어느 날 학교를 마치고 돌아와 보니 쌍둥이 여동생이 태어났다. 갓난아이 둘은 아랫목에 나란히 눕혀 있었다. 둘 다 '아등바등' 손발을 저으며 계속 자지러지게 울고 있었다. 봐줄 사람도 없고 하도 울어서 얼굴이 홍당무처럼 빨개졌다. 나는 그때부터 학교에서 돌아오면 동생들을 맡아 돌봐야 하는 일상이 되고 말았다. 하루는 시험공부를 해야 하는데 쌍둥이 여동생들 때문에 큰 걱정이었다. 어머니가 옷가지 몇 개와 걸레를 빨아오라고 했다. 그래서 쌍둥이 동생 둘을 업고 안고 빨래 담은 대야와 공부할 노트까지 챙겼다. 무거운 대야를 오른쪽 팔에 들고 왼쪽 팔엔 동생을 안았기 때문에 쩔쩔매며 집 앞 도랑으로 간신히 갔다. 업은 아이는 등에서 잠이 들었지만 안고 있는 아이는 불편한지 '낑낑' 거렸다. 공부해야 하는 노트는 물이 튈까 봐 저만치 빨랫돌에 올려놓았다. 조금 떨어진 곳에 쪼그리고 앉아 오른손으로 빨래를 하기 시작했다.

 그 시절에는 노트에 글자를 쓸 때 펜촉을 잉크에 찍어서 한 글자씩 썼다. 수학 과목은 연필로 썼다. 잉크로 쓴 글자는 물이 한 방울이라도 튀면 노트에 모두 번져 버린다. 저만치 거리를 확인한 뒤 안심하고 빨래하기 시작했다. 왼쪽 팔에 안겨있던 아이가 낑낑거렸다. 그런데 급한 마음에 마지막으로 걸레를 헹구다가 물이 튀어 버렸다. 순간 깜짝 놀라 노트를 살펴보았다. 내 정신은 온통 시험 생각뿐이라 나도 모르게 짐승 같은 소리를 지르게 되었다. 안고 있던 아이는 놀라서 울음을 터트렸다. 얼핏 보니 아니나 다를까, 한 가운데 물방울이 떨어진 부분부터 잉크가 모두 번져버린 것이다. 결국 글자는 하나도 알아볼 수 없게 되었다. 나는 그 자리에 주저앉아서 서럽게 울었다. 빨랫돌에 고인 물은 엉덩이를 축축하게 얼룩진 지도를 그려 놓았다. 울음을 참으며 빨래는 끝까지 해서 들고 왔지만, 시험이 당장 내일인데 큰 걱정이었다. 요점만 적어 놓았던 중요한 내용을 모두 날려버렸다. 밤에 다시 노트를 정리해야 하는 생각에 앞이 캄캄했다.

그날 밤 부모님은 먼저 잠들었다. 나는 전깃불을 켜놓고 방바닥에 엎드려서 다시 노트와 책을 펴놓고 정리를 하기 시작했다. 어머니의 잠꼬대는 자면서 뒤척일 때마다 눈 감은 채로 나를 향해 소리쳤다. "불 꺼! 전기세 많이 나온다." 어머니는 그렇게 몇 번이나 소리를 지른다. 그때마다 가슴이 '철렁철렁' 했다. 어머니가 아예 불을 꺼버릴까 봐 불안해서 글씨가 제대로 써지질 않았다. 나는 할 수 없이 책을 들고 밖으로 나왔다. 집 뒤뜰로 가서 옆으로 굴려놓은 절구통에 앉아 훌쩍거리며 눈물이 쉴 새 없이 흘러내렸다. 마침, 대보름달이 나를 향해 환하게 비추었다. 보름달은 내 편인 것 같았고 나를 보고 활짝 웃어주는 것 같았다. 내 얼굴의 미소가 시험 준비를 무사히 마칠 수 있었다.

나의 70년대는 그렇게 뭐든 절약하며 살아야 했다. 가난하고 힘들어도 열정이 넘쳐났던 시절이다. 그날 밤 대보름달은 전깃불 못지않게 대낮처럼 너무나 밝았다. 지금의 세상은 그렇게 환한 보름달을 볼 수가 없다.

# 혜화동 목욕탕 가는 길

오늘은 늦은 겨울의 휴일 일요일이다. 가족들은 부족한 잠을 채우느라 9시가 넘어도 일어날 줄도 모르고 아직 이불속이다. 나는 모처럼 쉬는 날이라 목욕탕 가는 계획을 세우고 준비하며 서둘렀다. 아침 끼니를 대충 때우고 10시쯤 출발했다. 세수도 안 한 초라한 몰골로 패딩 잠바를 입고 노란 모자를 푹 눌러썼다. 골목을 따라 걸어가는 길목은 다리 길쭉한 남자가 아무리 빨리 걸어도 20분은 넘게 걸리는 거리다. 어느새 겨울 햇볕이 내 몸에 내리쬐고 포근하게 체감되는 느낌이 좋다. 추운 날씨라도 빠른 걸음으로 걷다 보니 움츠린 가슴이 저절로 펴졌다. 홀로 재촉하는 발걸음은 중간쯤 가다가 문득 '성북동 갤러리' 건물 앞에 멈춰 섰다. 예전에 '십자가 그림 전시회'를 보고 싶어서 외부 벽에 붙어있던 포스터를 봤던 적이 있다. 마침, 그 건물 앞에 사람들은 보이지 않고 한산한 분위기에 서성이다 작정하고 들어갔다.

내부 입구부터 그림 작가의 예술적인 묘미로 저절로 나를 빠져들게 했다. 십자가의 표징이 예사롭지 않아 보인다. 다양한 모양의 그림이 상상하는 의미를 부여했고 나는 마치 자신의 죗값을 치르는 것처럼 느껴지는 무게감이 느껴졌다. 그렇게 나를 반성하게 만드는 순간 예수의 실제 고통이 상상되며 가까이서 도취했다. 지금껏 믿었던 신앙이 부끄럽다는 생각도 들었다. 그러다가 문득 다른 쪽 타일 벽을 주시했다. 저만치 한 여인이 초라한 모습으로 나를 바라보는 듯했다. 그 여인을 보는 순간 그대로 달려갔다. 내 처지와 같다는 동병상련처럼 안쓰럽다는 마음이 들었다. 여인을 자세히 보니 초라한 의상에 비해 고운 얼굴이며 아름답고 볼수록 매력적인 모습에 진짜 내면은 어떨까? 하는 의구심이 들었다. 그러다가 내 모습을 직시하고 화들짝 놀랐다. 내가 지금 목욕탕에 가고 있다는 갈 길도 잊은 채 계속 빠져들었던 것이다. 화장도 안 하고 민낯인 내 모습을 까맣게 잊은 채 기웃거리며 서슴없이 다가갔던 자신이 몹시 부끄러웠다. 마침, 일요일 아침이라 아무도 안 보았다는 안도의 한숨을 쉬며 혼자 "피식" 웃었다. 성북동 갤러리에서의 예술적 관람은 뜻밖에 횡재한 감명 깊은 순간 나만의 학습이었다. 대만족이다.

　조금 더 걷다가 골목 비탈길을 올라가니 '혜화문'이라는 도성이 있다. 담장 옆으로 고즈넉한 정자가 보이고 아담한 공원이 정겹다. 지난 가을 햇볕이 따사로운 혜화문 공원 벤치에 앉아 보았던 생각에 그 온기를 느낄 것 같아 슬며시 앉아 보았다. 겨울바람이 시샘하듯 얌전히 앉아있는 내 뺨을 금방 차갑게 만들었다. 오늘은 지난날의 따스했던 온기를 마음만 느끼기로 하고 얼른 그 자리를 떠났다. 공원을 지나 좌측으로 큰 대로변을 건너갔다. 혜화동 대성당이 우아한 자태를 뽐내며 나를 품어주는 것 같아 마음이 평온했다.

　오른쪽 옆으로 보면 혜화 로터리를 끼고 횡단보도를 건너가서 조금 떨어진 곳 우측에 '24시 불가마'라는 목욕탕이 보인다. 현시대에 맞춰 간판만 바뀐 아담한 내부 시설에 언제나 한산한 인원수로 맞이해주는 편안하고 정겨운 장소다. 목욕탕 안에는 양쪽으로 다섯 명씩 앉을 수 있다. 서너 개의 비어 있는 자리가 갈 때마다 나를 기다리고 있는 것 같아 맘에 드는 자리라고 눈여겨 둔 곳이다. 물론 주인 입장에선 손님이 많아야 좋겠지만 개인적으로는 마치 가족을 기다려주는 것처럼 편안하고 아늑해서 내가 단골로 찾아가는 이유이기도 하다.

　드디어 두어 시간이 걸려서 만족한 목욕을 끝냈다. 전신이 깨끗해졌다는 여유로운 마음이 되었다. 탕 안에서의 열기를 전신에 담은 채 밖으로 나왔다. 성북동에 사는 동안 나의 취미는 가끔 씨지 브이 영화관에 들르는 것도 습관처럼 되었다. 마음에 드는 영화를 두 편이나 골라놓긴 했다. 당장 영화 감상에 빠지고 싶지만, 오늘은 포기해야겠다는 처지를 알고 있다. 민낯의 내 모습이 좋은 영화 감상하는 데에 방해될 것 같다. 왠지 다른 이들에게 예의가 아니라는 생각에서였다. 아직 물기가 채 마르지 않은 머리에 노란 모자를 쓰고 패딩 모자도 이중으로 덮어썼다. 영화 관람은 다음 기회로 미루기로 하고 목욕탕 건물에서 나왔다.

　큰길 쪽으로 나오니 마주 보이는 액세서리 가게가 눈에 띄었다. 그대로 자동문을 힘차게 눌렀다. 진열된 곳 매대에서 대학로 거리의 상점인 만큼 이미테이션 보석들로 반짝거렸다. 더군다나 이런 장소에 올 때는 간단한 화장이라도 하고 와야 하는데 역시 민폐인 것 같다는 자책감에 고개가 숙여진다. 초라한 모습을 떠나 대신 말끔한 몸으로 다가서는 건 당당하다는 미소로 슬며시 다가갔다. 마음에 드는 머리띠를 주인 몰래 만지작거리고 있었다. 뒤이어 손을 꼭 잡고 들어오는 남녀 커플이 나를 부끄럽게 했다. 방금 내 손에서 망설이던 리본 머리띠가 예쁜 소녀의 풍성한 갈색 머리칼에서 제 주인을 만난 듯 반짝거렸다. 나는 아직 물기가 남아있는 헝클어진 내 머리와 초라한 모습에 부끄러운 손이 되었다. 리본 머리띠를 사겠다고 말할 자신이 없어졌다. 슬며시 자동문을 누르고 나와 버렸다.

  패딩 점퍼를 입고 모자를 푹 눌러 썼으니, 누구든 내 모습을 알아차리지 못할 것이다. 이런 생각을 하고 내심 혼자 만족하다고 생각하며 고개를 끄덕거렸다. 이 순간 생시가 아닌 꿈을 꾸고 있는 것 같다고 그렇게 생각하니 혼자 또 웃었다. 모든 사람과 무관한 것처럼 나 혼자만의 세상을 누리고 있다. 혜화동에서 성북동 집까지 오가는 길목에는 소극장들이 많이 자리하고 있다. 오가는 동안 재미있는 현수막이나 간판 등 연극 제목들을 보며 발길을 멈추는 곳 내가 좋아하는 길목이다. 나는 영화, 연극, 뮤지컬 등 그냥 간판만 보아도 즐겁다. 이렇게 가까운 거리에서 마음껏 예술 문화를 직접 볼 수 있는 동네에 살고 있다는 것이 자랑스럽고 행복하다. 목욕을 끝내고 돌아오는 길이 좀 멀긴 해도 몸과 마음을 호강시켜 주는 곳이다. 집으로 돌아오는 발걸음은 날아갈 듯 가뿐했다. 다음 기회엔 예쁘게 화장한 모습으로 영화도 보고 좋아하는 액세서리도 마음껏 골라서 사야겠다. 어느새 함박눈이 펑펑 내리고 있었다. 내 모자 안쪽으로 날아와 얼굴을 간지럽게 했다. 오늘은 알찬 하루였기에 함박눈의 친구가 되었다.

# 작가 전경자

목차
1. 작별하지만 작별하지 않는다
2. 명절 풍경
3. 보이스피싱
4. 황학동 삶의 현장

#프로필
대한문학세계 시, 수필 부문 등단
(사)창작문학예술인협의회 회원
대한문인협회 경기지회 정회원
대한창작문예대학 제11기 졸업
문예창작지도자 자격 취득
2024년 한국문학 올해의 시인상
2024년 신춘문학상 장려상
2023년 한국문학 올해의 우수 작품상 외
〈저서〉
제1시집 [꿈꾸는 DNA]
제2시집 [황혼에 키우는 꿈]

#시작 노트
비밀 아닌 비밀을 꼭꼭 숨겨두었던 마음속의 비밀창고
빛바랜 일기장 속에 구겨진 낱장들이
여기저기 주마등처럼 스치는 날들
울다가 웃다가 기다리다가 똥이 되어버린 꿈
삶의 나팔꽃 눈물을 걷어가는 어느 날
이번에는 놓치지 않아 나의 꿈 그 손을 꼭 잡아 놓으니 꽃이 핀다

## 작별하지만 작별하지 않는다

　겨우내 헐벗은 몸짓으로 하늘을 열던 그 봄날에 드는 바람 소리. 봄바람에 휘날리며 산수유 개나리가 봄을 부르는 바람 길 따라 바뀐 동선으로 보드레한 분홍 얼굴 삐죽 얼굴을 내민 진달래꽃 노란 치맛자락을 휘날리며 봄꽃들이 약속이나 하듯이 봄을 부른다.

　봄꽃들이 활짝 웃으면서 어서 오라는 손짓은 치유의 손짓하던 일을 잠시 잠깐 내려놓고 목젖이 보이도록 웃어 보았다. 감성 충만한 틈새를 비집고 들어온 프리미엄 솔바람에 실려 오는 우정의 친구들 미소도 웃음도 사랑도 넘친다.

　너른 산장 노송나무 아래 펼쳐지는 우정 친구들의 미소가 일곱 빛깔 무지개 되고 우리들 마음에 비친 친구들의 미소와 사랑이 이 넓은 대지 함께 감싸안은 그 느낌 그대로 꽃으로 활짝 피었다.

　두근거리는 마음을 진정시키며 들어간 청남대 별장에 모든 것을 내려놓은 애달픈 나의 아픈 손가락 위로가 야속했던 시간. 못다 핀 꽃 한 송이 노란 손수건에 씻어내리던 눈물은 잠시 잠깐 내려놓는다.

세상을 호령하던 서슬 퍼런 종이호랑이 작별할 수 없는 시간. 어느 눈물은 마르고 닳도록 지울 게 너무 많아서 아픈 손가락 어느 눈물은 사랑할 것도 해야 할 일도 많아서 애가 탔었는데 두려움과 고통 앞에선 위로가 야속했던 시간에서 멈춘다.

기억에서 떠나버린 소중한 시간. 사랑의 곱진 메시지를 전하지 못한 아픈 손가락 날마다 증명해야만 하는 삶을 뒤로하고 밝아오는 오늘도 그대 떠난 오월의 주변을 서성거린다.

눈물자국이 마르는 빈자리 마지막 인사를 건네는 인생은 끝이 없는 길 소용없는 고함량 격이 다른 추억들을 기억하는 힘겨운 세월을 비껴가면서 맞이하는 찔레꽃 향기가 지켜온 예술작품을 볼 수 없어 지울 수 없는 눈물은 이제 그만 울지 말자.

## 명절 풍경

오래전 과거의 부모님 보고 싶어서 추억 속으로 여행을 떠난다. 단칸방 석유 등잔불 아래 지그재그 누워서 꿈꾸며 잠들어 가던 철부지들 울고 웃고 했던 찔찔이 남매 때문에 잠잠할 날 없던 칠 남매 청계천 삶의 터전 그래도 그때는 행복했었다.

셋방살이 어머니의 심부름 저녁이면 쌀 한 홉과 새끼줄에 연탄 1장을 사서 들고 좁은 골목길을 쏜살같이 달려 집으로 향한다. 집에는 찌그러진 둥근 양은솥에 시래기와 쌀을 넣고 커다란 양은솥에 푹 고은 시래기죽 한가득이다.

1968년 최고 설움의 시간과 아픔의 시간 성장통을 겪으며 살아낸 삶. 칠 남매의 폭풍 성장이 일궈내 칠 남매 7명이 결혼해서 짝을 지은 14명 천생연분 알콩달콩 자식 낳고 28명으로 각자 일가를 이루고 한 사람 두 사람 떠나가더니 대가족이 되어 명절에는 진풍경이 보기도 좋다.

오라버니 집으로 모이는 대가족 28명이 식사를 하려면 새언니의 손에 밥상 6개 놓이고 밥그릇 28개 국그릇 28개의 숟가락 젓가락 새언니 손에 옮겨지던 명절 풍경 미소 속에 시끌벅적 식후에 또다시 나누는 분위기 각종 상차림 술 안주 상차림 다과 상차림 차상 차림 과일 상차림 이어지고 있다.

술 한상팀.

뭐니 뭐니 해도 한 잔 술 팀을 외치는 아버지 사위들에게 술상 차림 형님 한잔 자네 한잔 형부 한잔 권커니 받거니 처형 한잔 처제 한잔 나누는 술잔에 가득히 채워지는 술상에 주저앉아 도란도란 이야기는 끝이 없었다.

차 한 잔 팀.

우아한 차 한 잔 팀과 후식은 과일이지 외치는 딸들 과일 상차림 옆으로 명절은 윷놀이지 시끌벅적 난리도 아니었다는 명절은 풍경은 윷놀이지 하시는 나머지 가족 윷놀이팀 함유 윷 나와라. 걸 나와라 모 나와라 백도 나와라 외쳐대는 등 뒤에서 시끌벅적하던 명절 풍경은 이제 없어진 지 오래다.

화투팀.

광 팔아라 청단 홍단 먹어라 똥 먹어라 훈수 두는 얼짱 박서방 아버님 옆에서 반쯤 풀린 눈동자 어머니 김 서방 피박 썼답니다. 유난히 신난 큰 처제 뒤에서 힐끗힐끗 어린 조카들도 한 몫 훈수 두는 사이 얄미운 점심시간이 다가와서 각자의 방법과 형식으로 점심 식사 준비하러 가는 행주치마는 곱다.

또다시 분주한 밥상을 차리고 있는 전 씨네 여인들. 귀한 외며느리 나는 큰딸 둘째딸 셋째딸 넷째딸 다섯째딸 여섯째딸 7명의 정신없는 여인들 밥상 들고 주르륵 행주 들고 사방 사방 숟가락 젓가락 들고 행차 이때 반찬 쟁반 나가신다.

## 보이스피싱

늦은 저녁을 먹고 뒹굴뒹굴하면서 텔레비전 드라마 보고 있는데 딩동 문자가 왔다. '엄마 비싼 휴대폰 떨어뜨렸는데 완전히 파손됐어 지금 통화할 수 없고 임시계통 했어!'라는 내용이었다. 얼마 전 비싼 갤럭시3 폴더폰으로 바꾼 딸이었기에 걱정이 앞서 순간 의심 없이 그대로 믿고 문자에 답을 했다. 전화 끊지 말고 문자 보내는 대로 하라는 말에 정말로 딸인 줄 알고 하라는 대로 사이트 앱을 깔라고 해서 깔았다. 보험으로 처리하려고 하는데 금액이 커서 엄마 신분증이 필요하다는 말에 동의서 써야 하니 신분증 앞뒤로 사진 찍어 보내줘 해서 아주 친절하게 사진도 잘 찍어서 보냈다. 엄마 전화를 끊지 말고 기다려 라고 하기에 기다리고 있는데 계좌번호도 찍어달라고 했다. 이유는 엄마 계좌로 돈을 입금해야 한다고 했다. 좀 더 기다리니 소액결제해야 하니 신한카드를 찍어서 또 보내달라고 한다. 카드로 잘 찍어 보내고 기다리고 있는데 휴대폰에 계속 긴 숫자가 찍히는데 이때까지도 무엇인지 모르고 있었다.

엄마 이제 다 끝나가고 있어. 조금만 더 기다려줘. 고생했어 하면서 엄마 고마워 내일 아침에 다시 연락하겠다고 하면서

전화를 끊었다. 다음날 아침에 딸에게 전화가 왔다. 그래서 나는 딸에게 전화는 잘 고쳤니 하고 물으니
"아니 무슨 소리야? 전화기 안 고쳤는데…"
나는 순간 보이스피싱을 당했구나 하고 전화를 급하게 끊었다. 정신이 하나도 없었다 그 밤사이에 카드로 상품권과 폰뱅킹으로 우리은행 국민은행 인증서까지 발급해서 현금 출금을 해갔다.

정말 '긴 주말이 지나갔고 월요일에 주민센터에 가서 주민등록증을 반납하고 다시 만들었다. 거래하던 은행 가서 비밀번호 변경하고 지급정지를 했는데 이미 늦은 상태였다. 혼비백산해서 이리저리 돌아다니다가 경찰서에 신고해야 한다는 생각이 들어서 경찰서를 찾아가 보이스피싱을 당했다고 하고 있는데도 계속해서 문자가 왔다. '엄마 바빠? 다른 은행 계좌 알려줘. 등록이 안돼.'라고 한다. 나는 외출 중이라고 말했다. 경찰서에 도착해 휴대폰을 보여주었다. 경찰관 하시는 말씀이 문자는 중국에서 인터넷으로 보내니 방법이 없다고 문자는 신고로 성립을 할 수 없다고 한다. 지난밤 증거가 있어야 한다고 했다. 돈을 보낸 영수증을 소지해야 한다고 하니 나는 접수를 할 수 없었다. 별 소득 없이 터덜터덜 그냥 집에 왔다.

다음날에 금융기관을 돌아서 필요한 서류 준비를 하는데 다행히 친절한 농협 직원이 서류 준비를 해주셔서 다시 경찰서 방문했다. 두 번째 경찰서 방문 이번에도 서류 불충분이라면서 보이스피싱 계좌번호를 알아오라고 한다. 우체국에서 확인하니 농협으로 가보라고 한다. 우체국에서는 내 계좌로 사용해서 알 수가 없다고 한다. 다시 농협으로 가서 보이스피싱 사고건 설명했더니 농협 직원들이 친절하게 상대방 계좌번호

를 알아서 출력을 해주었다. 다시 걸음아 나 살려라 하고 경찰서로 향했다.

　이번 일을 겪으면서 사건 접수를 하시는 분들께서 필요한 서류를 준비할 수 있게 잘 설명해줬으면 하고 아쉬움이 남는다. 신고하는 사람에게 정확한 정보제공을 처음부터 끝까지 귀를 기울여 주셨더라면 좋았을 걸 하는 생각도 들었다. 신고하려면 확실한 증거가 필요하지만 피해를 본 대다수의 경우 당황해서 어찌해야 할지 모른다. 두근거리는 마음을 진정시키며 간신히 들어간 경찰서인데 서류 준비를 할 수 있게 조목조목 도움을 주셨으면 좋았을 걸 수소문해서 찾아간 경찰서 방문에 별 소득 없이 하루가 갔다. 미흡한 서류를 준비 후 세 번째로 경찰서를 방문해 신고 접수를 했다. 피해 금액은 약 300만원이었다. 크다면 크고 적다면 적은 금액이지만 많은 것을 깨달은 시간이었다.

　나의 68번째 봄날은 생각지도 않은 보이스피싱을 당하고 경찰서에 서류접수 완료까지 긴장했던 긴 시간에 맥박이 풀리고 기운이 없었다. 경찰서 정문을 나서니 어느 사이 5시가 되었다. 아침을 먹었는지 안 먹었는지 경황도 없었던 시간 슬슬 배가 고파진다. 종일 빈속으로 달렸던 것도 같다. 숨 가쁜 시간을 보내고 멍하니 앉아 버스를 기다리고 있는데 내가 타야 하는 버스가 그냥 지나 간다. 참 허망했다. 따듯한 봄날 나는 당하지 않을 거라고 생각했던 일을 겪고 나니 '꺼진 불도 다시 보자'라는 표어가 생각났다. 그리고 자식 일이라면 이성을 망각하고 행동이 앞서는 부모의 마음을 악용하는 이들이 참 안타깝고 속상했다. 그래도 딸에게 아무 일 없어 참 다행이다.

## 황학동 삶의 현장

　서울특별시 청계천은 복원한 복개천이다. 마음 챙김과 동시에 마음 읽기로 다가온 청계천은 감사하는 마음이 먼저 달려간다. 동묘를 거쳐 황학동 벼룩시장에는 뜨거운 삶이 심장을 달구고 아스팔트에서 뿜어내는 열기와 빌딩 숲의 열기가 이마에 송골송골 맺히는 더위와 전쟁 중인 동묘 벼룩시장 그곳은 삶의 현장이다.

　청계천은 복원한 후 개천 물줄기는 살아서 숨을 쉬고 냇물이 키우는 수많은 어종 이곳에 터줏대감 백로 왜가리 철새도 텃새도 자리를 잡고 있을 줄을 짐작도 못 했다. 청계천을 따라서 걷다 보면 저마다의 희로애락이 서린 동묘를 지나 황학동 벼룩시장으로 발걸음을 옮긴다.

　남녀노소 할 것 없이 주말에는 체험 삶의 현장으로 고고싱. 수많은 사람이 발 디딜 틈 없이 인산인해를 이루고 있는 시장에 트럭이 다가오는데 차가 오거나 말거나 감각도 관심도 없는 듯 아슬아슬하게 자동차들로 뒤엉켜 있는 각양각색의 신작로 풍경들이다.

한 발짝도 움직이지 않는 곳 한 줄로 길게 늘어선 줄 상점을 지나면 커다란 날개 달린 리어카 손수레 옆으로 길게 늘어선 크고 작은 상점을 지나 헌책방 옆으로 공구와 자전거 신발 몇 가지 헌 여행용 가방에 밀짚모자 선글라스와 바닥에 큰 보자기는 검은 때가 멋스러운 자태로 감싸안은 상품조차도 멋지다.

줄 세우고 있는 상품 사잇길 좌판을 두리번거리면서 뒤적뒤적 골동품 헌 시계 쓰던 카메라와 구두 샌들 그리도 많은 액세서리 반지와 팔찌, 머리핀, 코르사주 메달 각종 망치, 못, 가방, 벨트, 지갑, 액자, 헌 옷, 헌 그릇, 세숫비누, 헌 대나무 참빗, 드라이버, 드라이기, 다리미, 법랑, 냄비, 전기밥솥 등이 시선을 모으고 자판엔 널브러진 각양각색의 색깔의 양말 각가지 물건들 70~80 카세트테이프 상점에서 흘러나온 음악 소리는 과거도 현재도 즐겁게 한다. 치열한 삶이 공존하는 구역에서 구경꾼들과 흥정하는 장사꾼들 입담을 들으며 미소 한번 지어 주고 옆집으로 간다.

구제품 상점을 지나면 커다란 좌판은 그냥 바닥에 다 싸놓은 헌 옷들 산처럼 쌓인 옷들 1,000에서부터 비싸야 3,000원 짜리를 앞에다 두고 웅성웅성 구경꾼들도 장사꾼들도 힘겨루기가 한창이다. 동그라미를 그리고 서서 두 눈이 바쁘게 왼쪽 오른쪽 취향 따라 뒤집어 놓은 산더미 같은 옷가지들 위아래로 속에 깊이 들어있는 기막힌 디자이너들의 작품들 맛깔나게 찾아낸 폼 나는 유행 지난 각자의 품성 따라 쓰이는 의복들 한 둘씩 집어 든 작품 예술 작품, 집어 들고 몸에 대어보고 입어보고 있는 옆쪽으로 구수한 냄새는 포장마차에서 토스트 굽는 냄새 냉커피와 냉 식혜 주인장의 손에 천 원짜리 두 장 쥐여 주고 종이컵에 토스트 한 장 아이스 아메리카노 한잔 양손으로 들고 서서 먹는 재미는 꿀맛, 꿀잼이었다.

 포장마차에서 왁자지껄 구경꾼들 사잇길 황학동 삶의 현장 이야기는 오가는 구경꾼들 사이를 끼어들어서 나 또한 서성이고 있다. 사랑도 팔고 행복도 만들어 내는 벼룩시장 함박웃음 지으며 구부정한 어깨와 구릿빛 얼굴 미소가 아름다운 시장 상점에 상인들과 구경꾼들도 장사꾼들도 행복한 청계천의 하루가 저물어간다.

# 작가 전선희

목차
1. 마음에 피는 인연의 꽃
2. 삶은 흘러가고 인생은 남는다
3. 안부, 그 다정한 말의 힘

## #프로필
대한문학세계 시, 수필 부문 등단
(사)창작문학예술인협의회 회원
대한문인협회 경기지회 지회장
대한시낭송가협회 정회원
2025년 짧은 시 짓기 은상, 2024년 한국문학 최우수 작품상
2022년 한국문학 올해의 우수 작품상
2022년 향토문학 글짓기 경연대회 금상 외 다수
〈저서〉
제1시집 [희망풍경], 제2시집 [삶의 아름다운 풍경]
수필집 [내가 만난 모든 풍경은 행복이었다]

## #시작 노트
삶은 늘 뜻밖의 길로 흐릅니다. 어느 날은 꽃처럼 활짝 피어나고, 어느 날은 바람처럼 다정히 어깨를 토닥입니다. 그 흐름 속에 스며든 마음의 조각들을 조용히 글 속에 되살려 봅니다.

살아간다는 건, 하루하루 쌓여가는 감정의 빛을 조심스레 꺼내어 희망이라는 이름으로 문장을 이어가는 일입니다.

그 작은 기록들이 누군가의 하루에 햇살처럼 환하게 머물기를, 마음 깊은 곳에 따뜻한 숨결이 되기를 소망합니다.

# 마음에 피는 인연의 꽃

아침 햇살보다 먼저 내 마음을 깨우는 것이 있다. 고요한 새벽, 아직 세상이 잠든 그 시간. 아무 소리 없이 스며드는 미세한 떨림은 어쩌면 글을 쓰기 전 마음이 살짝 열리는 순간의 예감일지도 모른다.

그 감정은 새처럼 조용히 다가와 내 안을 조심스레 두드린다. 나는 오늘도 느릿하게 책상 앞에 앉는다. 따뜻한 찻잔을 곁에 두고, 천천히 태블릿 자판을 두드린다. 그 첫 문장엔 어제 흘려보내지 못한 감정들이 고요히 스며 있고, 끝내지 못한 이야기들이 숨결처럼 잠들어 있다. 마치 마음 한쪽에서 아직도 말을 걸고 싶은 이가 있는 듯, 그리움이 글 속에 고요히 앉아 있다.

글을 쓴다는 건 마음의 결을 따라가는 일이다. 때로는 날카롭게, 때로는 아주 부드럽게. 삶의 틈새에서 흘러나온 감정의 조각들이 하나씩 문장이 되어 스스로를 찾아간다. 그것은 누구에게 보여주기 위한 일이 아니다. 오히려 나를 다독이고, 나를 채우기 위한 고요한 작업이다. 스스로에게 말을 거는 방식,

내가 나를 위로하는 방법이기도 하다.

 그런데 이상하게도, 그렇게 조용히 나를 들여다보는 시간 끝에서 뜻밖의 선물이 다가온다. 바로, '인연'이라는 이름의 꽃이다. 마치 말보다 따뜻한 눈빛처럼, 글을 통해 피어난 고운 인연들, 처음엔 그저 낯선 이름들이었다. 동인지에서, 문학 모임에서, 혹은 한 권의 시집을 통해 우연히 맺어진 인연들, 그 이름들은 처음엔 잠깐 스쳐가는 듯했지만, 시간이 흐르며 조용히 내 마음의 결 안으로 스며들었다. 이름 하나에도 온기가 느껴지고, 그 사람이 쓴 문장 너머로 삶의 향기가 전해져 왔다. 서로의 글을 읽으며 가만히 웃고, 때로는 조용히 눈물짓고, 응원의 문장을 담담히 건네는 사이. 그렇게 그들은 내 삶의 조용한 배경이 되었고, 불쑥불쑥 떠오르는 존재가 되었다.

 글로 이어진 인연은 소란스럽지 않다. 언제나 곁에 머무는 것도 아니고, 매일을 나누는 것도 아니지만, 가장 필요할 때 가장 먼저 떠오르는 사람. 길어진 침묵도 어색하지 않은 사람, 한 줄의 글만으로도 마음이 전해지는 사람, 서로의 온기를 잊지 않고 기억해주는 사람. 어쩌면 그것이 진짜 인연이 아닐까.

 어느 날, 한 독자가 조용히 내게 말을 건넸다.
"선생님 글을 읽으면 마음이 참 따뜻해져요.
살다 보면 문득 지칠 때가 있는데, 그런 글이 큰 위로가 돼요."

 그 말을 듣는 순간, 내 안의 조용한 무언가가 살짝 흔들렸다. 처음 글을 쓰기 시작했을 땐, 누군가에게 닿으리란 기대조차 없었다. 그저 하루의 무게를 덜어내기 위해, 나를 나에게 들려주기 위해 시작한 기록이었다. 하지만 그 진심이 누군가의 삶에 작은 위로가 될 수 있다면, 그보다 더 따뜻한 기쁨이 있을까.

글로 맺어진 인연들은 삶의 언저리에서 조용히 등불이 되어준다. 슬픔이 담긴 시를 읽고 함께 눈물 흘려주는 사람, 작은 기쁨에도 아낌없는 박수를 보내는 사람, 굳이 말하지 않아도 마음을 알아주는 사람.

그들은 삶의 바람에도 쉽게 꺼지지 않는 불빛처럼 곁에 머문다. 어떤 날은 나의 문장이 그들의 어둠을 밝혀주고, 또 어떤 날은 그들의 문장이 나의 슬픔을 비춘다. 그 조용한 반짝임들이 모여, 삶이라는 길 위에서 희미한 불빛이 되어준다.

수많은 취미 중 '글'을 선택했다는 것, 그리고 그 안에서 서로를 만났다는 사실은 이미 이 인연이 예사롭지 않다는 것을 말해준다.

우리는 각자의 자리에서 삶을 살아가지만, 글이라는 하나의 길 위에서 조용히 마주 선다. 함께 울고, 함께 웃고, 조용히 서로를 다독이며 살아간다. 그 인연들은 말보다 조용하고, 눈빛보다 깊은 방식으로 내 삶에 스며들고 있다.

그래서 오늘도 나는 한 줄의 시를 적는다. 누군가 그 문장을 읽고 조용히 마음을 열기를 바라며, 어딘가에서 또 하나의 인연이 피어나기를 소망하며 삶이 때로는 낯설고, 마음이 쓸쓸할지라도 이 따뜻한 인연들 덕분에 내 하루는 위로로 물들어간다. 글이 있었기에, 우리는 만날 수 있었다. 마음에 피어난 인연의 꽃, 그 조용한 아름다움 속에 나는 오늘도 한 문장을 심는다.

## 삶은 흘러가고 인생은 남는다

    삶은 참 묘한 것이다. 늘 손안에 쥐고 있다고 느끼지만, 어느 순간 보면 조용히 흘러가고 있다. 마치 눈을 깜빡이는 사이, 계절이 바뀌는 것처럼. 아침에 일어나 창밖을 보았을 때, 나무의 색이 달라졌다는 사실에 문득 놀랄 때처럼, 삶은 그렇게 말없이 흘러간다.

    젊은 시절에는 '흘러간다'는 말이 어딘가 아깝고 불안하게 느껴졌었다. 멈추지 않으면 안 될 것 같았고, 속도를 내지 않으면 뒤처지는 줄 알았다. 더 많이, 더 높이, 더 빨리. 그렇게 남들보다 앞서기 위해 나를 다그치고 재촉하던 시절이 있었다. 그때는 그것이 열정이고 성실인 줄 알았다.

    하지만 이제는 안다. 삶은 꼭 움켜쥔다고 내 것이 되는 것도 아니며, 놓쳤다고 해서 모두 잃는 것도 아니라는 것을. 바라지 않아도 오는 것이 있고, 아무리 애써도 떠나가는 것이 있다. 마치 손 위에 놓인 모래처럼, 너무 꽉 쥐면 빠져나가고, 살짝 올려두면 오히려 오래 남는 것처럼.

기쁨과 슬픔, 웃음과 눈물이 예고 없이 오고 간다. 어떤 날은 이유 없이 마음이 저릿하고, 또 어떤 날은 사소한 말 한마디에 마음이 환해진다. 삶은 그런 일상의 작은 파문들 속에서 조용히 나를 빚어간다. 그 흐름에 괜히 저항하지 않기로 했다. 억지로 흘러간 시간들을 되돌리려 하기보다, 그 흐름 속에서 오늘을 온전히 받아들이는 것이 이제는 더 편하고, 더 나다워졌다.

언젠가부터 행복이라는 단어에 대해 다시 생각하게 되었다. 젊은 날엔 행복이란 특별한 날에만 찾아오는 것인 줄 알았다. 누군가의 축하, 무언가의 성취, 크게 웃을 수 있는 날에만 붙는 이름이라 여겼다. 하지만 지금은 안다. 행복은 때로는 커피 한 잔의 향에서, 햇살이 스며든 창가에서, 고요한 오후의 책 한 페이지에서, 혹은 누군가의 따뜻한 눈빛에서 찾아온다는 것을. 그렇게 불쑥, 아무런 예고 없이 마음을 두드린다.

억지로 웃지 않아도 되는 날이 있다. 그냥, 있는 그대로의 나로 조용히 숨 쉴 수 있는 순간. 그 순간이 바로 쉼이고, 평온이고, 결국 내가 꿈꾸던 삶이었다는 걸 깨닫는다. 반찬 몇 가지가 놓인 소박한 밥상 앞에서 나누는 웃음 하나. 그 모든 것이 내 인생의 단단한 중심이었다. 누군가에게는 아무것도 아닌 일상이, 나에게는 귀한 기억이 된다.

이제는 욕심내지 않으려 한다. 갖는 것이 아니라 느끼는 것이 삶이라는 것을, 그 긴 시간을 통해 알게 되었다. 꼭 무언가를 이뤄야만 의미 있는 것은 아니다. 지금 이 순간, 감사한 마음으로 머물러 있는 것, 그것이 삶에 대한 예의이며 나를 위한 온전한 쉼이라는 것을 안다.

　세월은 바람처럼 스쳐간다. 구름도 머물지 않고, 시간도 누구를 기다려주지 않는다. 억지로 거슬러 올라가기보다 그 흐름에 몸을 맡기는 것이 오히려 나를 가장 편한 곳으로 이끈다. 기쁜 날엔 웃고, 슬픈 날엔 조용히 눈물을 흘리는 것. 그것이 내가 나를 다정하게 대하는 방법이다. 괜찮은 척하지 않아도, 강해 보이지 않아도, 나는 충분히 잘 살아내고 있으니까.

　오늘 하루가 조금 힘들었다고 해서, 내 인생 전체가 실패한 건 아니다. 누구나 넘어질 수 있고, 때로는 멈춰서도 괜찮다. 넘어졌다면 잠시 앉아 숨을 고르고, 다시 일어나면 된다. 그것만으로도 우리는 이미 충분히 단단하다. 내일은 또 다른 하루이고, 그 하루는 새로운 바람과 햇살로 나를 맞이해줄 것이다.

　삶은 흘러가는 것이다. 흘러간다고 해서 모두 사라지는 것은 아니다. 어떤 기억은 내 안에 남고, 어떤 감정은 내 마음에 작은 울림으로 번져 남는다. 그렇게 마음에 남은 것들이 쌓여, 인생은 완성되어 간다.

　그러니 지금 이 순간, 오늘이라는 하루를 정성껏 살아내는 것. 그것 하나면 된다. 화려하지 않아도, 특별하지 않아도 괜찮다. 그 하나로도 우리의 인생은 충분히 아름답다. 우리는 오늘도 흘러가는 삶 안에서, 고요하게 인생을 남기고 있는 중이다.

# 안부, 그 다정한 말의 힘

 살아간다는 일이 이토록 벅찰 줄은, 예전에는 미처 몰랐습니다. 하루가 쫓기듯 흘러가고, 눈을 맞추며 인사 한마디 건네는 일마저 언제부턴가 쉽지 않은 일이 되어버렸습니다.

 어른이 된다는 것은 자유로워지는 일이 아니라, 책임과 염려 속에서 스스로를 조금씩 잃어가는 일인지도 모릅니다. 바쁘다는 이유로, 나조차도 오래도록 누군가의 안부를 궁금해하지 않았습니다.

 그러던 어느 날, 오랜 침묵 끝에 울린 짧은 문자 하나.
 "잘 지내고 있지요?"
 그 말 앞에서 나는 한참을 멈추었습니다. 무심한 듯 다정한 그 문장이, 내 마음 어딘가를 조용히 쓰다듬었습니다.

 안부란, 묻는 듯 묻지 않으면서도 모든 것을 건네는 말입니다. 그 짧은 말 안에는 걱정이 있고, 그리움이 있고, 말로 다 하지 않아도 느껴지는 작고 따뜻한 사랑이 숨어 있습니다.

어쩌면 우리가 살아가는 이유 중 하나는 그런 안부를 주고받으며 서로를 잊지 않고 있다는 것을 조용히 확인하는 데 있는지도 모릅니다. 누군가 내 안부를 물어준다는 것. 그것만으로도 이 고단한 삶은 조금은 견딜 만해지니까요.

사람은 사람에게서 상처를 입고, 또 사람 때문에 지치기도 하지만, 결국 사람에게서 위로받고 회복되는 존재입니다. 그 아이러니한 진실이, 문득 마음 깊이 와닿는 날이 있습니다.

요즘 같은 시대엔 말 한마디조차 조심스러워졌습니다. 안부마저 부담으로 느껴지는 순간들. 그래서 우리는 망설이고, 자주 침묵하고, 때로는 너무 늦게 후회하기도 하지요. 그러나 생각해 보면, 그 조심스러운 한마디가 누군가에겐 하루를 견디게 하는 힘이 되고, 긴 외로움의 끝에 놓인 작은 불빛이 되어줍니다.

"요즘 잘 지내세요?"
"건강은 괜찮으세요?"
"별일 없이 평안하신가요?"

그저 그런 인사말 같지만, 나이를 먹을수록 이 말들이 얼마나 다정하고 깊은지를 더 잘 알게 됩니다. 그 말을 주고받는 사이, 세상은 조금 더 따뜻해지고, 삶은 덜 외로워집니다.

나는 오늘도, 마음에 떠오른 이름을 그냥 지나치지 않으려 합니다. 그 이름이 오래된 친구일 수도, 한때 가까웠던 동료

일 수도 있겠지요. 지금은 연락이 뜸하지만, 그들이 여전히 내 마음에 남아 있다는 것만으로도 안부를 전할 이유는 충분합니다. 혹시 그들은 바쁜 일상 속에 답하지 못할 수도, 어쩌면 이미 나를 잊었을 수도 있습니다. 그래도 괜찮습니다. 안부는 되돌아오지 않아도 주는 것만으로도 따뜻한 말이니까요.

문득 떠오릅니다. 어느 날, 무심코 받은 안부 한 줄 때문에 울음을 삼켰던 기억. 그 말 덕분에 포기하지 않고 하루를 견뎠던 시간. 우리 모두에게 그런 순간이 하나쯤은 있지 않던가요.

그래서 오늘, 이 글을 읽고 있는 당신께도 조용히 안부를 묻습니다. 요즘, 잘 지내고 계신가요. 마음은 조금 편안하신가요. 삶은 여전히 복잡하고, 사람 일은 여전하지만, 그 안에서도 당신의 하루가 조금은 따뜻하길 바라봅니다.

그리고 부디, 누군가의 마음속에서도 당신의 이름이 문득 떠오르기를. 그리하여, 불쑥 도착한 안부 한마디가 당신에게도 위로가 되어주기를 바랍니다.

오늘도 나는 안부를 건넵니다. 멀리 있는 이름들을 향해, 오랜 침묵 속의 얼굴들을 향해, 지금 이 순간에도 조용히 살아가고 있는 모든 이들에게.
"안녕하세요. 잘 지내고 계시지요? 당신의 오늘이 조금은 괜찮기를 바랍니다."

## 작가 정대수

목차
1. 집으로 가는 길
2. 병원과 미장원

#프로필
　대한문학세계 시, 수필 부문 등단
　(사)창작문학예술인협의회 회원
　대한문인협회 경기지회 정회원
　대한창작문예대학 제11기 졸업
　문예창작지도자 자격 취득
　신춘문학상 장려상(2025년), 동상(2024년)
　2023년 한국문학 올해의 시인상 외
　〈공저〉
　경기지회 동인문집 제2집 [달빛 드는 창], 제3집 [별빛 드는 창]
　박영애 시낭송 모음12집 [시 한 모금의 행복] 외

#시작 노트
　내 마음의 풍경
　한 방울 두 방울 떨어지던 약수가
　그릇을 채워 갈증을 달래 주듯
　지워지지 않고 잊히지 않는 소소한 일상들이
　보이지 않는 조각으로 발효되었다가
　지면을 얻어 수줍게 얼굴을 내밀게 되었다

　때마다 마주하는 계절의 여러 모습처럼
　그때 내 마음의 풍경으로 다시 돌아가기에는
　다소 성글어 보이는 글이지만
　바람을 타고 정처 없이 흐르는 구름에 업혀
　자유로운 유영이 되기를 바라는 마음이다.

# 집으로 가는 길

 그땐 왜 그렇게 동네 아이들과 어울려 노는 게 재밌었던지요. 깔깔거리며 뒤엉켜 놀다 보면 가끔 고무신이 냇물에 떠내려가서 울기도 했고요. 정신없이 놀다 어머니가 시킨 집안일을 까먹고 야단맞기도 했지요. 노느라 배고픈 것도 모르고 어두워져도 집 생각을 잊어버릴 때가 있었습니다. 요즘같이 게임기나 컴퓨터가 있는 것도 아닌데 그렇게 좋았습니다.
 그러다 보면 엄마들이 한 놈씩 찾으러 왔지요.
"재야"
"성아" 못내 아쉬움을 접고
"야, 낼 어데서 보까?"
 그때서야 서둘러 집으로 갑니다. 늦어서 혼날까 봐서요. 그렇기도 하지만 다른 아이들보다 집이 좀 외진 곳에 있었다는 것이었지요.

 그땐 인가도 드문드문 마을이 너무 어둡고 무서웠습니다. 혼자 가는 길 치고는 소름 나게 겁나는 곳이 몇 군데 있었으니까요. 특히 마을 어귀의 여러 사당에 대한 구전들과 설화들이 집으로 가는 중에는 잡다하게 떠오르는 겁니다. 옛날에 여기서 누가 죽어 귀신이 되어 해꼬지를 한다는 등, 여느 시간이 지나서 이곳을 지날 땐 늘 있던 그 나무를 쳐다보면 며칠을 못 살고 죽는다는 등, 무덤은 왜 그렇게 많던지….

"가로등?"
 꼬랑내 나는 촌 동네에 그게 있었겠습니까? 그날도 동무들이랑 놀다 밤이 되었습니다. 부지런히 걷다 드디어 식은땀 나는 공포를 맛보며 지나가야 하는 곳에 임박했습니다. 그곳은 무작정 뜀박질로 통과해야 하는데요. 키가 유별나게 작았던 나는 달리기론 우리 동네 동무들 중에서 꼴찌로 두 번째 가면 서러워할 정도의 실력이었지요. 그래도 단단히 준비합니다. 양 손바닥에 침을 탁 뱉은 후 손바닥을 힘 있게 비빈 다음 세게 박수를 몇 차례 치고요. 두려움을 떨쳐내기 위해 헛기침도 합니다.
"허~어험!, 허~어험!"
 고무신도 벗은 후 맨발바닥에 흙을 비벼 묻힌 다음 다시 신고요. 숨을 크게 들이마신 후 눈을 부릅뜨고 달립니다.

 그날따라 제법 바람이 불었고요. 뛰어가다 가만히 보니 달빛도 연하게 땅을 비춰 주더라고요. 나름대로 어두운 밤길이 조금 밝아져서 안심이 됐는데 동네 전설적 내력이 있는 무덤가 근처까지 왔습니다. 더욱 긴장을 하고 조금 더 빠른 뜀박질을 하고 있을 때 그만 달리기를 멈춰야 할 수밖에 없었지요.

"왜냐구요?"

구전으로 떠돌던 전설 속에 귀신이 나타난 겁니다. 순간 숨이 막히고 온몸이 굳었습니다. 턱까지 차오르는 숨도 죽여 가며 멀찌감치 있는 귀신의 모습을 숨어서 자세히 지켜봤지요. 큰 나무 위에서 바람에 나풀거리는 귀신의 모습이 연한 달빛에 비쳐 더욱 소름 돋게 한 것은 비닐이었음을 다음날 알게 되었지만요. 온몸은 땀에 젖었고 이젠 죽었다 싶은 소름과 공포의 순간이었습니다. 잠시 지켜보다가 돌멩이를 주워 힘껏 던져보지만 어림도 없지요. 고래고래 큰소리도 질러 보고요. 달밤에 체조 같은 서투른 이단 옆차기는 왜 했나 모릅니다.

다시 마음의 준비를 하죠. "이판사판" 전속력이다. 그러곤 막대기를 들고 휘두르며 죽어보자고 뛰었죠. 간신히 그곳을 빠져나와서 후들거리는 다리를 진정시키며 드디어 집 앞에 도착했습니다.

이제 마음을 놓아야 할 텐데 또 고민이 생겼습니다.
"뭐냐고요?"
부모님의 허락도 없이 시킨일도 잊은 채 저녁 늦게까지 놀다 왔으니 순간 집 안으로 들어가기가 걱정인 거지요. 야단도 맞겠지만 앞으로 벌어질 상황을 생각하니 아까 그 귀신은 온데간데없고 닥친 현실 앞에 대문을 쉽게 열 수가 없었습니다.

일단 집 안쪽으로 귀를 바짝 대고 상황을 살핀 후 최대한 소리 나지 않게 뭐 훔치러 온 놈인 냥 조심조심 대문을 열고 숨소리를 죽여 가며 까치발로 몇 걸음 되지 않는 긴 마당을 지나 방문 앞에 도착 했습니다. 문고리를 잡고 양미간을 있는 데로 찡그리며 살~짜기 문을 열고 방으로 들어가 조용히 누워서 이불을 뒤집어쓰면 상황은 끝난다는 생각이죠. 드디어 이불을 덮고 누웠습니다.

"이젠 됐다."
"휴~~하는데"
옆방에서 들려오는 소리가 있습니다.
"니! 저녁은 묵었나?"
어머니는 그때까지 돌아올 아들을 걱정하며 기다리고 계셨던 겁니다. 작은 키에 등을 새우같이 굽힌 채 이불을 덮고 그 말을 듣는 순간 나도 모르게 눈물이 주르륵 흘러내렸습니다. 배도 고팠습니다.

"정지에 솥뚜껑 열고 밥 묵어라."
어머니는 상을 차려 놓고 보리밥 한 그릇을 솥 안에 넣어 두셨습니다. 세월이 갈수록 부뚜막에 앉아서 먹던 그 어머니의 밥상이 생각납니다. 그때는 배가 고파서 허겁지겁 먹었는데 이제는 맛있는 그리움이 되었습니다.

## 병원과 미장원

어느 날인가부터 누우면 명치 아래 복부에 볼록한 것이 만져졌다. 그리고 약간의 통증도 있었는데 마사지를 하듯 쓸어주면 없어지는 현상이 반복되었다. 병원 가기 싫어서 건강검진도 한번 안 하고 살았었는데 이번에는 그냥 견디면 안 될 것 같아 61년 생애 첫 건강 검진 예약을 했다. 평일에는 회사 일에 지장이 우려되어 토요일로 부탁을 했고 병원에서는 날짜와 시간을 정해주며 검진 하루 전날의 저녁 8시부터는 금식을 하라고 하고 당일에는 물도 먹지 말란다. 하루하루 긴장과 잡념으로 잠을 설쳐가며 토요일을 기다린다. 별일은 없겠지? 검진은 제대로 할까? 의사의 실력은? 장비는 좋을까?

마침내 토요일이 되고 불안한 마음으로 병원이 있는 건물로 갔다. 병원은 구리시의 돌다리 사거리 리맥스 빌딩 4층에 있는 서울 본내과 의원이다. 안전한 검진을 위해서는 대학병원이나 종합병원이 더 좋지 않겠냐고들 하는데 내 생각은 약간 다르다. 큰 병원은 절차도 복잡하고 사람들도 많아 좀 불편할 것 같았기 때문이다. 동네 병원은 규모가 작은 반면 가족 같은 분위기에 의사와의 대화도 여유롭고 자세한 진료를 하지 않을까 하는 기대감도 있었다. 엘리베이터를 타기 위해 기다리면서 보니까 건물 내에는 치과, 신경과, 외과, 피부과, 내과 등 여러 전문 분야의 개인 병원들이 있었다. 그리고 약국까지… 그래서인지 아침부터 많은 사람들이 오르락내리락한다.

아침 9시 30분에 병원으로 들어가니 이미 진료를 기다리는 사람들이 제법 있었다. 병원의 첫 이미지와 간호사들의 첫인상에는 일단 마음을 놓기에 충분했다. 간호사가 안내하는 곳으로 가자 설문지를 주며 작성하란다. A4 용지 5 페이지 분량의 설문지는 작은 글씨로 빼곡해서 마치 시험을 보는 것 같은 기분이었다. 설문지 작성을 마치고 약물 부작용이나 이상 증상 등의 유무로 의사와 상담하고 검진이 시작되었다. 옷을 갈아입고 X-레이 촬영을 하고 방을 옮겨 키, 시력, 청력, 허리둘레, 혈압검사와 채혈을 하였다. 다음으로 우려했던 위내시경을 할 차례다. 간호사가 위를 밝게 해주는 것을 먹게 하고 목구멍 마취제를 주면서 입에 머금고 10초간 있다가 삼키란다.
"하나, 둘, 셋 … 열 삼키세요."
잠시 후 정말 입안이 약간 얼얼해진다.
"새우처럼 옆으로 누워 주세요."
나는 말 잘 듣는 온순한 새우가 되었다.

누워 있는 사이에 여러 가지 생각으로 머리가 복잡한 것을 의사는 아는 것 같았다.
"안심하시고 시작하겠습니다."
"많이 힘드시면 수면으로 하겠습니다."
난생처음 보는 내시경 기구의 크기에 기가 죽는다. 직경이 거의 1센티미터가 되어 보이는 검은 호스가 카메라 불빛을 반짝이는 것이 마치 뱀이 꿈틀거리는 것 같았다. 차라리 보지 말걸 하는 생각도 잠시 기구를 목구멍 안으로 밀어 넣으면서 의사는 말한다.

"꿀꺽 삼키세요."

순간 당황해서 나도 모르게 몸을 움츠리며 힘을 주었나 보다.

"몸에 힘을 풀어주세요."

의사와 간호사의 말에 긴장을 조금 놓고 삼키자 "크~~ 억" 하는 트림 소리와 동시에 깊숙이 들어가는 느낌이 들었다.

"침이 나오면 그냥 입 밖으로 흘리세요."

"잘 하고 계십니다."

위속으로 들어간 기구는 카메라 셔터 소리가 여러 번 들리고 확인할 부분이 있다고 더 깊숙이 밀어 넣는 것 같았다.

위 내시경을 마치고 종이컵과 막대 하나를 주면서 화장실에서 소변을 컵에 담아 막대로 적신 후 소변은 버리고 컵과 막대만 가지고 오란다. 이것으로 일단 검진은 끝났다. 위 내시경이 촬영된 영상을 모니터로 보니 기분이 묘하다.

"배 속이 저렇게 생겼구나."

신비롭게 보고 있는데 의사는 위에 용종 같은 것이 하나 있는데 조직검사를 해봐야 알겠다고 하면서 하나를 더 보여준다. 그것은 십이지장인데 안쪽이 아니라 장 바깥으로 작은 혹이 하나 장을 밀고 튀어나온 부분이 있다고 한다. 장 안쪽이 아니라 바깥이기 때문에 CT나 초음파 검사를 해봐야 알 것 같다고 하면서 확대를 해서 가리키는데 제법 볼록한 게 보였다.

그동안 배에 딱딱한 것이 만져졌고 누르면 통증이 느껴진 원인이 밝혀진 것이다.

　의사는 일주일 분량의 약을 처방해 주면서 우선 약을 복용한 후에 초음파 검사를 해보자고 한다.
　"약을 잘 드시고 일주일 후에 오세요."
　대장 검사를 위한 채변봉투와 처방전을 가지고 병원을 나와 약국에서 봉투 가득 약을 받아 들고 집으로 가는데 만감이 교차한다. 그동안 건강에 대해서 자부하지는 않았지만 나름대로 운동도 꾸준히 하며 큰 아픔 없이 지나 좋았는데 이제 나이를 먹어가면서 차츰 문제가 생기기 시작하니 막막하고 이것으로 즐거운 인생이 끝나는 것인가 생각하니 발걸음이 천근만근이다. 심란함에 배고픈 것도 모르고 있다가 가져온 약을 먹기 위해서는 뭐라도 먹어야 되는데 마땅한 것이 없다.

　시장으로 갔더니 콩물이 시원해 보인다. 콩물에 메밀국수를 말아서 조금 먹고 기분 전환도 할 겸 그동안 코로나 때문에 미뤄 왔던 이발을 하러 단골 미장원을 갔다. 미장원은 거의 여성들의 공간이다. 그것도 할머니, 아줌마들의 사랑방 역할을 하면서 동네 정보통이기도 하다. 60대 원장님은 뭐라 말을 안 해도 자리에 앉으면 마음에 쏙 들게 커트를 해준다. 전동 바리캉과 가위에 잘려서 날리는 머리카락을 보니 검은색은 거의 보이지 않고 하얀 머리카락이 바닥으로 쌓인다.
　"이제 이렇게 되었구나."
　거울에 비친 내 모습을 바라보며 세월의 무상함에 처연해하고 있는 중에 내 마음을 알 리 없는 미용실 원장님이 묻는다.
　"깔끔하게 이발을 하고 나니 느낌이 어떠세요?"

우스갯말로 남자들은 이발을 "벌초"라고 하는데 "벌초를 하고 나니 쓰고 있던 모자를 벗은 기분입니다." 하고 어색하게 웃는다.
　이발을 하고 나서 바뀐 모습을 보니 병원에서의 무거웠던 마음이 그래도 조금은 진정되는 듯했다.
　그러고 보니 할머니, 아줌마들이 몸이 아파서 병원을 다녀온 후 들리는 곳이 미장원이었다. 미용을 하며 심란한 마음을 하소연하고, 공감하고, 울며, 웃는 모습들을 보아왔다. 어느덧 나도 그렇게 하고 있었다.

　하루에 세 번 약을 먹으며 제발 약으로 해결되기를 마음으로 빌었다. 일주일이 지나고 토요일이 되어 무거운 마음으로 다시 병원을 갔다. 날씨도 내 마음을 아는지 비가 내린다. 정체를 알 수 없는 혹으로 건강에 빨간불이 켜졌는데 큰일이 아니기를 바라는 마음 간절했다. 복부에 젤 같은 것을 바르고 차가운 기계로 촬영을 하며 초음파 검사를 한다.
　"숨을 크게 들이쉬고 멈추세요."
　자세를 바꿔가며 숨을 들이쉬고 멈추기를 반복하는데 숨쉬기를 참는 것이 매우 힘들다는 것을 느낀다. 의사와 간호사의 알 수 없는 대화가 오가면서 검사를 마치고 모니터를 보며 의사와 앉았는데 마치 수험생이 시험 점수를 기다리듯 긴장되는 순간이었다.

　"약은 다 드셨어요?"
　의사는 모니터를 보며 뜬금없이 묻는다. 다 먹었다고 하자 초음파 영상을 보여주며 별 이상 증상을 발견하지 못했다며 고개를 갸웃거린다. 십이지장 부분의 볼록했던 것이 없어진 것이란다. 의사도 미심쩍은 듯 CT를 해보면 더 정확하겠지만 그럴 필요가 없을 것 같다고 한다. 더 이상 약 처방도 없다.

"지내시다가 다시 그런 증상이 있으면 병원으로 오세요."

병원을 나오니 비는 더욱 거세게 쏟아붓는다. 병원으로 들어갈 때의 비는 무겁고 어두웠는데 아무런 증상이 없다는 결과를 듣고 병원을 나설 때의 비는 그동안 무거웠던 내 마음의 짐을 씻어 내기라도 하듯 시원스럽게 잘도 내린다. 굵은 빗줄기가 마치 하늘에서 국수를 뽑아내는 것 같아 보여 한동안 올려다본다.

"하나님! 감사합니다."

인생을 생로병사라 한다. 살면서 아프지 않을 수가 없고 나이를 먹을수록 병이 찾아오게 마련이다. 아프면 마음도 약해지고 겁도 난다. 병원이 좋아서 가는 사람은 없을 것이다. 하지만 늦게 가서 후회하는 것보다는 중간중간 검진을 받아 보는 것이 좋겠다고 생각을 한다. 조선왕조의 상징 경복궁에는 왕의 침전을 강녕전(康寧殿)이라고 한다. "강녕"은 오복 중에 하나로 건강의 중요함을 강조한 것이다. "구구팔팔이삼사"라는 말이 있다. 구십구 세까지 팔팔하게 살다가 이삼일 병원신세를 지고 죽는다는 뜻인데 건강하게 살다 이 세상을 떠나는 것이 사람의 마지막 소망일 것이다.

"돈을 잃으면 조금 잃는 것이고, 명예를 잃으면 많은 것을 잃는 것이고, 건강을 잃으면 전부를 잃는다."

"건강은 건강할 때 지켜라." 8월에 닥쳤던 태풍이 땅을 더 단단하게 만들어 주기를 바란다.

### 작가 정병윤

목차
1. 구름 너머의 햇빛처럼
2. 별빛을 핥는 친구들
3. 빛이 닿지 않는 곳에서
　　　　　 나는 인간이었다

#프로필
　대한문학세계 시, 수필 부문 등단
　(사)창작문학예술인협의회 회원
　대한문인협회 서울지회 정회원
　대한창작문예대학 11기 졸업
　문예창작지도자 자격 취득
　2024년 신춘문학상 대상
　2023년 한국문학 올해의 시인상
　2023년 순우리말 시 짓기 동상 외

#시작 노트
　새벽녘 창가에 스며드는 첫 햇살처럼 / 정병윤

　안개 속 작아진 숨결을 품으며
　그 온기로 이슬방울을 맺었지

　산이와 바다는
　살랑살랑 꼬리 흔들며
　눈빛으로
　사랑을 가르쳐 주었지

　규칙의 울타리 안에서도
　인간다움을 잃지 않으려
　거울 앞을 서성거린다

　울퉁불퉁한 마음이지만
　산이와 바다, 그리고 어머니는
　나의 고운 숨결이다

## 구름 너머의 햇빛처럼

    섬의 하늘과 바다는 짙은 안개 속에 서로의 색을 잃은 채 하나로 융화된다. 바람은 분노하듯 몰아쳐 간판을 울리고, 쓰러진 간판 아래에서 나는 어머니의 거칠어진 숨소리를 붙잡으려 애쓴다. 제주의 바람은 삶의 끝자락에 매달린 숨결마저 삼킬 듯 거세다. 하지만 나는 이 억울한 비바람에 맞서 끝까지 그 숨결을 놓지 않았다. 바깥의 거센 바람과 비는 이제 창 너머로 멀어졌다.

    다음 날, 바다의 냄새를 실어 나르는 바람 속에서 6월의 햇살이 말쑥하게 떠오른다. 그 따뜻함은 어머니와 함께 서울로 오르는 길 위에서 내 억울한 마음을 잠시 달래주었다. 이루지 못한 꿈은 어머니의 숨소리에 실려 하늘 위로 올랐고, 그 소리와 함께 나는 육지로 향했다. 친구의 도움으로 서울의 XX 병원에 입원할 수 있었지만, 그 길은 단순한 이동이 아닌, 삶과 기억, 희망과 슬픔을 가로지르는 긴 여정이었다.

    서울의 병원 병실, 낯선 기계음 사이에서 사춘기 소녀같이 작아진 어머니는 수액에 연결된 채 세월의 무게와 병의 고통과 함께 잠들어 있다. 수액의 소리는 절벽에서 그녀가 허물어질지 모르는 시간을 잡기 위해 새벽의 정적처럼 침착하다. 그 가느다란 줄 하나에 기대어, 어머니는 오늘을 버티고 있다. 이

병실 안에는 단 하나의 호흡과 그 호흡을 바라보는 나의 마음만이 숨소리를 세며 묵묵히 앉아 있다.

 기계의 리듬에 실린 침묵은 나를 어린 시절로 데리고 갔다. 그날, 생이별은 말들을 남겼다. 집착처럼, 독처럼. 그 말들은 날 떠나지 못하게 만들었다. 지우려 해도 사라지지 않고, 심장에 박혀 아직도 움직인다. 어머니의 숨소리는 수액 줄 절벽에 걸려 뚝, 뚝 떨어진다. 그 고요한 낙하 음 하나하나가 내 심장에 박힌다. 숨을 넘기는 것조차 죄스러워, 나는 마른침만 삼키며 어머니의 손을 꼭 붙잡았다. 그 손은 작아졌고, 차가워졌지만 그 안에는 여전히, 나를 길러낸 시간이 움켜쥐어 있었다.

 병실 한쪽, 낡은 의자는 마치 이곳의 주인처럼 묵묵히 자리를 지키고 있었다. 오랜 시간의 무게만큼 가라앉은 먼지는 말을 잃고 있었지만, 복도를 가로지르는 간호사의 샌들 소리가 들려올 때마다 그 먼지는 조용히 꿈틀거렸다. 마치 고공을 날아보고 싶은 듯, 의자 위 작은 세계가 잠시 살아나는 순간이었다. 숨소리와 기계음, 그리고 바람 한 줄기 없는 이 방에 누군가의 발걸음만이 유일하게 생을 흔들어 주는 진동이었다.

 떨리는 목소리는 어느새 바람이 되어 병실을 맴돌았다. 장을 다 비워낸 긴 터널 같은 시간 속에서, 나는 무엇을 지우고 무엇을 보내야 하는지 알지 못한 채 그저 온기 하나를 찾아 헤맸다. 길은 쓸쓸했다. 용서하지 못한 기억들이 발끝을 끌며 따라왔고, 대장의 암은 6월의 자주 꽃으로 피어 그 길을 함께 걷자고 손을 내밀었다. 그 향기는 차분했고 따뜻했다. 어머니 수술하는 날 나는 울지 않았다. 창문 넘어 사라지는 그 소리 속에서 어머니와 내가 함께 나눈 시간을 조용히 안았다.

 기계음조차 내 귀에 익숙한 리듬이 되었다. 그 침묵 속에서 나의 마음은 오래전 어머니와 나눈 말들을 천천히 꺼내기 시작했다. "엄마, 나… 잘하고 있어요. 그러니까, 너무 걱정하지 말아요." 말은 속으로만 흘러나왔지만, 그건 분명 어머니에게 닿았을 것이다. 나는 어머니의 숨결에 맞춰 숨을 쉰다. 그녀의 호흡이 조금 거칠어지면, 나의 가슴도 덜컥 내려앉는다. 매일 조금씩 작아지는 손가락의 움직임을 보면서, 나는 '버틴다'라는 것이 어떤 의미인지 다시 배우고 있다. 이 고요한 새벽, 말 없이 건네는 사랑은 가장 깊고 오래 남는 언어가 된다.

  5월의 끝에서 시작된 어머니의 시간이 6월의 장마를 지나 7월의 문턱에 도달했다. "내일은 퇴원해도 좋다"는 의사 선생님의 말씀은 안도보다는 그동안 참아왔던 울음을 꺼내놓게 하는 밤이었다. 누군가의 모진 말은 가시처럼 마음에 박혔지만, 살아야 했기에 감기와 몸살로 넘기며, 외로움에 휩싸여 울었다. 지갑 속 오래된 사진을 꺼내, 소리쳐 어머니를 불러보았지만, 그 목소리는 옹알이처럼 희미해져 창문 틈 러브버그에게 삼켜졌다. 천둥이 어머니의 잠든 몸을 깨운 순간, 별빛은 조용히 방 안으로 들어왔다. 그리고 어머니는, 하늘 같은 손으로 내 두 손을 따뜻하게 감싸주었다. 그 손안에서 나는 비로소, 살아 있었다. 그 밤, 나는 울음 대신, 창문 넘어 사라지는 그 소리 속에서 어머니와 내가 함께 나눈 시간을 조용히 안았다.

  내일이면 퇴원이다. 하늘은 아직 흐릿하다. 인천 비행장의 활주로 위로 구름이 천천히 흐른다. 어머니는 제주행 항공권을 품고 계시다. 어느 구름에 비가 숨어 있을지 모르는 하루였지만, 어머니는 오늘도 버텨내셨다. 그렇게, 내일로 이어지는 길을 스스로 만들어 가고 계신다. 90이 가까운 나이에도 충치 한군데 먹은 곳 없이 단단히 살아오신 어머니를 바라보며 나는 다시 마음을 다잡는다. 7월 3일, 구름은 여전히 흐릿하지만, 그 속에도 길은 있었다. 나는 어머니와 함께, 그 길을 걷는다. 구름 너머의 햇빛처럼, 당신의 숨결은 한 줄기 따스함이 되어 나의 하루를 비춘다. 그 온기는 시간 너머로 흘러, 오늘도 나를 살아가게 한다. 사랑합니다, 어머니.

# 별빛을 핥는 친구들

 꽃샘추위가 기승을 부리던 창원의 어느 봄날, 북한 관계를 연구하는 학자의 집에서 풍산개가 새끼 세 마리를 낳았다. 그중 한 마리가 폴짝폴짝 나에게 달려와, 기척도 없이 품에 안겼다. 사람을 향한 그 강아지의 태도는 마치 오래전부터 나를 기다려 왔다는 듯했다. 그렇게 산이라는 이름을 지닌 녀석은 내 삶에 들어왔다.

 다행히 나는 동물에 대한 공포나 알레르기도 없었지만, 잦은 출장과 불규칙한 생활 때문에 반려동물을 키우기엔 어려움이 있었다. 그럼에도 형님의 이해와 협조가 큰 힘이 되었다. 집은 산이가 뛰놀기에 충분한 공간이었고, 나는 그를 가족으로 받아들이는 데 그 어떤 망설임도 없었다.

 산이는 풍산개의 특유 기품을 지니고 있었다. 며칠이 지나자, 윤기 나는 털과 촉촉한 코, 활기 넘치는 눈빛으로 나를 바라보았다. 그러나 내가 자주 집을 비우는 동안, 혼자 남겨진 산이에게 외로움이 찾아올지 걱정이 되었다. 이내 결심했다.

산이에게 친구를 만들어 주자. 마침 산이를 데려왔던 집에서 배려를 해주어, 형제 한 마리를 더 데려올 수 있었다.

그렇게 바다가 집에 오게 되었다. 산이와 같은 어미에게서 태어난 바다는, 털이 거칠지만 건강하고 영리한 품성을 지녔다. 처음엔 산이가 텃세를 부리며 바다를 경계했지만, 바다는 금세 적응했고 산이보다 덩치가 큰 바다는 서서히 그 영역을 장악하며 산이와의 관계를 회복해 나갔다. 둘의 성격은 다르면서도 보완적이었다. 조심스럽고 은근한 산이, 호기롭고 활달한 바다. 나는 두 마리의 케미스트리를 지켜보며 사람과 사람 사이 관계처럼 반려동물 간에도 서사와 감정이 있다는 걸 느꼈다.

이들은 나의 아침을 깨웠고, 내가 일을 마치고 돌아오면 문 앞에서 서로 엉겨 뛰며 반가움을 온몸으로 표현했다. 때로는 내가 외출을 준비하는 모습만 보고도 멀리 옥상 난간에 기대어 나를 바라보았다. 그 눈빛엔 말보다 더 뚜렷한 언어가 있었다. "조심해서 다녀오세요."

계절은 흐르고, 어느 봄날엔 산수유와 벚꽃이 만개한 길을 따라 둘과 함께 산책하러 나갔다. 아직은 잎이 피지 않은 가지 사이로 새들이 장단을 맞춰 지저귀고 있었다. 나는 숲속의 작은 언덕에서 그들을 부르며 외쳤다. "산이야, 바다야!" 두 마리는 코끝으로 냄새를 맡으며 꼬리를 흔들고 달려왔다. 그 따스한 순간, 녀석들은 내 볼을 번갈아 핥으며 품에 안겼고, 나는 그들의 등을 쓰다듬으며 살아 있다는 감각을 온몸으로 느꼈다.

둘은 함께 자라면서 서로의 성격을 닮기도 하고 다투기도 하며, 점점 더 나와 깊은 유대감을 형성해 갔다. 털갈이의 불편함, 밤늦게 울음을 터뜨리는 일, 동물병원에서의 걱정스러운 순간까지… 모든 순간순간이 나의 시간과 감정을 자라게 했다. 어린 시절 막사발에 밥을 주던 바둑이와는 다른 시대지만, 정서적으로는 색이 같은 사랑이었다.

이따금 내가 외로울 때, 그들은 말없이 곁에 앉아 있었다. 기분이 가라앉는 날이면 산이는 내 무릎을 조심스레 베고 누웠고, 바다는 천천히 다가와 내 손등을 핥았다. 어느새 나는 그들과 함께 있으면 마음이 평온해지는 나 자신을 발견하게 되었다.

봄의 마지막 저녁, 산이와 바다의 코끝에 달빛이 고이면서 유리창 넘어 별빛이 반짝이고 있었다. 수선화꽃 옆에서 머리를 든 두 마리의 눈망울은 마치 별들을 쫓고 있는 듯했고, 나는 속으로 속삭였다. "너희와 함께라서, 내 삶은 조금 더 따뜻해."

# 빛이 닿지 않는 곳에서 나는 인간이었다
-오징어 게임 영화를 보고-

  책꽂이 한쪽, 조용히 쌓여 있던 책 무덤 사이로 『낙서가 말해주는 심리 이야기』가 나를 멈춰 세운다. 그 책은 말한다. 동그라미(○), 세모(△), 네모(□) 같은 기호는 단지 무심한 낙서가 아니라, 마음으로 들어가는 작은 문고리일 뿐이라고.

  돌연 지난 주말에 본 오징어 게임의 실제 놀이에서 그려지는 오징어의 몸은 제한된 공간, 즉 생존을 위한 투쟁의 장이 턱 하니 자리를 편다. 이 안에서 기호들은 단순한 도형이 아니라, 생존 게임 속에서 인간이 어떻게 권력에 복종하고, 때로는 그 권력을 행사하며, 결국 시스템의 일부가 되어가는 과정을 상징한다.

  게임은 규칙으로 시작되지만, 그 규칙을 따르는 인간의 마음은 늘 예측할 수 없다. 오징어 게임의 세계는 놀이를 가장한 심판이라고 보면 된다. "무궁화꽃이 피었습니다"는 단순한 놀이가 아니라 움직이면 죽는다는 규칙이 있다. 질서와 생존 사이에서 인간이 얼마나 쉽게 복종하는지를 보여주는 실험이다.

"구슬치기"는 더 잔인했다. 친구와 짝을 이루게 한 뒤, 단 한 명만 살아남을 수 있다는 규칙을 던졌다. 그 순간, 놀이의 윤리는 무너지고 신뢰와 배신, 사랑과 생존 사이의 윤리적 딜레마가 시작된다. 여기에서 게임은 선택을 요구하고 그 선택은 단순한 승패가 아니라, 내가 어떤 사람인가를 드러내는 윤리적 고백이라고 보면 된다. 게임 속 윤리는 규칙을 따르는 것이 아니라, 그 규칙 앞에서 어떤 선택을 하는가에 있다. 그리고 그 선택은, 내가 사람으로 남을 수 있는 마지막 기회일지도 모른다.

기훈은 그 게임에서 자기 친구를 속이지 못했다. 그는 선택하지 않았고, 그 선택이 누군가의 죽음이 되었다. 그는 살아남았지만, 그의 윤리는 상처 입었다. 그리고 프론트맨은 질서를 유지하는 관리자였지만, 그 질서가 동생을 죽음으로 몰았다는 사실 앞에서 그의 침묵은 윤리적 갈등의 무게를 품고 있었다. 그는 규칙을 따랐지만, 그 규칙이 옳았는지는 끝내 말하지 못했다. 또 제니퍼는 술잔 앞에서 말했다. "술이요? 그건… 내가 사람일 때 마시던 거예요." 그녀는 윤리를 잃은 세계 속에서 자신의 인간다움을 기억하고 있었다. 그 말은, 가면을 벗은 인간의 마지막 속삭임이었다.

거울 앞에 설 때마다 나는 조금씩 낯선 얼굴을 마주한다. 윤기 없는 눈가에 그날의 감정이 걸쳐져 있고, 입매는 말하지 않은 말들로 살짝 굳어 있다.

어떤 날은, 오징어 게임 속 기훈처럼 무너진 마음이 눈빛에 고스란히 번진다. 삶에 기댈 만한 구석이 하나라도 있었으면, 그 눈동자는 조금 덜 흔들렸을지도 모르겠다. 또 어떤 날은 프론트맨처럼 고요한 침묵만이 표정을 채우고, 감정 없는 듯하지만 실은 가장 많은 말을 속으로 되뇌는 얼굴이다. VIP 제니퍼처럼 무표정한 단호함이 나를 덮을 때면 나는 사회 속 가면을 스쳐 입는다. 부드러움과 냉정 사이에서, 그날의 나를 지키기 위한 최소한의 방어기제일지도 모른다.

나는 안다. 우리가 살아가는 시간 속엔 수많은 얼굴들이 있다. 감정에 따라, 상황에 따라 겹치고 사라지기를 반복하며 우리는 매일 새로운 나로 태어난다. 그러니까 괜찮다. 오늘의 내가 어제와 다르더라도, 그 변화는 내가 살아있다는 증거다. 우리는 늘 가면을 쓴다. 사회 속에서, 관계 속에서, 심지어 나 자신 앞에서도. 그 가면은 때론 나를 보호하고, 나를 지탱해 주지만 계속 쓰고 있으면 그 안에서 진짜 내가 지워지는 순간도 있다.

기훈의 따뜻한 웃음 속엔 깊은 외로움이 숨어 있었고, 프론트맨의 침착한 태도는 정의를 향한 고집의 다른 얼굴이었으며 VIP 제니퍼의 우아한 거면 아래엔 인간미를 거부하는 공허함이 있었다. 나는 그들의 얼굴을 바라보며, 내 안의 가면도 조용히 벗어본다. 벗겨진 내 얼굴은 완벽하지 않다. 눈물 자국이 남아 있고, 표정은 어색하고, 감정은 다소 서툴지만, 그 순간, 나는 가장 사람다운 나로 돌아온다.

낯설지만 살아 있는 얼굴. 수없이 겪어온 감정으로 채워진 나의 진짜 모습. 나는 그 얼굴을 조용히 안아준다. 이제는, 가면 없이도 괜찮다고 조심스럽게 말해준다.

"빛이 닿지 않는 곳에서, 나는 인간이었다" 아침의 침묵은 유난히 무겁다. 나는 거울 앞에 선다, 얼굴보다 먼저 드러나는 건 마음의 울퉁불퉁함이다. 나의 표정은 깔끔하지 않다는 것을 거울은 안다. 눈빛엔 지난밤이 남아 있고 볼에는 묵은 감정이 채색되어 있다. 거울 앞에 서 있는 나는 단지 육체가 아니라 감정을 반사하는 창이었다. 슬픔과 기쁨, 후회와 용기 그 모든 것이 피부 아래에서 조용히 숨 쉬고 있었다. 인간미란 감정의 흔적이다. 계획되지 않은 표정, 통제되지 않는 떨림, 가면 뒤에 남겨진 민낯. 그것들이 모여 나라는 존재에게 거울은 한 번도 나를 꾸짖은 적 없다. 그저 내가 있는 그대로, 빛이 닿지 않는 곳까지 비춘다. 그때 나는 알게 된다. 나는 사람이고, 그 사실이 고통스러우면서도 아름답다는 것을. 그리고 나는 속삭인다. 오늘도 인간으로 살아가겠다고.

아침의 침묵은 유난히 무겁다. 거울 앞에 서면, 얼굴보다 먼저 드러나는 건 마음의 울퉁불퉁함이다. 눈빛엔 지난밤이 남아 있고, 볼에는 묵은 감정이 채색되어 있다. 나는 나를 본다. 그러나 그것은 단지 육체가 아니다. 거울은 감정을 반사하는 창이다. 슬픔과 기쁨, 후회와 용기 그 모든 인간애가 피부 아래 조용히 숨 쉬고 있다.

## 작가 정연석

**목차**
1. 아침에 시를 만나는 행복
2. 인생은 항상 새로운 도전이다
3. 손기정 마라톤 영웅을
　　　　　　　　추모하며

# 프로필
　대한문학세계 시, 수필 부문 등단
　(사)창작문학예술인협의회 회원
　대한문인협회 서울지회 정회원
　대한문인협회 저작권옹호위원장
　대한창작문예대학 제12기 졸업
　문예창작지도자 자격 취득
　2022년 한국문학 베스트셀러 작가상
　2023년 순우리말 시 짓기 동상
　2024년 신춘문학상 동상
　2024년 한국문학 예술인 금상
　〈저서〉
　시집 [아침에 시를 만나는 행복], 수필집 [가던 길 잠시 멈추고]

# 시작 노트
　시인. 작가는 문학인의 길을 걸으면서 얻은 명예로운 호칭이다. 자연을 사랑하고 자연과 호흡하면서 얻어지는 영감으로 시를 쓰고 수필을 쓰는 생활을 보람 있게 생각하고 있다. 쉬운 영역이 아님을 알기에 항상 겸손하고 공부하는 자세로 글을 쓰는 작가로 살아가고 싶다. 글은 써놓고 돌아서면 고쳐야 할 곳이 보이므로 퇴고를 게을리하지 않아야 한다. 금번 공동 수필집에 실은 수필은 그동안 써 놓은 글을 퇴고하여 수록하였으나 더 고쳐야 할 곳이 많은 것 같다. 앞으로 창작에 정진하는 문학인이 되려고 열심히 노력하고 싶다.

# 아침에 시를 만나는 행복

새벽 5시에 잠에서 깨어나면 TV 리모컨을 찾는 것과 핸드폰으로 인터넷을 검색하는 습관이 있다. 나이를 먹을수록 새벽 잠이 없다고 하시던 어른들의 전철을 닮아가고 있다. 어른들은 일을 하려고 일찍 일어나셨는데 인터넷에 관심이 많다는 것이 세대의 차이라 할 수 있다.

하루에도 크고 작은 사건과 사고가 많은 요즘 아침 News를 보는 것도 현대인으로서는 도움이 될지는 몰라도 아마도 직접적인 생산성에는 별로 도움이 되지 않는다. 아침에 일찍 일어나는 새가 벌레를 많이 잡는다는 속담이 있듯이 아침형 인간이 남보다 정보나 지식을 얻는데 유리하다는 진실은 부정할 수 없다.

40년 공직생활을 마치고 늦게 시인 등단을 하고 아침에 문인협회 홈페이지를 방문하여 문학탐방을 하고, 시인서재에 들러서 좋은 시(詩)에 댓글을 달기도 하고 문안 인사를 하는 등 새로운 활동 영역이 생겼다. 문인의 길을 걸으며 늦었지만 열정을 불태워 시와 수필을 쓰고 시인으로서 활동을 하면서 시인서재는 공부방이며 놀이터가 되었다.

시인 등단 1년 후 시집을 발간하면서, 시집 이름을 "아침에 시를 만나는 행복" 이라고 작명(作名)한 의미에는 새벽에 일어나서 시인과 정보를 교류하고 시를 쓰는 행복을 솔직하게 표현한 것이라 할 수 있다. 시를 만나는 그 순간은 힘든 일상의 고달픔을 잊고 편안하며 행복한 시간에 멈추어 있는 것 같다.

전날 저녁 늦게까지 술을 마신 날이면 눈은 떠지는데 몸을 일으키기 힘들 때도 있다. 그렇다고 게으름을 피우고 잠자리에서 일어나지 않으면 서재 탐방 일과를 수행할 수 없고, 회사 근무도 마음이 편하지 않다. 그날 할 일은 그날 처리해야 마음이 편안해지는 성격도 문제가 있지만, 아침에 시를 만나는 행복을 외면할 수 없기 때문이다.

현대는 100세 시대라서 건강 관리를 잘 한다면 장수를 할 수 있다는 말들을 많이 듣는다. 암(癌)이나 급작스런 사고가 없다면 100세를 살 수 있다는 희망과 기대감이 가슴을 부풀게 한다. 물론 질병에 대한 가족력 등 여러 가지 복병도 있지만, 미리 조심하고 건강 관리에 노력한다면 현대 의학으로 충분히 극복할 수 있는 분야이기도 하다.

좋은 시를 많이 쓰고싶은 욕망과 인생의 종착역까지 남은 시간은 아마도 반비례하지만, 자신이 바램과 실천하는 방법에 따라 달라질 것이라 생각한다. 건강 관리를 잘하면서 생애 주기를 늘린다면 반비례를 정비례로 바꿀 수 있다는 희망적인 생각을 해본다.

 이제까지 살아온 시간은 즐거웠고 행복했다고 자부해왔다. 강원도 횡성 시골에서 태어나 공무원으로 봉직하였고, 총괄우체국장(서기관)도 여러번 하였고, 퇴직 후 6년간을 중소기업에서 임원으로 일을 하였으니 행복이라는 명칭을 써도 지나치지 않다고 생각한다.

 하지만, 지금부터 건강 관리를 제대로 못한다면 신체와 마음이 병들고 힘이 없어서 일상적인 일들을 수행할 수 없다는 진실을 망각해서는 안된다. 심신이 피폐(疲弊)해지면 가장 좋아하는 시를 쓰지도 감상하지도 못할 불행이 닥쳐올 수 있다는 사실을 잊어서는 안된다. 아침에 일어나서 시(詩)를 만나고 하루를 여는 즐거움과 행복을 오래도록 향유(享有)할 수 없기 때문이다.

 미래의 삶의 질은 건강관리가 핵심이며 가장 중요하다. 남편의 건강에 가장 신경을 쓰는 사랑하는 아내의 말을 잘 들어야 하고, 하루에 만보는 걸어야 한다고 퇴근 시 버스정류장 몇 개를 걸어서 집에 오라는 아내의 진심어린 충언을 받아들여 실천하는 일도 중요한 과제인 것 같다. 저녁식사를 하면서 술은 최소한 줄여서 마시라는 잔소리도 귀담아 들어야할 것 같다. 이러한 일들을 성실히 실천해야만 "아침에 시를 만나는 행복"을 오래도록 누릴 수 있기 때문이다.

## 인생은 항상 새로운 도전이다

공직생활 40년을 마감하고 민간기업에 재 취업하여 6년을 덤으로 일하는 행운을 얻었다. 매일 아침 7시 30분에 출근하여 하루 일과를 마치고 여러 모임의 다양한 지인들과 만나서 식사하며 술도 마시고 그렇게 젊은 시절을 바쁘게 보냈다.

세월이 흐르면서 나이도 들고 건강에 적신호가 생기면서 아내는 건강관리에 대한 경고를 많이 한다. 듣기는 싫지만 남편에게 건강을 신경쓰라는 잔소리를 겸허히 받아들여야 한다는 것을 잘 안다. 어쩌면 지금의 상황에서 건강에 대하여 생각을 바꾸고 행동을 바꾸는 노력이 필요한 것 같다.

지금은 새로운 환경에 적응해야하고 앞에 놓여있는 문제들을 해결하면서 새로운 삶의 가치를 추구해야 하는데 지금의 생각과 행동은 다소 비겁하고 도전이 없는 나약함에 함몰되어 있다는 생각을 가끔 해본다. 니코스 카잔차키스는 "그리스인 조르바"에서 "낯선 곳을 두려워하지 말고, 익숙한 곳을 두려워하라"고 말했다고 한다. 낯선 것을 두려워하는 것 보다는 과감하게 도전하라는 의미로 이해가 된다. 대부분 사람들은 낯선 곳에 대해서는 거부감이 있고 접근하기 싫어한다. 미지의 세계를 개척해야 얻는 것이 많고, 불루오션을 찾아낼 수 있기 때문에 새로운 곳을 두려워하지 말고 과감하게 다가가야 성과를 얻을 수 있는데 도전 앞에서 두려워하는 질병을 앓고 있다.

마케팅을 할 때도 어려운 상황에서 새로운 시장을 개척하고, 모험을 해야만 좋은 성과를 얻을 수 있는 것 처럼 위험한 곳에 소득이 많다는 논리와 일맥상통하는 것 같다. 익숙하고 접근하기 쉬운 곳에서 성과를 이루려 애를 쓴다면 시장도 좁고 성과도 미흡할 것이기에 새로운 시장을 향해 과감하게 도전할 필요가 있다고 생각한다.

레펠(rappelling)이란 경사가 급한 절벽을 밧줄을 사용하여 내려가는 것이며, 헬리콥터가 공중에 떠 있는 상태에서 밧줄을 타고 내려오거나, 빌딩 같은 건물에서 밧줄을 이용해 벽면을 타고 내려오는 행동을 말한다. 헬기가 공중에 떠 있는 상태에서 밧줄을 이용해 하강하는 헬기레펠은 고난도의 핵심 기술이다. 군대생활을 할 때 유격훈련을 하면서 레펠 과목을 이수해야 하는데 위에서 밑을 내려다보면 공포에 휩싸이고 한발짝도 떨어지지 않는다. 그러나 레펠은 시작이 두렵지 발이 떨어지고 나면 밑으로 하강하는데 두려움이 없어지고 오히려 마음이 편해진다.

버킷리스트(bucket list)란 죽기 전에 꼭 해보고 싶은 일들을 적은 목록을 가리킨다. 2007년 미국에서 제작된 롭 라이너 감독, 잭 니콜슨·모건 프리먼 주연의 영화 "버킷리스트"가 상영된 후 부터 버킷리스트라는 말이 널리 사용되기 시작했다. 영화는 죽음을 앞에 둔 주인공들이 한 병실을 쓰게 되면서 자신들에게 남은 시간 동안 하고싶은 일에 대한 리스트를 만들고, 병실을 뛰쳐나가 이를 하나씩 실행하는 이야기를 담고 있다. 우리가 인생에서 가장 많이 후회하는 것은 "살면서 한 일들이 아니라, 아직 하지 않은 일들"이라는 영화 속 메시지처럼 버킷리스트는 후회하지 않는 삶을 살다 가려는 목적으로 작성하는 리스트라 할 수 있다. 어쩌면, 버킷리스트는 체험과 경험을 핵심으로 추구하는 내용인 것 같다.

해외여행을 하면서 직접 본 것은 주위 사람들과 대화를 하면서 부담 없이 경험중심으로 이야기 할 수 있다. 경험하지 않은 것을 가식적으로 말하다 보면 거짓말이 금세 들통이 난다. 백문불여일견(百聞不如一見)이란 "백 번 듣는 것이 한 번 보는 것 보다 못하다"는 뜻으로 직접 경험해야 확실히 알 수 있다는 의미이다.

세상을 살면서 여러 가지 경험을 하게 되는데 가급적이면 유용한 경험을 하고 싶고 경험은 삶에 응용하고 활용하기를 희망한다. 자기가 체험하고 경험한 것은 자산이 되고 미래를 살아가는데 큰 도움이 되기 때문이다. 어느 교수의 강의를 들으면서 많은 경험을 해야 한다는 것과 도전정신이 필요하다는 것을 학습하면서 색다른 의미로 다가왔다.

대부분 고령화되면서 적극성은 줄어들고 현실에 만족하는 것이 현실이다. 인생에서 지나간 시간이 더 많고 이제 얼마나 살겠느냐고 미래에 대하여 소극적으로 임한다면 점점 삶이 위축되고 쇠락하게 된다는 사실을 명심해야 할 것 같다.

이제 남은 인생에서 어떠한 일을 하던 어떤 상황에 처할지라도 결코 두려워하지 않고 용기를 내어 열심히 최선을 다하려고 한다. 그동안 공직생활과 민간기업 근무경력으로 많은 경험도 있으니 새로운 일을 두려워하지 말고 도전하면서 기쁜 마음으로 즐겁게 살아가고 싶다.

# 손기정 마라톤 영웅을 추모하며

　마라톤 영웅 손기정(孫基禎)은 1912년 10월 9일 평안북도 신의주에서 태어나서 1936년 8월 9일 독일 베를린올림픽 마라톤에서 우승한 대한민국의 자랑스러운 체육인이며 마라톤 영웅으로 영원히 추앙받고 있다. 베를린올림픽 마라톤에서 우승하면서 한국인 선수로는 최초로 올림픽 금메달리스트가 되었지만, 그는 한국인이었으나 당시 한국은 일제강점기라서 일본어 이름인 손 기테이(일본어: 孫基禎 そんきてい)라는 이름으로 일본 국가대표 선수로 출전해야 했으며, 대회에서 2시간 29분 19.2초를 기록하며 마라톤 올림픽 신기록을 수립하였다.

　손기정은 중학교 시절부터 육상 선수로 활약했으며, 1933년부터 1936년까지 13개 마라톤 대회에 참가하여 10개 대회에서 우승하였으며, 마라톤 기록은 1935년 11월 3일에 2시간 26분 42초의 비공인 세계 신기록을 세웠으며, 그 기록은 1947년까지 유지되었다.

　손기정은 현재 서울 중구 중림동에 있었던 양정고등보통학교에서 공부하였는데, 김교신 선생과 교사와 제자로서의 친분이 있었던 것으로 알려져 있다. 1936년 하계 올림픽에서 금메

달을 획득한 후 김성수의 권유로 보성전문학교 상과에 입학했지만, 일제의 감시 탓에 자퇴한 후 다시는 육상을 하지 않는다는 조건 하에 일본으로 건너가 1940년에 일본 메이지대학 법학부에 입학하여 학업을 마치고 졸업하였다.

 동아일보 일장기 말소사건은 베를린올림픽 마라톤에 우승을 차지한 孫基禎 선수의 사진을 실으면서 그의 가슴에 새겨진 일장기를 말소하였다가 일어난 필화(筆禍)였다. 동아일보 8월 25일자 지면에 손기정의 사진을 게재하면서 그의 유니폼의 가슴에 붙어있던 일장기 마크를 삭제한 사건이다. 이는 마라톤의 우승자가 일본인이 아니라 한국인임을 알린 당시 언론기관의 민족 의식을 잘 나타낸 사건이었다. 이 사건으로 동아일보가 잠시 정간되는 어려움을 겪었지만, 국민의식을 높이는 효과는 국민들에게 큰 반향을 일으켰다.

 베를린올림픽이 끝나고 손기정은 유럽 여러 나라와 인도를 거쳐 싱가포르에 도착했을 때 그는 선배로부터 "주의하라" 본국에서 사고가 나서 일본인들이 감시하라는 전문이 선수단에 들어왔다"는 이야기를 들었다고 한다. 자신의 사진 때문에 신문이 정간되고 많은 기자가 복역을 하는 등 고초를 당했다는 소식을 들은 손기정은 '다시는 마라톤을 하지 말아야겠다'고 재차 다짐했다고 한다. 예상대로 가는 곳마다 일본 경찰이 손기정을 감시했고 마치 사상범을 다루듯 몸을 검색하기도 했다. 그는 "마라톤 우승을 반납하고 싶다"고 까지 말했다고 한다.

 1948년 대한민국 정부 수립 이후 대한체육회 부회장, 1963년에 대한육상경기연맹 부회장을 역임했으며, 1966년 아시안게임에서 한국 대표단장으로 참가하였다. 1971년에는 올림픽위원회(KOC) 위원, 1981년부터 1988년까지는 서울올림픽조

직위원회 위원을 역임하였고, 1988년 서울올림픽 개회식에서 성화 봉송 최종 주자로 나서 전 세계인의 이목을 집중시켰다.

1970년 당시 국회의원이었던 박영록 의원이 야간에 베를린 올림픽 기념 스타디움에 불법 침입 야간 0시부터 약 5시간에 걸쳐서, 올림픽기념비에 적혀진 손기정의 국적 Japan을 망치로 부수고 그 자리에 Korea라고 새겨 넣었다. 뒤늦게 사실을 알게 된 직원이 경찰에 신고를 하였고, 독일 경찰은 불법 침입과 공공재산 파괴혐의로 박영록의원에게 체포영장을 발행했지만, 이미 박영록은 한국으로 출국한 뒤였다. 결국 독일 당국은 기념비의 손기정 국적을 다시 Japan으로 되돌린 사건으로 박영록 국회의원이 지나친 애국심을 발휘한 해프닝이라 할 수 있다.

손기정 마라톤 영웅의 모교(양정고등학교)가 서울특별시 양천구 목동으로 이전한 후 그 자리에 손기정체육공원과 손기정기념관이 만들어졌다. 손기정기념관은 나라를 잃은 어려운 시절, 마라톤으로 세계를 재패해 우리 민족의 긍지를 높여준 손기정 선수의 뜻을 기리고, 국제적인 스포츠 관광자원으로 개발하고자 1918년 만리동에 건립된 손기정 선수의 모교(양정의숙) 건물을 리모델링하여 손기정 탄생 100주년인 2012년 10월 14일에 개관하였다.

손기정체육공원은 축구장으로 이용되던 운동장을 마라톤과 보행이 가능한 트랙으로 조성해서 걷고 뛰기가 모두 가능하도록 했다. 손기정체육공원에는 러닝트랙, 다목적운동장, 테니스장, 게이트볼장, 손기정도서관, 어린이 도서관, 어린이 놀이터 등 시설이 갖추어져 있다

2025년 4월 손기정 체육공원에 위치한 손기정문화체육센터에 일자리를 얻어 출근하게 되었다. 처음에는 맡은 일에 대해

서만 신경이 쓰여 별다른 관심이 없었는데 근무일에 출근하면서 손기정 기념관 앞을 지나가면서 대한민국 마라톤 영웅인 손기정 선수에 대한 관심을 갖게 되었다. 일제강점기에 올림픽에 출전하면서 대한민국 태극기가 아닌 일본 일장기를 가슴에 달고 마라톤에 참가하는 심정이 어떠했을까 서글픈 생각에 이르자 마음이 너무 아팠다.

우리는 1910년 한일합방으로 국권을 빼앗기고 헤이그밀사 파견, 1919년 3.1저항운동, 상해임시정부 수립, 청산리 및 봉오동전투 등 항일 운동과 투쟁을 이어가면서 많은 애국지사가 희생된 아픈 역사를 갖고 있다. 일제강점기 36년의 치욕과 빼앗긴 주권과 피폐한 조국 영토를 회복하고자 항일운동이 이어지고 1945년 해방을 맞게되어 오늘에 이르면서 지금의 안위와 행복이 순국선열의 희생으로 얻어진 것임을 다시한번 되새겨 본다.

현재를 살아가면서 가슴 아픈 과거를 가슴에 담고 미래를 개척하고 발전하는 것이 선열들의 희생에 보답하는 일이라 생각한다. 흔히 과거를 잊고 살아가는 것은 쉬운 일이라서 지나간 역사를 기억하는 일도 쉽지는 않겠지만 손기정기념관에 들려서 지나간 역사를 살펴보는 기회를 갖게되어 무척 의미있다는 생각을 해본다.

TV방송 앵커가 뉴우스를 마치면서 하는 멘트 중에서 "내일은 오늘보다 분명 나을 것이며 반드시 나아지기를 바랍니다"라는 희망처럼 우리는 좀 더 굳건한 자세로 국가발전을 이끌고 후손들에게 부강한 국가를 넘겨주어야 한다. 우리는 순국선열에게 보답하는 자세로 국가 발전을 위해 헌신하고 노력하는 모습으로 희망찬 미래를 설계하고 실천해야 한다고 생각한다.

# 작가 정찬경

목차
1. 아궁이 불 때기
2. 가을 텃밭에서
3. 시간 도둑들 (S.N.S)

## #프로필
대한문학세계 시, 수필 부문 등단
(사)창작문학예술인협의회 회원
대한문인협회 경기지회 정회원
2019년 한국문학 발전상
명인명시 특선시인선 선정 (2018,2019,2020)
2017년 한국문학 향토문학상 외
경기지회 동인문집 제3집 [별빛 드는 창] 외 다수 공저

## #시작 노트
나의 어린 시절은
가난하고 후진국 농경 사회에서 자라서 물질적으로 부족한 것들이 많았지만
시적 자료 소재 소중한 추억들이 많다
자연에서 태어나 자연과 하나 되어 성장했다
산업사회 도시 생활 아파트에서 태어난 MZ세대와는 상당한 거리를 느낀다.
나의 작품을 이해하는 데 어려움이 있을 것이다
자녀들이 상상하기 어려운 문화적 배경을 어떻게 설명해야 할까?
작품을 통하여 소통하고 바람직한 언어들을 찾아보아야겠다.

# 아궁이 불 때기

어린 시절 시골에서 살 때 경험이다.

가족이 딸과 형제가 없었고 일손이 부족하여 가끔 어머니 부엌일을 내가 도와주었다. 날마다 조용하고 적막한 저녁에 어둠이 부엌 밖을 점령하고 있었다.

아궁이에 장작불 이글거리는 부엌을 어둠이 들어오지 못하고 기웃 거리기만 한다. 옆 산에 늑대가 내려오면 어쩌지 앞 산에 호랑이가 산다는데 부엉이 우는 소리에 공포가 절정에 달한다.

아버지는 들에서 아직 안 들어오시고 엄마는 물동이 이고 샘에 물을 가지러 가셨다. 혼자 남은 나는 쥐 새끼 한 마리와 눈이 마주친다. 대나무 스치는 바람 소리 대문을 열었다 닫았다 너무 무섭다. 이런 때 큰 개가 있었으면 좋겠다. 개 짖는 소리가 공포를 쫓아낼 것이다.

불 피우는 부지갱이로 박자를 맞추며 "푸른 하늘 은하수 하얀 쪽배에" 노래를 부르며 공포에서 벗어나려 할 때 솥뚜껑에서 푸~쉬 하고 수증기가 나왔다. 저녁밥이 다 되었다. 저 힘없는 쌀 거품이 무거운 솥뚜껑을 밀고 나온다. 불을 줄여야 한다. 밥이 탄다. 아궁이 불이 점차 사그라드니 어둠이 내 등 뒤로 다가온다.

도깨비 허깨비 귀신들이 왔을까 난 완전히 포위되었다. 온통 어둠에 빠져 앞이 안 보인다. 아 이때 황소 핑경(워낭) 소리가 딸랑딸랑 났다. 음매 ~! 엄마가 오는 발자국을 황소는 멀리서도 알고 있다.

나는 어둠에서 뛰어나가 물동이 이고 대문을 들어서는 어머니 허리를 꼭 껴안았다. 물동이 물 한 방울이 내 얼굴에 떨어졌다. "엄마 저녁밥이 다 되었어요."

〈전기가 없었던 60년대 나의 고향에는 도깨비와 귀신 이야기가 많았다.〉

# 가을 텃밭에서

집에서 아주 가까운 곳에 텃밭을 구매했다. 우리 집 지붕의 그림자가 닿는 가까운 거리에 30평 정도 되는 땅이다. 밭이 크면 농기계를 사용해야 하고 취미로 하기에는 부담이 있다.

사계절 변화를 직접 느끼고 농작물과 직접 대화하면서 어려움 기쁨도 함께하고 있다. 농사 전문가가 보면 엉터리 농사지만 밭에 농작물을 키우는 것은 내가 키우는 것이 아니고 하늘이 키운다는 것을 알고 있다.

콩밭 고추밭 풀 매는 것이 싫어서 도시 총각에게 시집왔다는 집사람도 반찬 되는 농작물을 열심히 재배한다. 아내에게 시골 전원주택으로 귀농하자 제안했을 때 농사 기술도 없고, 하고 싶은 의욕도 없다고 전면적으로 반대하였는데 지금은 휴일마다 상추 고추 호박 가지 토마토를 기쁜 얼굴로 수확하고 잡풀도 매준다.

텃밭에 농작물은 재배가 쉬운 것도 있고 까다로운 것도 있다. 토양 때문인지 재배 기술 부족인지 매년 실패한 농작물은 오이, 옥수수, 무, 쪽파, 부추, 배추, 열무김치 등이다. 대충 남들처럼 흉내를 내는 것은 고추, 가지, 고구마, 토란, 토마토이고, 가장 쉬운 것은 돼지감자이다.

어릴 때 고향에서는 관심이 없던 것이 요즘에 당뇨에 효험이 있다 하여 너도나도 많이 재배하고 있다. 돼지감자는 번식력이 좋고 퇴비 거름을 안 해도 잘 자란다. 상추 고추 심은 밭 전체를 정복하려 달려든다. 밭도 사람 성격에 따라 깔끔하고 깨끗하게 작물을 재배하기도 하고 대충 흉내만 내는 사람도 있다.

식물들은 우리 사람들에게 너무 많은 것을 베풀어 주고 있다. 꽃들은 눈을 즐겁게 하고, 나무들은 시원한 그늘을 만들어 피부를 즐겁게 하고, 각종 열매는 입을 즐겁게 하고 영양을 공급해 준다.

텃밭 땅이 주는 의미는 계절마다 다르다. 봄에는 죽었던 생명의 부활을 경험하고 신비스러운 대자연 섭리에 종교에 대하여 신앙이 넘친다. 현미경으로 보아도 구분이 안 되는 씨앗들이 땅을 밀고 싹이 틀 때는 감탄사가 저절로 나온다. 삼 년이 지난 씨앗을 심어도 싹이 나오는 것을 보면 정말 신기한 일이다. 농작물보다 가시넝쿨 잡풀이 생명력이 질기고 성장이 더 빠르다.

초여름이 되면 농작물에 시련이 다가온다. 모내기와 각종 모종을 심을 무렵이면 언제나 가뭄이 매년 찾아온다. 밭에 작물 발육 시기에 물 부족 현상이 일어난다. 생명의 처절한 몸부림 한 방울 물이라도 고대하는 농부들 마음을 애타게 한다. 아침저녁으로 집에서 물통에 물을 날라 뿌려 주어야 한다.

산새들 맹꽁이도 목이 쉬어 울지도 못한다. 여름이 깊어지면 장마철이 시작되고 낮은 지대는 침수 현상으로 시련을 겪고 맹꽁이는 밭에 물갈퀴가 없어 아침부터 슬피 운다.

장마가 지나고 나면 진딧물 배추벌레 총채벌레 고추 탄저병이 생겨 농약을 할까 말까 결정해야 한다. 나는 빨간 고추를 바라지 않고 풋고추만 원해서 채소 고추에 농약은 전혀 하지 않고 있다.

배추는 나비 유충이 자라나서 배춧잎을 먹는데 약을 하던지 벌레를 잡아내야 한다. 배추벌레가 나비 유충이라고 해서 예쁘게 봐주고 있다.

추석 지나서 10월 중순 이후 찬바람이 불면 배추벌레는 사라진다. 상추 풋고추 가지 등을 이웃 주민과 친척 교회에 나누어 먹으면 즐거움이 넘치고 보람이 있다.

어떤 동네 주민은 이천 원 삼천 원 만큼 상추를 팔라고 오신 분도 있지만, 그냥 드시라고 준다. 심기는 내가 심었지만 가꾸는 것은 하늘이 이슬비 햇빛을 내려주고 공기와 질소 화학 작용을 하게 한 덕뿐이다.

 토마토가 빨개지면 산에 있는 참새 까치 비둘기도 눈치를 보며 텃밭에 날아온다. 이 세상은 혼자 독식하며 살 수가 없다. 벌레, 새, 사람, 곤충 더불어 살아간다. 장마철에는 맹꽁이가, 한여름에는 매미가 아침저녁 노래하는 텃밭이다. 땅은 차별 없이 식물들의 나무초리, 우듬지를 키운다.

 추석이 지나면 농작물들도 황혼기를 맞이하여 줄기 잎들이 시들어간다. 들깨도 잎은 누렇게 변하고 가지는 허리가 꼬부라져 비실비실해진다. 돼지감자 꽃이 노랗게 피어 밭이 밝아지고, 고구마는 땅속에서 근육을 자랑하고 있다.

 이 무렵 기쁨을 주는 것은 호박 넝쿨인데 가을 텃밭에서 바람을 잘 피우는 놈이다. 담을 넘어 들어와서 남의 집안을 기웃거리다 주먹만 한 호박 만들고 자기 집으로 돌아가려 하지도 않는다.

 우리 밭 호박 넝쿨은 남의 집으로 넘어가고 숨어 있는 호박은 늙어 누런 호박이 된다. 야구공만 한 애호박이나 보름달 비슷한 호박은 피부가 윤기가 나고 사랑스럽다. 토란잎은 자기가 필요한 만큼 수분을 섭취하고 나머지는 땅에 미련 없이 버린다.

조그만 텃밭에서 부처님 예수님을 친견하고 가르침을 받는다. 땀 흘려 농작물을 가꾸고 자연과 적응하며 살려면 착하고 열심히 일하고 하늘을 두려워해야 한다는 교훈을 얻는다. 문학을 하는 나에게 더욱 중요한 의미를 부여하는 것은 텃밭이 계절이 바뀔 때마다 새로운 시상과 언어들을 보여준다는 것이다. 달러로 환전할 수 없는 영적 정신적 영감이 번개처럼 스쳐 간다.

텃밭에 나가보면 여치 귀뚜라미 지렁이 방아깨비 사마귀 군단이 가을을 즐기고 있다. 나와는 무슨 인연이 있을까 생각한다. 이놈들은 소유 경계가 없는데 인간들은 경계가 많다.

땅을 측량하고 울타리를 치고 국경을 만들고 네것 내것을 확정하기 위해 끝없이 싸운다. 가을 무서리가 내리면 엽록체 식물은 모두 생을 마감한다.

고구마 줄기 고춧잎 호박 토마토 깻잎 모두 하얀 밀가루 같은 무서리 앞에서 처참하게 죽어간다. 눈 덮인 텃밭에는 고요가 흐르지만, 땅속에서 수많은 생명이 겨울잠을 잔다.

서리가 내리기 전에 가을걷이를 끝내야 한다. 자연은 불인하다 했다. 왕성했던 모든 농작물이 밭에서 사라진다. 내년 농사를 위해 겨울엔 거름을 준비해야 한다.

시장에 나가 두붓집에서 두부피를 수거하고, 한약방에서 한

약 짜고 남은 찌꺼기와 농협에서 파는 퇴비를 섞어 발효시키고 참 기름집에서 깻묵도 얻어와서 밭에 뿌려준다. 텃밭에서 내가 할 수 있는 것이 거름 만들어 주고, 씨 뿌리고, 잡초를 제거하는 것이다.

〈주〉
 * 나무초리 : 나뭇가지에 가느다란 부분
 * 우듬지 : 나무의 맨 꼭대기 줄기

# 시간 도둑들 (S.N.S)

〈문자, 메일, Kakao talk, 카페, Band, Facebook, Twitter〉

아침 출근 시간. 전철에서 문자, 메일 확인, 카카오톡 보기, Band 작품 감상 Facebook 친구 소개, 사진 보기, 댓글 달기, twitter 기사 보기, 대충 보지만 출근 시간이 너무 바쁘다.

사무실 컴퓨터를 켜면 비밀번호를 변경하세요? 거래은행, 신용카드, 인터넷 사이트, 사회단체 사이트, 카페 이용 일정 기간 지나면 비밀번호를 변경하란다. 회원가입을 하려면 ID. PW를 설정한다. 내가 사용한 PW가 100개 정도 생성한 것 같다. 오래된 것은 기억도 가물가물하고 자주 사용하지 않으면 헷갈린다. 안전한 개인정보보호를 위해 숫자 영문 특수기호를 사용해서 8-12개를 요구하니 만들기도 어렵고 메모 없이 기억하기도 쉬운 일이 아니다. 그래서 요즘에는 지문인식, 얼굴인식, 홍채인식 방법으로 가능하도록 발전된 것 같다. Kakao talk는 사용료가 무료인 까닭에 우리 일상에서 의사전달 수단으로 많이 사용한다. 그러나 단체 카톡이 생겨나면서 소음공해로 느껴지는 경우도 있다.

선거철이 되면 내 의사와 상관없이 문자. 카톡이 정신없이 날아온다. 초·중·고·대학, 직장 단체 카톡, 각종 취미 생활 동호회, 등산, 음악, 교회, 가족 단체 카톡, 필요에 따라 5명이 넘은 지인들 단체 카톡이 있다. 신속한 공지사항 전달에 효율적인 방법이라 하여. 어쩌다 보니 20여 개에 가입되어 있다. 카페, Band는 그래도 조용하고 점잖은 편이다? 긴급성은 카톡보다 약한 것으로 열람에 있어 여유가 조금 있다고 생각한다. 이것들이 우리에게 편리함을 주지만 우리 인생 시간을 뺏어가고 있다. 가족 간 대화도 없어지고 아침 출근 전철은 고요가 흐른다. 핸드폰이 없으면 정신분열 불안으로 일상생활이 어려운 현실이다.

소설 모모에서 회색분자들과 같이 시간 도둑들이다. S.N.S (Social Network Service)에서 사라진 시간을 원형극장 모모 소녀가 찾아 줄까요~! 내가 스스로 여유 시간을 찾아 저축해야 한다. 가입 여부도 신중해야 하고, 남의 글, 얼굴 사진 등을 올릴 때 정말 신중해야 한다. 개인정보보호 및 공공장소에서 사용 제한 등은 규제하고 문명을 아주 거부하고 살수도 없으니 새로운 사회윤리를 도출하여 남에게 불편을 주지 않는 범위에서 사용해야 할 것 같다. 대량 정보가 쓰나미처럼 밀려오는 이때 개인이 자제하고 선별하여 사용하는 지혜가 필요한 것 같다.

# 작가 주야옥

목차
1. 말없이 전한 사랑
2. 나를 찾아 떠나는 여행
3. 어느 봄날 손바닥에 물든 초록빛 기억
4. 해님 같은 얼굴, 작은 화살 하나

#프로필
「대한문학세계」 시, 동화, 평론 부문 등단, 참 소중한 당신 명예 기자 역임
사)창작문학예술인협의회 회원, 대한문인협회 인천지회 사무국장
대한문인협회 짧은 시 짓기 대상, 신춘문학상 대상, 순우리말 글짓기 전국 공모전 금상, 경인일보 글쓰기 특선, 좋은 생각 당선, 중앙도서관 수기 공모전 당선,
경인일보 손 편지 쓰기 우수상, 「대한민국 독도 문예대전」 시부분 특선
보령해변시인학교 전국문학공모전 동상 , 에듀케어 수기 공모전 우수상
윤동주 문학상, 인천 지하철 공모전 당선, 케이티 수기 공모전 당선
허암예술제 당선. 한국문학 올해의 작품상, 한국문학 발전상
〈저서 동화〉
꿈꾸는 화원. 별이 된 눈사람

#시작 노트
한 단어, 한 줄의 문장 속에는 하늘이 숨 쉬고 바람이 다녀가며 별빛이 반짝입니다. 책장을 펼치는 순간 그 안엔 밤을 끓여 만든 이야기가 흐르고 여린 꿈들이 조용히 꽃피어납니다. 글을 쓴다는 건, 내 안에 머물던 풍경을 세상이라는 창가에 살며시 놓아두는 일. 나는 자연과 함께할 때 비로소 나를 깊이 만납니다. 누구의 시선도 닿지 않는 고요한 자리에서 바람과 구름, 풀꽃의 속삭임에 귀 기울이며 내 마음 깊은 속말을 꺼내 씁니다. 어쩌면 나는, 화려한 주목보다는 이름 모를 들꽃처럼, 한 줌 바람에도 고개를 끄덕이며 조용히 피어나는 글을 쓰고 싶은지도 모릅니다. 오늘도 나는 풀잎 떨림과 별빛 눈 부심을 문장 속에 심어봅니다. 그렇게 써 놓은 이야기가 누군가의 마음에 닿아 살포시 피어나기를 두 손 모아 소망해 봅니다.

# 말없이 전한 사랑

새벽 다섯 시, 고요한 집 안에서 들려오는 '덜그덕, 덜그덕' 소리. 잠에서 깬 나는 소리의 근원을 따라 이끌리듯 주방으로 향했다. 그곳에는 막내아들이 있었다. 조심스럽게 손에 밥을 뭉치며, 작은 손끝이 정성스레 움직이고 있었다.

"아들, 뭐 해?"
"응… 그냥. 식당 밥이 좀 별로여서 싸 가려고."
대답은 그저 평범했다. 그러나 내 마음속에는 작은 물결이 일기 시작했다.
"내일부터는 엄마가 싸줄까?"
아들은 고개를 저으며 미소를 지었다.
"괜찮아. 나 요리하는 거 좋아. 그리고… 엄마는 직장도 다니고, 공부도 하잖아.

엄마 힘들잖아."
그 말 한마디에 가슴이 뭉클해졌다.

나는 여전히 아들을 철없는 아이로만 생각하고 있었는데, 어느새 그는 나보다 더 깊이 이해하고, 말없이 조용히 내 마음을 어루만지고 있었다. 그 조용한 응원이 어느새 내 안 깊숙이 스며들었고, 그 순간, 나는 그 작은 사랑을 결코 놓칠 수 없다고 느꼈다. 그날 아침, 출근길 버스 안에서 나는 핸드폰을 꺼내 아들에게 편지를 썼다.

"아들 덕분에, 포기하려 했던 엄마의 마음이 다시 일어섰어. 모든 것이 끝난 것만 같던 날에도, 어디선가 조용히 시작은 피어나고 세상은 여전히 아름답게 물들었어, 그 물든 빛은 바로 너야. 아들이 있어 엄마의 하루하루는 마치 꿈을 꾸는 것 같아. 고마워, 그리고 사랑해, 멋지고 자랑스러운 우리 아들."

그리고 또 그렇게 하루가 지나갔다. 남편의 사업이 어려워지면서 내 어깨는 점점 더 무거워졌다. 낮에는 직장에서 일하고, 밤에는 자격증 공부를 했다. 빠듯한 생활비에 학원비도 감당하기 어려웠다. 그럼에도 나는 아들에게 늘 미안한 마음이 컸다. 제때 밥 한 끼 제대로 차려주지 못한 날들이 많았기 때문이다. 하지만 아들은 단 한 번도 원망하지 않았다. 말없이, 묵묵히 내 곁을 지켰다. 새벽마다 조용히 일어나, 자신만의 방식으로 나를 응원하고 있었다. 며칠 후, 아들이 작은 봉투를 내밀었다. 안에는 꾹꾹 눌러쓴 손 편지가 들어 있었다. 우리 엄마, 너무 대단해, 힘들어도 늘 웃으면서 세상을 개척하는 우리 엄마 나는 너무 자랑스러워 그제야 나는 깨달았다.

그 주먹밥이 단순히 '식당 밥이 맛없어서'가 아니었다는 것을. 아들은 생활비라도 아끼고 싶어, 새벽마다 조용히 밥을 짓고 있었다. 그 마음이, 그 조용한 사랑이 내 가슴을 꿰뚫고 지나갔다.

나는 그저 아들이 철들기를 기다리고 있었다. 하지만 그의 마음은 나보다 더 깊고 단단했다. 나는, 아들에게 깜박 속았다. 그리고 그날, 아무 말 없이 눈물을 훔쳤다.

그 사랑을 느끼며, 나는 다짐했다. 조금 더 단단하게, 조금 더 따뜻하게 살아가겠다고. 아들의 사랑이 담긴 그 주먹밥 한 덩이가 내 삶에 다시 피어난 희망의 싹이었다. 말없이 내게 전해준 그 사랑 덕분에, 나는 다시 일어설 수 있었다.

-[좋은 생각] 2025년 6월호 기재 글-

# 나를 찾아 떠나는 여행

　별들이 촘촘히 수 놓인 밤하늘 아래, 나는 세부행 비행기에 몸을 실었다. 이룰 수 없는 꿈처럼 멀고도 신비로운 밤하늘, 나도 모르게 숨을 죽였다. 말로는 다 담을 수 없는 그 아름다움. 순간, 내 안의 잔잔한 감동이 눈물로 번졌다.

　살아 있다는 건 어쩌면 이런 것인지도 모르겠다. 평범한 날들 사이에 불쑥 찾아오는 찬란한 장면들. 보석처럼 숨어 있던 순간들을 하나하나 발견해 가는 여정. 나는 지금 그 길 위에 서 있었다.

　창밖의 어둠 속에 스며든 불빛들 사이로, 사랑하는 가족들이 조용히 잠들어 있는 모습이 눈에 들어왔다. 그 순간 문득, 어린 왕자의 장미가 떠올랐다. 사막여우에게 '길들임'을 배웠던 어린 왕자처럼, 나 역시 내 가족을 통해 사랑을 배우고 있었다. 사실, 한때 내 마음속에는 '가족'이라는 단어가 텅 빈 껍데기처럼 존재했다. 그러나 어느 날부터인가, 그들은 조용히 내 마음에 들어와 작은 씨앗이 되었고, 그 씨앗은 천천히 뿌리를 내리고 결국 한 송이 꽃처럼 피어났다.

나는 그들을 위해 시간을 내고, 마음을 주고, 정성을 들였다. 그렇게 우리는 서로를 길들이며 아주 천천히 특별한 존재가 되어갔다. 예전엔 사랑이란 말이 마치 영화 속 장면처럼만 느껴졌다. 달콤하고 포근하기만 한 것, 시련 따윈 없는 완벽한 그림. 그러나 현실은 달랐다. 이불 속에서 눈물에 베어 잠이 들었던 날들도 있었고, 말하지 못한 상처들이 밤마다 내 곁에 웅크리고 있었다.

그 모든 아픔을 덮으려는 듯, 기내에는 착륙을 알리는 방송이 흘러나온다. 창밖으로 보이는 세부의 작은 도시 풍경이 천천히 모습을 드러낸다. 이국의 공기 속에서 나는, 또 다른 시작을 마주한다.

숙소에 도착하니, 곤히 잠든 아이들, 그리고 남편의 얼굴이 내게 말을 건넨다. 말없이 나를 감싸안는 그 얼굴들 속에서, 나는 비로소 평온을 느꼈다. 오래도록 움켜쥐고 있던 내 안의 틀을, 그 순간 놓아본다.

사랑은 누군가를 바꾸는 것이 아니라, 서로의 숨결이 자유롭게 흐를 수 있도록 통로를 내주는 일이라는 걸, 이제야 마음으로 이해하게 되었다. 우리는 각기 다른 향기와 색을 지닌, 신이 빚은 하나의 작품들이다. 그 특별한 선물을 내 방식대로 재단하고 바꾸려 했던 지난날의 나를, 부끄럽지만, 조용히 마주해본다.

아이들도, 남편도, 나는 더 이상 바꾸려 하지 않으리라.
그저 그들이 가진 빛을 사랑할 것이다.

그리고 나 자신조차, 이제는 다그치지 않으리라.
나는 또다시 여행을 떠난다.
이번엔 나를 찾아가는 여정이다.
겉모습도, 타인의 시선도 아닌
내 안의 고요한 목소리에 귀 기울이는 여행.

문득 천상병 시인의 시 〈귀천〉이 떠오른다.
　　　나 하늘로 돌아가리라.
　　　새벽빛 와 닿으면 스러지는
　　　이슬 더불어 손에 손을 잡고,

　　　나 하늘로 돌아가리라.
　　　노을빛 함께 단둘이서
　　　기슭에서 놀다가 구름 손짓하면은,

　　　나 하늘로 돌아가리라.
　　　아름다운 이 세상 소풍 끝내는 날,
　　　가서, 아름다웠더라고 말하리라.

그렇다. 언젠가 삶이 끝나고, 이 아름다운 여정을 마무리하는 날이 오면 나는 부디 말하고 싶다.
"참 아름다운 소풍이었다"라고.
세상은 여전히 혼탁하고, 삶은 여전히 버겁지만 그래도 나는 오늘도, 하늘을 우러러 부끄럼 없이 살고 싶다. 나의 영혼을 조용히 닦아가며, 다시 맑아지기를 바라며 또다시, 하늘을 올려다본다.

# 어느 봄날 손바닥에 물든 초록빛 기억

가끔, 동화 같은 장면을 만날 때가 있다. 그날도 그랬다. 어느 봄날, 유난히 햇살이 따뜻하던 오후로 기억된다. 성당에서 미사를 마치고, 조용히 성당 앞에 서 있던 순간이었다.

하얀 모자에 하얀 옷을 입고, 허리가 조금 굽은 한 할아버지가 느릿한 걸음으로 다가오시더니 말 한마디 없이 조용히 내 손에 무언가를 쥐여주셨다.

그건 참 짧은 찰나였다. 고맙다는 인사조차 전할 틈 없이, 그분은 어느새 내 시야에서 사라졌다. 손바닥을 펴보니, 그 안에는 정성스레 코팅된 네잎클로버가 놓여 있었다.

누군가의 마음이 곱게 눌러 담긴 작은 초록빛. 나는 그 순간, 말없이 건네는 사랑이 이렇게 따뜻할 수 있다는 것을 처음 알았다. 그날 이후, 나는 다시는 그 할아버지를 볼 수 없었다. 하지만 이상하리만큼, 그 모습은 내 마음 깊은 곳에 자주 떠오른다.

 마치 맑은 유리창 너머의 햇살처럼, 말갛고 투명한 눈빛으로 오늘 밤, 문득 그분이 내 잠든 기억 속에서 조용히 일어서는 것만 같다.

 다시 말을 건네지는 않지만, 그날처럼 다정한 기척으로 내 마음을 스치고 간다. 어디에 계시었는지는 알 수 없다. 하지만 바람이 차가운 밤이면, 나는 자꾸만 하늘을 올려다보게 된다.

 그리고 애써 별들을 하나하나 세어본다. 그중 유난히 반짝이는 별 하나, 잠든 듯, 그러나 또렷이 살아 있는 그 빛 하나— 그게 당신이라면 좋겠습니다. 조용히 내 손에 네잎클로버를 올려놓던 그날처럼, 말없이 다가와 마음을 물들인 그 봄날의 당신처럼.

## 해님 같은 얼굴, 작은 화살 하나

어느 봄기운이 살며시 스며든 아침이었습니다. 현관 벨이 '딩동' 울리고, 익숙한 작은 발소리가 들려왔습니다. 문을 여니, 봄 햇살보다 먼저 나를 비추는 얼굴, 담호였습니다.

"우와! 내가 제일 좋아하는 선생님이다!"
눈이 반짝이며 입꼬리를 쭉 올리는 담호의 얼굴은 그날 아침 햇살보다도 더 따스하고 밝게 웃고 있었습니다. 그 순간, 나도 모르게 입가에 미소가 번졌습니다.
"담호야, 안녕~ 오늘도 참 멋져 보이네. 오늘의 날씨는 해님이 방긋, 담호 얼굴도 해님처럼 방긋 웃네."
그렇게 인사를 나누고 초록 반으로 발걸음을 옮기려는 찰나,
"선생님, 잠깐만요. 조금만 기다려 봐요."
담호는 허리춤에 손을 가져다 대더니, 조심스럽게 무언가를 꺼냈습니다. 꼬물꼬물 손안에서 모습을 드러낸 건 작디작은 장난감 화살. 고작 5센티미터쯤 되어 보이는 그것을 담호는 내 손바닥 위에 살포시 올려주며 말했습니다.
"선생님, 이거… 위험할 때 쓰세요."
그 말을 듣는 순간, 나도 모르게 허리를 휘도록 웃음이 터져

나왔습니다. 어쩜 아이는, 저토록 해맑고 다정할 수 있을까요. 어른의 걱정을 아이의 방식으로 껴안아 주는 그 마음이, 순간 내 가슴을 콕—하고 찔렀습니다.

그 장난감 화살은 지금, 내 가방 가장 깊은 곳에 조심스레 담겨 있습니다. 그건 단지 장난감이 아니라, 순수한 사랑의 증표였습니다. 혹시라도 마음이 혼탁해지고 햇살이 스며들지 않는 날이 온다 해도, 나는 그 조그마한 화살을 꺼내어 볼 것입니다. 그 속엔 아이가 건넨 진심이, 나를 지켜줄 사랑이 담겨 있으니까요. 그리고 그 아이는 아침마다 다시 나를 찾아옵니다. "선생님!" 하고 나를 부르며, 가방 속에서 무엇인가를 꺼냅니다. 어느 날은 마이쮸 한 개, 또 어느 날은 비타민 알약 하나, 어느 날은 견과류 속의 작은 호두 한 알. 아이의 손에서 전해지는 것은 단지 간식이 아니라, 자신이 받은 사랑을 고스란히 나누려는 마음이었습니다. 나는 어느 순간부터 그 아이를 기다리기 시작했습니다. 아이의 맑은 눈빛, 다정한 손길, 고운 마음이 나의 하루를 가장 먼저 밝혀주었기 때문입니다.

그제야 문득 깨달았습니다. 나는 아이들 덕분에 이 일을 계속하고 있다는 것을. 매일 아침 아이들이 건네는 웃음은 그 무엇과도 바꿀 수 없는, 가장 빛나는 선물입니다. 그리고 나는 오늘도 생각합니다.

'나는 오늘, 아이들에게 어떤 선물을 안겨줄 수 있을까.'
아이들과 눈을 마주치며, 손을 잡고 놀이하며, 그 웃음 속에서 서로의 마음을 배우는 이 시간이 세상 무엇보다 소중한, 나의 가장 행복한 순간임을. 그리고 나는 압니다. 이 작고 소박한 하루들이 쌓여, 내 삶을 꽃 피우는 가장 반짝이는 계절이 된다는 것을.

# 작가 주응규

목차
1. 삶은 첫 만남의 연속
2. 감사(感謝)하는 마음
3. 뻐꾹새 울음소리

#프로필
　　대한문학세계 시, 수필 부문 등단
　　(사)창작문학예술인협의회 부이사장
　　대한문인협회 부회장
　　한국문인협회 지회지부협력위원회 위원
　　한국 가곡작사가 협회 이사
　　문학 어울림 회장
　　제4회 윤봉길 문학대상
　　한국문학 대상
　　한국문학 최우수 베스트작가상 등 다수
　　〈저서〉
　　제1시집 [人生은 詩가 되어 흐른다]
　　제2시집 [삶이 흐르는 여울목]
　　제3시집 [시간위를 걷다]
　　제4시집 [꽃보다 너]
　　수필집 [햇살이 머무는 뜨락]

#시작 노트
　　일상생활에서 직간접 체험과 관찰 그리고 철학적 사유에 이르기까지 작가가 바라보는 시각을 다양한 소재로 구성하여 솔직한 어조로 서술하여 담담하게 담아낸 대한문인 작가회의 수필집 동인지가 독자의 가슴에서 아름답고 향기로운 이야기 꽃으로 피어나 일상의 활력이 되기를 소망합니다.

# 삶은 첫 만남의 연속

　우리는 삶에서 "첫"이란 글자, 처음이란 말의 의미를 소중히 여기며 살아갑니다. "첫"이라는 말을 들으면 왠지 모르게 가슴에 울림이 있습니다. 살면서 처음이라는 단어가 주는 설렘의 향기와 여운은 오래도록 가슴에 흘러 돕니다. 처음이라는 단어가 주는 의미는 여러 갈래가 있을 겁니다. 첫 만남, 첫사랑, 첫 아이, 첫 출근, 등이 있습니다. 처음이라는 것은 만남이 시발점입니다. 처음이란 말속에는 설렘과 두근거림, 말로는 형용할 수 없는 야릇한 떨림이 있습니다. 잔잔한 가슴 호수의 물결 위에 설렘의 떨림은, 작은 점 하나에서 크디큰 원을 그려나가 해처럼 달처럼 번져나는 듯합니다. 그 첫 만남의 설렘이 기쁨이 될 수도, 불행이 될 수도 있는 기이한 인연이 됩니다. 오늘 하루도 뜻했든 뜻하지 않든 간에, 첫 만남이 기다리고 있습니다. 우리 주위의 모든 사람은 첫 만남의 인연을 유지하며 더불어 살아갑니다. 모든 인연은 첫 만남에서 비롯됩니다. 우리가 살아가는 자체가 만남의 연속이기 때문입니다.

작가 주응규

처음이라는 것은 만남과도 상통합니다. 첫 만남에서 겉모습이 아닌, 따스한 내면을 읽을 낼 수 있다면, 얼마나 좋을까 생각해 봅니다. 사람이 사회생활을 하면서 새로운 인맥을 만들어 나갈 때, 첫인상이 중요합니다. 사람과 사람의 관계에서 첫 만남, 첫 느낌은 한 사람의 인생행로를 바꾸게도 합니다. 공적이든, 사적이든, 우연히든, 사람과 사람의 첫 만남, 첫 대면에서 두뇌에 인식되는 그 사람에 대한 호감은 3초에 결정 난다고 합니다. 첫인상이 중요하다는 것을 누구나 느낄 겁니다. 첫인상은 자신을 상대의 가슴에 비추는 거울과 같습니다. 맞선을 보거나, 어떤 면접을 볼 때, 오랜 시간을 옆에 두고 볼 수는 없습니다. 그러기에 짧은 시간에 몇 마디의 말을 건네면서, 첫인상을 보고 그 사람의 됨됨이를 판단해 버립니다. 첫인상으로 상대를 판단하는 것은 어찌 보면, 어리석은 일이기도 합니다. 3초 안에 찍혀버린 첫 이미지를 다시 바꾸기란, 어지간해서 쉽지 않기 때문입니다. 사람은 보이는 것만, 믿어버리는 구조적 모순의 존재입니다.

상대에게 좋은 느낌을 주는 첫인상의 세 가지는 조건은 대체로 신뢰감, 자신감, 친근감이라 말할 수 있습니다. 마음을 주어도 믿을 수 있는 사람인가? 상대를 배려하고 자신을 표현할 줄 아는 자신감이 차 있는 사람인가? 다가가기 쉬울 것 같은 마음 편한 사람인가? 이 세 가지를 충족할 수 있다면, 상대방에게 호감을 줄 수가 있을 겁니다. 그러기에 누구나 첫 만남에서 상대에게 잘 보이려 부단히 노력합니다. 사람의 첫인상에 나타나는 호감은, 잘 생긴 용모를 말하는 것은 아닙니다.

물론, 잘 생긴 용모로 상대에게 좋은 인상을 심어준다면야 더할 나위 없겠지만, 수려한 용모가 아니더라도 상대에게 믿음과 친근감을 주는 첫인상은 내면에서 풍깁니다. 혹시라도 나쁜 인상을 지녔다고 낙담하지 마십시오. 인상은 자신의 노력 여하에 따라 바꿀 수 있습니다. 자신이 변하고자 하는 마음가짐이 있으면, 얼마든지 바꿔 나갈 수 있는 것이 인상입니다. 상대방에게 비호감형으로 각인되기보다는 호감형으로 인식되기를 바라는 마음은 사람의 공통된 바람일 겁니다.

사람은 새로운 만남을 통해 인간관계를 형성합니다. 태어나면서 가족이라는 울타리 안의 혈육과 첫 만남이 있습니다. 그리고 성인이 되기까지 아니, 죽음을 맞이하기까지는 헤아릴 수 없을 만큼, 빈번한 만남이 이어집니다. 친구와의 만남이 있고, 가슴에 영원히 묻고 산다는 첫사랑과의 만남이 있고, 사랑하는 배우자를 만나고 자식을 낳아 첫 만남의 기억은 누구에게나 행복입니다. 이러한 자식과 부모와의 인연을 천륜이라 합니다. 만남은, 인연이란 나무줄기에 주렁주렁 맺힙니다. 오래도록 좋은 인연으로 함께하고 싶지만, 뜻하지 않게 떨어져 나가는 인연도 다수입니다. 우리는 흔히 살면서 초심을 잃지 말라고 당부하고, 스스로 다짐도 합니다. 항상 "처음처럼" 우리 주위의 소중한 사람과의 인연에 감사하며 살아야 합니다. 첫 만남의 소중한 인연을 대하듯, 첫 만남의 떨림을 잊지 말고, 주위의 사랑하는 사람을 보듬는 마음가짐으로 더불어 살아가는 세상이었으면 좋겠습니다.

# 감사(感謝)하는 마음

　인간에게 감사하는 마음은 티 없이 깨끗한 천사의 마음과도 같다. 우리네 개개인의 삶을 들춰보면 참으로 다양하다. 아주 사소한 것에도 감사하는 사람이 있는가 하면, 큰 축복을 얻어 큰 것을 누리고도 늘 부족해 불평을 일삼는 사람도 있다. 날마다 찾아오는 오늘이 누구에게는 당연하다고 치부되지만, 누구에게는 오늘이 있음에 너무도 소중하고 감사한 축복이다. 사람마다 견해차가 있기에 아울려 맞물려가며 세상은 돌아가는지도 모른다. 사람은 누구나 자기 잘난 멋에 살아가듯이 개개인이 느끼는 감사를 담아내는 그릇도 각양일 것이다.

　우리는 살아가면서 감사하는 마음을 가지라는 말을 자주 듣는다. 우리가 살아가는 삶 자체가 누군가의 희생 위에 꾸며진 것으로 생각하며 감사하는 마음을 가져야 한다고 생각한다. 우리가 사는 집이 그렇고 먹는 밥이 그렇고 입는 옷이 그렇다. 사람이 살아가는데 필수 조건인 의식주는 돈만 주면 쉽사리 얻을 수 있다. 그러나 우리가 누리는 모든 것은 여러 사람의 노고가 있었기에 우리는 편하게 이용한다. 누군가의 피와 땀으로 생성된 것을 취하면서도 누군가의 노고에 감사해 할 줄 모른다. 때론 당연한 자기만의 나라에 살아가고 있다.

  삶을 불평하며 살아가느냐, 감사하며 살아가느냐, 두 분류의 차이가 있다. 불평은 눈덩이처럼 부풀어져 스스로 짊어져야 할 짐만 더 무거워질 뿐 아니라 자신은 물론 상대에게도 불행의 그림자를 드리운다. 반면 감사는 자신뿐만 아니라 주위의 여러 사람을 이롭게 한다. 감사하는 마음을 지니게 되면 삶이 날듯이 가볍고 아름다우며 즐겁고 행복해진다. 당연히 감사해야 할 일에도 감사하는 마음을 갖지 못하는 것은 하루속히 치유해야 할 병이다. 병을 고치기 위해서는 생각을 바꾸어야 한다. 불평 거리를 찾아 불평하기보다는 감사할 거리를 찾아 감사해 하는 마음을 가지자. 삶이 달리 보이고 좋은 일이 생겨 축복 된 삶이 될 것이다. 감사하며 사는 사람은 천국에서 사는 것이고 불평을 일삼는 사람은 지옥에서 사는 것이다.

  우리가 누리는 삶에 자체에 감사해 하는 마음을 얹고 살아간다면, 서로 간에 인정과 배려와 행복이 조화를 이룰 것이다. 이처럼 감사하는 마음은, 어울려 살아가는 우리네 삶에 긍정적 변화를 이끄는 원동력일 것이다. 우리가 살아가는 공간은 조화롭다. 하물며 우리가 살아가는 것을 연극에 비유하기도 한다. 연극은 무대 장치와 등장인물의 조화가 뛰어날 때 관객에게 감동을 준다. 우리네 삶도 마찬가지가 아닐까 싶다. 서로를 배려하며 인정해 주며 상대와 조화를 이룰 때 비로소

감흥이 있는 삶이 된다. 감사하는 마음이 행운도 불러온다는 말이 있듯이 감사하는 마음은 우리네 삶을 여유롭고 넉넉하게 한다.

감사하는 마음을 우리 생활에 얹으면 삶이 즐거워진다. 감사하는 마음이 가지는 치유력이 놀랍다는 사실을, 캘리포니아 주립대학 샌디에이고 캠퍼스 폴 밀스 교수가 발표한 적이 있다. 심부전 환자에게 감사의 일기를 쓰게 한 후, 정신적 신체적 변화를 확인한 결과 심혈관 질환의 원인이 되는 염증 수치가 크게 낮아진 것을 알아냈단다. 감사함을 느끼면 도파민, 세로토닌, 엔도르핀 등 이른바 행복 호르몬이 분비되어, 몸의 심장 박동과 혈압이 안정되어 건강에도 좋다고 한다. 감사하는 마음가짐은 자신뿐만 아니라 상대에게도 이롭게 하는, 우리네 삶에 양식 같은 것이란 생각이 든다.

사람이 감사하는 마음가짐을 가지면 겸손해진다고 한다. 남을 배려하고 인정하고 칭찬해주는 습관을 지니면 감사의 인사가 아름다운 멜로디가 되어 상대의 입가에도 미소를 띠며 흥얼거릴 것이다. 상대에게 어둡고 그늘진 얼굴로 비치기보다는 밝고 긍정적 너그러움으로 비추어지는 것도 마음에서 우러나오는 감사의 마음이 있어야 가능하다. 긴 듯 짧은 게 인생이라 했다. 지나고 보면 그때 좀 더 잘해 줄걸, 그때 감사의 마음을 전할걸, 하고 후회하는 것이 삶의 거울에 비친 우리네 자화상이다. 우리 곁에 머무는 사소한 것에도 감사하자. 감사의 마음을 전하며 살아간다는 자체가 축복일 것이다.

# 뻐꾹새 울음소리

봄날에 들려오는 뻐꾹새 울음소리는 한가로우면서도 애틋하고, 정겨우면서도 어딘가 모를, 슬픈 멜로디로 친근히 다가와 가슴을 울려놓는다. 하늘하늘 어슴푸레 들려오는 뻐꾹새 울음소리는 망향가로 아득히 먼 날의 고향산천이 나를 부르는 듯하여, 괜스레 가슴이 먹먹해질 때가 있다. 우리에게 익숙한 뻐꾹새 울음소리는, 고향이 부르는 구수한 노랫가락 같다. 한적한 농촌 마을의 뻐꾹새 울음소리가, 햇살과 바람에 실려 산천에 울려 퍼지는 풍경은, 가슴 한편에 고즈넉이 걸려 있는, 전형적인 우리 고향의 옛 모습이다. 뻐꾹새 울음소리는 우리나라 전역 어디를 가도 들을 수 있는 한국의 소리다.

우리에게 잘 알려진 동요 "오빠 생각"에 나오는 뻐꾹새는 알을 품지 못한다. 딱새, 멧새, 개개비, 붉은머리오목눈이, 노랑때까치 등의 둥지에 알을 낳아 탁란한다. 부화 시기는 늦봄에서 초여름이며 알은 다른 알에 비해 일찍 부화한다. 뻐꾹새는 생존의 본능으로 다른 알을 밀어내고 둥지를 독점하며, 유모 새의 덩치보다 두 배나 되는 몸으로 20여 일간 먹이를 받아먹고 자라난다. 유모 새는 자기 새끼는 모두 새끼 뻐꾹새가 밀어내어 죽은 줄도 모르고, 새끼 뻐꾹새를 자기 새끼인 양, 온갖 정성을 기울여 키워낸다. 바람을 속을 뚫고, 빗속을 뚫고, 유모 새는 먹성 좋은 뻐꾹새 새끼를 위해 분주한 나날을 보낸다. 어린 뻐꾹새가 날개에 힘이 붙을 즈음, 적절한 시기에 맞추어, 어미 뻐꾹새는 날아와 울음소리로 자신이 친어미임을 알린다. 헌신적으로 키워 준, 유모 새의 노고와 정성 따윈, 아랑곳없이 친어미 뻐꾹새를 따라 둥지를 떠난다. 이듬해쯤이면 이 뻐꾹새는 또다시 다른 새의 둥지에 알을 낳아 탁란할 것이다.

 자신의 존재감을 알리기 위해 모성의 본능으로 그토록 울고 있는가? 뻐꾹새는 자기 알을 품어 산란해 키우지는 못한 미안함 때문에 그토록 우는가! 뻐꾹새의 애절한 울음소리는 봄날 내내 산천에 울려 퍼진다. 뻐꾹새 울음소리는 때에 따라 다르게 우리네 귓가에 들려와 가슴에 안긴다. 아침나절에 들려오는 뻐꾹새 울음소리는 하루의 안녕을 빌어주는 듯하고, 한나절에 들려오는 뻐꾹새울음소리는, 지친 몸에 활력을 불어넣어 주는듯하며, 저녁나절에 들려오는 뻐꾹새 울음소리는 하루의 수고로움을 위로하는 소리로 들려오는 듯하다. 고향의 앞산과 뒷산의 풀숲에서 들려오던, 뻐꾹새 울음소리는 가까이서 우는 듯싶지만, 저 멀리서 울고, 멀리서 우는 듯하지만, 지척에서 들려와 심금을 울려놓았다.

어린 시절의 눈에 찍혀버린 고향 풍경에는, 뻐꾹새의 소리가 빠질 수 없다. 땅을 터전 삼아 일구고 사는 순박한 농촌 마을, 콩밭 갈이를 한 소는 보드라운 풀잎으로 배를 양껏 채우고는, 외양간에 두고 온 송아지를 불러 울워치는 소리는 앞, 뒷산에 메아리쳐 산골 마을의 적막을 흔들어 놓는다. 한적하고 고요한 풍경, 풋풋한 초록 내음이 산천을 진동하며, 바람과 햇살도 한가로운 봄날, 밭고랑 김매던 옥순 할매의 한 많은 삶을 노랫가락에 실어 놓으실 적에, 먼 산 뻐꾹새도 뻐꾸욱 뻑뻑 꾹 장단을 맞추면, 워이~ 워이~ 옥순 할매 야발스럽게 냅다 소리를 지른다. 제 새끼도 못 품는 요물이 어딜 끼어드느냐고 으름장을 놓는다. 그러할수록 더더욱 구슬피 울던 뻐꾹새 울음 따라, 내 마음도 울며 세월은 흘러갔다.

♪ 뻐꾹 뻐꾹 봄이 가네~ 뻐꾸기 소리 잘 가라 인사~ 뻐꾹 뻐꾹 봄이 가네~ 뻐꾹 뻐꾹 여름 오네~ 뻐꾸기 소리 첫여름 인사~ 뻐꾹 뻐꾹 여름 오네~ ♬

입가에 맴도는 우리에게 널리 알려진, 동요를 흥얼흥얼 읊조리며, 뻐꾹새 울음소리에 언뜻언뜻 담겨오는 그리운 얼굴들을 하나둘씩 그려낸다. 일상에 지친 마음을 뻐꾹새 울음소리에 얹어, 그리운 이들의 얼굴을 뵙고 싶다. 뻐꾹새 울음소리에는 아득한 날들을 휘돌아 와, 세월의 뒤안길로 쓸쓸히 사라져 간, 눈물겹게 어려오는 고향의 어르신과 동무들의 모습이 오롯이 담긴다. 저물녘 산언저리에서 우는 뻐꾹새 울음소리는, 어린 시절 어머니께서 저녁 먹으라 부르시는 정겨운 목소리같이 들려와, 가슴을 흥건히 적셔놓는다. 뻐꾹새 울음소리에 실려, 옛 시절로 한 번쯤 돌아가고 싶은 건, 가슴 깊이 자리매김하고 있는 고향의 소리가 아닌가 한다. 뻐꾹새 울음 따라 저물어버린 봄날이 뻐꾹새 울음 따라 가슴에 다시 찾아든다.

# 작가 최하정

목차
1. 우리 동네 작은 슈퍼
2. 안국동 일기
3. 이사하던 날

## #프로필
대한문학세계 시, 수필, 동시 부문 등단
(사)창작문학예술인협의회 회원
대한문인협회 대전충청지회 지회장
대한창작문예대학 제11기 졸업
문예창작지도자 자격 취득
2023년 한국문학 올해의 작품상 외
〈저서〉
시집 [사색을 벗으며]

## #시작 노트
잠시만 일상을 벗어나 생각에 잠겨
우두커니 서 있는 내 안의 나를 본다
쓰고픈 글이 있어 나누고픈 이야기가 있어
갖가지 글들은 나를 향하여 너울춤을 춘다
여러 가지 색깔의 글들은 다양한 향기의 글 꽃으로 만인들의 사랑 되어
내게로 와 안긴다
글을 쓸 때는 고뇌로 갈망해도
독자들의 마음을 훔치고 울릴 때면
행복에 젖어 푸르른 날로 웃음 머금는다

# 우리 동네 작은 슈퍼

소소하게 조금씩 생필품이나 식품이 필요하면 가끔 들리곤 했던 조그만 슈퍼가 있었다.

"아주머니 귤이 시지 않은 거죠?"
"응 하나 먹어봐~~ 맛있어"
하시며 하나를 먹어보라고 권하기도 하시면서 상냥하셨다.
난 하나를 껍질 벗겨 한입 물고는
"어머 맛있네요."
라며 먹어본다. 그러면서 한 박스 사 가곤 했다.

오가며 얼굴 보게 되면 이런저런 이야기도 하며 아주머니랑 친분이 쌓여갔다. 조그마한 소규모의 슈퍼지만 정말 있어야 할 건 다 있고 없을 건 없는 곳이었다.

퇴근할 때 마트는 도로의 횡단보도를 건너야 하지만 슈퍼는 집 가까이에 있어서 참 편리함이 느껴지는 곳이었다.
새로운 과일 철이 되면 푸근한 아주머니의 입담으로 하나씩 먹어보라며 권하시는 슈퍼 아주머니의 정을 느끼며 항상 감사함을 생각하게 했던 곳이다.

  어느 날이었다.
"출근해요?"
  어디선가 들리는 여자분의 목소리에 돌아보니 그 아주머니였다.
"네~~ 안녕하세요~~"
  대답하고 가던 길을 재촉한다.
  다시 뒤에서 음성이 들린다.
"이따가 퇴근할 때 부탁한 밤고구마 한 상자 가져가~~"
"아! 네네 알겠습니다."
  며칠 전에 밤 고구마를 한 박스 부탁했었다.
  잊지 않고 상품을 준비해 주셔서 너무나 감사했다.

  그런 오가는 정도 잠시 그로부터 몇 개월 후의 일이다.
  어느 날 아주머니와 슈퍼 앞에서 마주쳤다 그 아주머니의 얼굴은 그저 그런 표정으로 물끄러미 나를 본다.

"무슨 걱정이 있으세요?"
  라는 질문에 아주머니 대답은
"가게 문을 닫아야겠어."
  라고 하신다. 난 좀 의아해서
"무슨 일 있으세요?"
  다시 질문했다.

이미 건너편에 마트가 있는데 길 건너 도롯가에 큰 빌딩이 지어지고 더 큰 마트가 입점을 며칠 전부터 시작하였다.

아주머니는 요즘 점점 더 손님이 줄어든다고 하셨다.

정말 난감한 일이 벌어지고 있었다.

"어머 어쩌면 좋아요?"

"그래도 가격대도 다르겠고 손님이 찾으시는 상품이 마트에 없는 것도 있을 텐데요."

나는 위로 아닌 위로를 한다.

하기야 커다란 마트면 뭐든지 다 있기는 하겠지?

혼자 중얼거리면서 걱정스럽게 생각하며 집으로 돌아온다.

우선은 나 자신도 길을 건너야 하기에 조금은 불편하겠지만 그다지 큰 불편은 아닌 듯하다. 어쨌든 이사 와서 아주머니와 쌓은 정이 허물어 지지나 않을까? 생각해 본다.

그리고 한 달 정도 후에 그 앞을 지나는데 이삿짐 차가 보이더니 슈퍼 앞에 멈추고 이삿짐을 옮기기 시작한다. 아주머니는 멀리 이사하신단다.

너무나 섭섭한 마음이지만 그래도 위로를 드리며 인사와 함께 배웅한다.

요즘 커다란 할인점들이 여기저기 문을 열기에 소규모 슈퍼들은 힘없이 접어야만 하는 현실 앞에 가슴이 먹먹함을 느낀다.

# 안국동 일기

신나는 기분으로 집을 나선다.

혼자의 여행을 즐기는 터라 1호선 전철을 타고 편안한 마음으로 텅 빈 좌석 하나를 차지하고 앉는다.

아직은 조금 쌀쌀한 기온이지만 햇살 가득 받고 설레는 마음은 봄날이다.

도착지는 수원을 거쳐서 2시간여 정도면 도착하는 안국역. 안국동!

그곳은 볼거리와 먹거리 등 모든 것을 한 장소에서 한눈에 만나볼 수 있는 그야말로 가볼 만한 문화도시여서 가끔 생각나면 바로 준비하고 길을 나선다.

친정이 서울이어서 예전에도 자주 갔던 곳이지만 갈 때마다 설렌다.

여느 도시에선 맛보기 힘든 감성이 가득한 거리와 장신구 의상 등 아름답고 멋진 카페들도 나의 구미를 당긴다.

전철은 어느새 서울역을 지나 종로 3가에 다다른다.
안국역에 하차하여 주변을 둘러보면 벌써 마음이 설레어짐을 느낀다.
이런저런 볼거리를 살피며 분위기 있는 곳에서 맛있는 식사와 차 한 잔의 여유는 정말 황홀하다.

여러 점포를 지나 걸음을 재촉하다 보면 안국동 윤보선가와 조선어학회 터가 나온다.
윤보선 전 대통령이 거주하셨던 집이며 지금은 그 후손들이 거주한다.
아름다운 전통의 고택으로 등록 문화유산으로 선정되었다고 한다.

그 외 북촌 순례길과 감고당길을 걸어보며 정독도서관 등 많은 것을 보고 느끼는 감명 깊은 날이다.
한옥마을의 멋진 기와집 등도 사진으로 담아본다.

어느덧 시간이 2시를 넘어가고 있다.
오전 일찍 출발했지만, 볼거리도 많고 사고 싶은 것도 많은데 시간은 자꾸만 날 재촉한다.

안국동과 인사동 주변의 분위기도 사진으로 담아온다.
전철을 타고 돌아오는 길은 다리도 아프지만 기분은 정말 좋으며 시가지에서 느낄 수 있는 한옥과 우리 전통문화를 한곳에서 볼 수 있고 외국인들에게도 좋은 보기가 될 듯하여 매우 기분 좋은 하루였다.

# 이사하던 날

중년의 나이에 생각지 않았던 이사를 하게 될 줄은 몰랐다.
늘 우리 아들은 이렇게 말했다.

"마트도 가깝고 상점도 많아서 물건 사기도 쉽고 지하철역도 바로 앞이니 이 동네가 딱 맞네."
"엄마, 여기서 오래도록 살아요."
항상 그랬다.
이미 6년을 살았는데 이사할 집도 바로 옆이었다.
"좋은 집이 나왔는데 보러 갈까?"

휴일 남편의 성화에 꼼짝없이 붙잡혀서 끌려가다시피 들러본다.
왜냐하면 나는 반대 입장이었기 때문이다. 바로 옆이면 가나마나고 이사비용과 바꿔야 할 가전과 가구들이 분명히 있을 것 같아서 반대 입장이었다.

아들과 남편의 성화에 가보기는 했지만, 돌아온 뒤에 아무 말 없이 우리 강아지와 놀고만 있었는데 고집 있는 남편이 팔을 걷고 나를 설득하기 시작한다.

남편은 새로 산 물건들을 좋아하는 편이어서 말없이 무엇이든 주문도 잘한다. 이미 인테리어 견적 아저씨가 상담 예약이 되어 다녀가고 인테리어와 가전 가구 등 몇 가지를 바꾸는데 4천만 원이 들어간다고 한다.

"아직 사용해도 되는데…"
"그건 더 쓸 수 있는데…"
난 혼자 구시렁대며 앉아 있다.
남편은 아들이랑 둘이 그 집을 사자고 작당을 꾸민다.
"어휴 그냥 져줄까?"
하다가도 고집이 센 남편이 미워진다.

며칠 후 계약 날짜를 정하고 드디어 계약이 성사되었다. 이젠 별도리가 없겠다 싶어서 포기를 하고 버리고 교체해야 할 물건들을 틈틈이 정리하고 꼼꼼하게 체크도 하며 어차피 하는 거 기분을 망치지 않기로 했다 드디어 1주일 예상으로 인테리어 작업이 시작되었고 난 밝은 흰색으로 집안을 모두 꾸며달라며 집안의 모든 가구와 가전제품 등도 흰색으로 주문과 함께 새로운 분위기를 맞이할 생각에 점점 마음이 들뜨기까지 했다.

그런데 사실 이사하는 달이 12월이니 추위에 떨며 할 게 분명했다.

드디어 그날이 되었고 외국인 남자와 한국인 여자 남자 6명이 우르르 몰려든다. 난 짖을 게 뻔한 강아지를 안고 중요한 가방만 든 채 밖으로 나왔다.

일찍 아침을 마친 터라 출출해진다.

직원들은 점심 후 담배도 피우며 한숨을 돌린다. 우리 강아지도 점점 지치는지 내 가슴에 안겨 졸려 한다.

오후 3시쯤 점차 작업이 끝나기 시작한다. 직원들의 움직임은 정리와 함께 청소까지 일사천리로 척척 진행이 잘 되었다. 직원들은 사다 준 커피와 음료를 마시고 주섬주섬 담아가며 일정이 마무리 되었다.

나도 힘이 든 터라 바로 확인도 못 하고 이틀이 지난 주말쯤 정리를 하다가 문제점이 발견되었다.

아끼던 선인장이 부러져 있었고 벨트가 끼워진 브랜드 바지가 없어졌고 비싼 운동 기구에도 담배꽁초의 장난기가 보였다.

그 외에도 가구에 조금씩 눈에 거슬리는 부분도 보였지만 타국으로 돈을 벌러 온 총각들이 대견하고 마음도 찡해졌다. 간식 등도 정성껏 대접했는데 약간의 실망감도 들었다. 하지만 추운 날씨에 열심히 일하며 땀을 닦는 모습도 보았다.

그냥 잊기로 마음을 먹었다.

지금도 실내 자전거 운동을 할 때면 당연히 그들이 떠올려지며 열심히 일하는 모습에 박수를 보낸다.

# 작가 한영택

목차
1. 북설악 화암사 숲길을 걷다
2. 남녘 끝자락
       달마산을 오르다

### #프로필
경북 포항 출생, 대구 거주
대한문학세계 시, 수필 부문 등단
대한문인협회 대구경북지회 정회원
한국문인협회 정회원
〈저서〉
시집 [피는 꽃 아름답고 지는 잎은 고와라]

### #시작 노트
"길에는 길이 있다." 그리고 그 길은 또 다른 길로 이어진다. 삶 또한 그러하다. 우리는 각자의 여정 속에서 수많은 만남과 이별, 환희와 고단함을 마주하며 걸어간다.

누군가에게는 힘준한 너덜겅과 깊은 계곡을 건너야 하는 길이 있고, 또 누군가에게는 고요한 숲길을 따라 자기 마음을 들여다보는 시간의 길이 있다.

북설악 화암사 숲길의 적요 속에서, 남녘 달마산 끝자락의 바람 속에서, 나는 자연이 들려주는 말 없는 위로와 마주했다.

사는 일이 무겁고 삶이 허무하게 느껴질 때, 우리는 길 위에서 비로소 자신에게로 돌아갈 수 있다. 철 따라 펼쳐지는 숲길을 걸으며, 오늘도 나의 길을 묻는다.

# 북설악 화암사 숲길을 걷다

초가을. 여름의 무성했던 푸르름이 엷어지고, 나뭇잎들은 떠날 채비에 분주하다. 길가의 억새는 백발처럼 흩날리며 긴 수염을 흔든다. 설악산의 단풍 명소로는 남쪽의 흘림골과 주전골이 이름나 있지만, 북쪽에는 금강산 턱밑까지 밀려든 울산바위와 금강산이 시작되는 화암사, 그리고 신선대가 있다. 오늘 나는 북설악 화암사 숲길을 따라 신선대에 올라, 그곳에서 울산바위의 장엄한 자태를 마주하기 위해 길을 나섰다.

속초에서 용대리로 넘어가는 미시령을 기준으로 남쪽에는 울산바위, 북쪽에는 신선대가 자리한다. 산 아래에는 화암사가 있다. 과거에는 이곳부터가 금강산이라 하여 '금강산 화암사', '금강산 성인대'로 불렸지만, 현재는 설악산 국립공원 구간으로 변경되어 '신선대'라는 이름이 더 자주 쓰인다.

화암사는 신라 혜공왕 5년, 진표율사가 창건한 유서 깊은 절이다. 그는 금강산 동쪽에 발연사, 서쪽에 장안사, 남쪽에 화암사를 세웠다고 전해진다. 화암사는 금강산 팔만 암자 가운데 첫 번째 암자이며, 신선대는 금강산 1만 9천 봉 중 첫 번째 봉우리로 불린다.

일주문을 지나 아스팔트길을 따라 약 1km 오르면 수암전에 닿는다. 이 길은 '선시의 길'이라 불린다. 오른쪽엔 오를 때 보라는 오도송(悟道頌), 왼쪽엔 내려올 때 읽는 열반송(涅槃頌)이 새겨진 석문이 줄지어 서 있다. 선시는 수행자들이 깨달음을 언어로 형상화한 글이다. 그 문구들을 음미하며 걷는 길은 곧, 삶의 물음과 마주하는 길이기도 하다.

수암전에서 산길로 접어든다. 약 10분을 오르면 '수(穗)바위'에 도착한다. 이곳은 진표율사와 스님들이 수행했던 장소로 전해진다. 바위 위에서 내려다보면 고요한 숲 속에 자리한 화암사의 전경이 한눈에 들어온다. 이윽고 시루떡처럼 층층이 쌓인 바위가 길가에 나타나고, 다시 숲길을 따라 30여 분을 오르면 마지막 돌길에 닿는다.

그 끝에서 신선대(해발 646.7m)에 이른다. 전설에 따르면, 예로부터 천상의 신선들이 내려와 머물던 자리라 한다. 앞으로 올 어진 인물이 이곳을 지나 성황산까지 이어진다고 하여, 신령스러운 바위로 여겨진다. 동해를 조망할 수 있는 절경의 자리이자, 화암사 숲길의 정점이다.

신선대 정상부를 지나 왼쪽 능선으로 조금 더 가면, 암릉 위에 펼쳐진 울산바위의 장대한 풍경이 눈앞에 펼쳐진다. 구름 한 점 없는 파란 하늘 아래, 낙타바위가 자리하고, 평평한 암릉 끝자락에는 버섯처럼 생긴 바위 세 개가 우뚝 솟아 있다. 그 위에서 울산바위를 배경 삼아 인증사진을 남겼다. 그야말로 절경 중의 절경이었다.

 버섯바위 아래에는 넓은 평평한 바위 하나가 자리하고 있었다. 그 위에 홀로 앉은 등산객의 모습이 눈에 들어왔다. 신선이 앉아 쉬었을 법한 그 바위는, '신선암'이라 불려도 좋을 만큼 인상적인 장소였다. 그러나 아쉽게도 내려가 보지 못한 채 발길을 돌렸다.

 짧지만 깊은 여운을 안은 채 하산을 시작한다. 신선대에서 화암사까지 이어지는 2km의 숲길은 좁고 완만하지만 걷기에 좋다. 1.5km쯤 내려오자, 청정한 계곡물이 흐른다. 설악과 금강산의 줄기에서 흘러내린 물이라 그런지 유난히 맑고 투명하다. 계곡 옆에서 잠시 머물다 길을 따라 사찰로 향한다.

 다리를 건너 화암사 경내에 들어서면, 남쪽 300m 거리에서 우뚝 솟은 수바위가 눈에 들어온다. 전해오는 이야기에 따르면, 이 절은 오랜 세월 외진 곳에 있어 시주가 어려웠다고 한다. 어느 날, 두 스님이 똑같은 꿈을 꾼다. 백발의 노인이 나타나 수바위의 구멍을 지팡이로 세 번 흔들면 쌀이 나온다고 일러준다. 아침 일찍 바위에 오른 스님들이 그 말대로 하자, 두 사람분의 쌀이 나와 끼니 걱정 없이 수행할 수 있었다고 한다.

 그 후, 이 이야기를 들은 한 객승이 더 많은 쌀을 얻고자 욕심을 냈다. 지팡이를 여섯 번 흔들자 피가 나왔고, 그날 이후로는 더 이상 쌀이 나오지 않았다고 한다. 작은 이익을 탐한 욕심이 결국 모든 것을 잃게 만든 전설은 지금도 이곳을 찾는 이들에게 깊은 울림을 준다.

하산길, 선시의 길을 다시 걷는다. 올라갈 때는 오도송, 내려올 때는 열반송의 글귀가 마음에 새겨진다. 진리를 배운다는 것은 결국 '자기 자신'을 배우는 일이다. 그리고 그것은 자신을 비워야 가능한 일이다.

사계절이 순환하듯 인생에도 오르막과 내리막이 있다. 지금 이 순간에 감사하고 충실한 삶을 살아가고 있는가. 더 가지려는 욕심 때문에 마음이 피폐해지진 않았는가. 이 아름다운 길 위에서, 나는 묻고 또 되묻는다. 남은 인생, 어떻게 살아가는 것이 진정 행복한 길일까?

2024년 10월 3일

신선대에서 바라 본 울산바위

화암사에서 바라 본 수바위

작가 한영택

# 남녘 끝자락 달마산을 오르다

매일같이 반복되는 일상을 잠시 벗어나, 낯선 길 위에 서면 마음은 늘 설렌다. 이른 봄, 강진 덕룡산에서 진달래를 벗 삼아 바위 능선을 타던 기억이 선하다. 계절이 깊어지는 늦가을, 다시 남녘 끝자락을 찾았다. 이번에는 붉게 물든 단풍을 따라 달마산 암봉을 오르기 위해서다.

새벽 다섯 시, 대구를 출발해 광주 시가지를 지나 영암으로 향한다. 차창 너머로 월출산의 준봉들이 저마다 기개를 드러내고, 두륜산 주봉이 멀어질 즈음 구사터널을 지나 마봉리 주차장에 닿는다. 이곳에서 산행이 시작된다. 도솔봉(417m)에 올라 도솔암을 지나 암봉 능선을 따라 걷는다. 달마산 정상 달마봉(489m)을 거쳐 미황사까지 이어지는 약 8km의 여정이다.

설악산 대청봉에서부터 남하하던 단풍은 어느새 땅끝마을까지 내려왔다. 기암괴석이 솟아 있는 자리에 가을이 잠시 머무른 듯, 도솔봉에 서니 남쪽으로는 다도해가 탁 트인 시야로 펼쳐지고, 동쪽에는 완도, 서쪽에는 진도가 자리한다. 수면 위를 반짝이는 윤슬이 보석처럼 빛나며, 저마다 사연을 간직한 섬들의 존재를 알린다.

중계탑 아래를 지나 0.8km 능선을 오르니 왼편 아래로 도솔암이 보인다. 길게 쌓아 올린 돌담 위에는 소원을 적은 기왓장이 정성스럽게 놓여 있다. 길은 좁고 험하여 한 사람씩 조심스럽게 걸어야 한다. 그런 외길은 걷는 이에게 깊은 사색을 안긴다. 계단을 올라 도솔암에 이르니 사람은 보이지 않고, 돌을 정성스레 쌓아 올린 담장이 자연과 하나 되어 고요히 서 있다. 맞은편 절벽 아래로는 삼성각이 자리 잡고 있고, 그 너머로 떠오르는 해가 서쪽 진도와 삼성각을 배경으로 한 폭의 그림을 만든다.

도솔암은 미황사가 세워지기 전 의조 화상이 수도하던 수행처다. 원래는 통일신라 시대 의상대사가 창건한 암자였으나, 정유재란 당시 명량대첩 이후 왜군에 의해 소실되었다. 이후 2002년, 월정사 법조 스님이 꿈속 계시를 받고 재건했다. 삼성각에서 바라본 도솔암은 흡사 천년을 품은 요새 같다. 거대한 바위 위, 석축을 쌓아 올린 그 모습은 신비롭기까지 하다. 법당과 주변 경관이 어우러져 경외심을 자아내며, 일출과 일몰을 모두 감상할 수 있는 명소로 사진작가들이 즐겨 찾고, 드라마 '추노' 등의 촬영지로도 유명하다.

능선 위로 다시 올라 떡봉(432m)으로 향한다. 작은 사각형의 표석이 떡처럼 놓여서 그런가? 잠시 쉬어가는 자리지만,

이곳부터 달마봉까지는 본격적인 암릉 산행이다. 너덜길이 이어지고, 좌우로는 완도의 풍경이 펼쳐진다. 떡봉 위에서 일행들과 인증 사진을 남긴다.

 길은 점점 더 야성적인 풍광을 보여준다. 산사태가 있었던 듯, 무수한 돌무더기가 길게 흩어져 있고, 바위 틈 사이에는 동백나무가 군락을 이루고 있다. 아직 꽃이 피려면 한 달은 더 기다려야겠지만, 그 잎새만으로도 충분히 아름답다. 작은 봉우리 하나를 넘는데, 황소가 목을 길게 빼고 있는 듯한 형상의 바위가 눈에 띈다. 마치 누군가를 오랫동안 기다려온 망부석 같다. 그 맞은편 뾰족한 바위 위에 해가 걸쳐진 풍경은 한 폭의 예술 작품이다.

 능선길은 여전히 울퉁불퉁하고 너덜한 바위가 많아 긴장의 끈을 놓을 수 없다. 밧줄을 잡고 내려가야 하는 구간도 있다. 하숙골재를 지나 대밭삼거리에 이르니, 미황사와 달마봉으로 갈리는 갈림길이 나온다. 대나무숲이 우거진 이곳에는 마주보고 선 두 개의 커다란 바위가 다정히 뽀뽀를 나누는 듯한 형상을 하고 있어 웃음을 자아낸다.

 험한 길은 이어진다. 바위틈을 비집고 지나 문바위재에 도착한다. 이곳은 유일하게 문바위 구멍을 통과해야 달마봉으로 향할 수 있다. 바위를 지나자마자, 거대한 암봉들이 장엄하게 둘러싸고 있다. 포토 명소로 알려진 바위 곁에서 인증 사진을 남기고, 곧장 암봉을 오른다. 달마봉 산행 중 가장 인상적인 지점이다. 해남 일대를 조망하는 풍경이 숨이 멎을 듯 감동적이다.

　잠시 그 감동에 머물다 다시 걸음을 재촉하니, 드디어 달마봉(489m)에 오른다. 정상에는 돌무더기 봉수대가 쌓여 있고, 바로 아래에는 달마봉 표석이 서 있다. 몇 번이고 인증 사진을 남기고, 이윽고 하산길에 들어선다. 오후 3시, 미황사까지 1.4km 거리, 30분이면 충분할 듯하다. 길은 비교적 잘 정비되어 있고, 바닥에는 낙엽이 수북하다.

　암봉으로 둘러싸인 미황사는 우리나라 육지 사찰 중 가장 남쪽에 위치한다. 신라 경덕왕 8년, 의조 스님이 백 명의 향도와 함께 쇠등에 경전과 불상을 실어 가던 중, 소가 크게 울며 주저앉은 자리에 절을 세웠다. 처음에는 '통교사'라 불리던 이곳이 훗날 '미황사'로 자리 잡는다. 어여쁜 소가 점지해 준 절이요, 부처의 말씀을 품은 산인 셈이다.

　사찰로 향하는 길목, 일주문을 지나 108계단을 오른다. 부처님을 향해 오르는 이 걸음이 곧 참선이 된다. 세상의 고통과 슬픔을 함께 나누고, 맑게 씻어내기를 기원하는 자비의 계단이다. 오늘 이 길을 걸은 나, 그리고 내일 이 길을 찾는 이 모두에게, 단풍처럼 붉은 감동과 바다처럼 깊은 평안이 함께하길 빈다.

2024년 11월 23일

도솔봉에 있는 도솔암

황소 형상의 무명바위

### 작가 한정서

목차
1. 엄마, 아버지의 재산
2. 사부님, 우리 사부님!
3. 사랑하는 이들과 함께여서

#프로필
대한문학세계 시, 수필 부문 등단
(사)창작문학예술인협의회 회원
대한문인협회 광주전남지회 지회장
한솔 플라톤 봉선독서논술교습소 원장

#시작 노트
누구나 마찬가지이겠지만 제게도 부모님이 계셨습니다.
아버지의 부재로 겪은 가난과 어려움은 어린 나이의 내가 감당하기에 힘들어서 원망도 많이 했고 그 상황을 느끼는지라 엄마에게도 아무 말도 할 수 없었던 환경에서 어렵사리 학교를 다녔고, 엄마의 무능함이라 여겼던 불만은 고스란히 고집으로 자리 잡게 되었습니다
하지만 오랜 세월이 지나고 혼자 감당했던 일들이 이제는 자신만만하게 사는 재산이 되어서 먼저 가신 아버지도, 여섯 자식을 건사하느라 혼자서 힘드셨을 엄마를 생각하면 마음이 아픕니다. 오랜 시간 병중에 계시다 돌아가신 엄마께도 우리의 잘 사는 모습을 저 하늘에서 보고 계실 것이라 생각하며 주어진 일에 부지런히 최선을 다해봅니다.
그래서 우리 엄마, 아버지의 재산은 우리 6남매이지 않을까? 생각하면서 이 글을 써 보았습니다.

# 엄마, 아버지의 재산

우리 엄마, 아버지는 6남매의 부모다. 자식들을 반듯하게 잘 키우신 분들이기도 하다. 우리 형제들은 아주 잘 살지는 않지만 자신들의 자리에서 성실하게 가족들 잘 건사하며 형제들과도 잘 지내는 우애 깊은 자식들이기 때문이다.

우리 아버지는 13살 때 돌아가셨다. 그런 아버지께서는 지독한 술꾼이셨다. 평상시에는 말수도 적으셨고 자상하게 자식들 챙기셨던 분이 술만 드시면 그 자상한 모습은 온데간데없이 사라지고 무슨 하실 말씀은 그리 많으셨는지 불만이 많은 모습으로 콩알만 한 어린 자식들 중 그래도 조금 큰 자식이라고 여겼는지 맏이인 나를 앞에 앉혀 놓고선 미주알고주알 무슨 말씀을 하시는 것인지 어린 내가 듣기에는 아직 이해도 하지 못해서 알아듣지 못할 잔소리들을 몇 번씩 하셨던 기억이 난다.

무릎 꿇고 아버지 앞에 앉아 있을 때면 시간을 잴 수 없을 만큼 오랜 시간 무릎을 꿇고 앉아 있어서 오금이 저리고 졸음도 쏟아지고 쥐가 나는 것 같아도 무거워지는 눈꺼풀을 주체하지 못하고 꾸벅거리다가도 저려오는 다리는 펼 수가 없었다. 더불어 술 마신 아버지의 불벼락 같은 꾸중이 겁나서였다.

그 당시에는 아버지가 술을 왜 고주망태가 되도록 마시는 날이 잦는지 알지도 못했을 뿐 더러 궁금하지도 않았었다. 다만 집에 오시면 화를 먼저 내고 엄마랑 다투시는 모습이 두렵고 싫었을 뿐이다. 더군다나 엄마도 지지 않고 아버지에게 대들고 욕하면서 싸우면 그 여파는 고스란히 엄마 몫이 되고 한 번씩 눈이 퉁퉁 부어 있고 멍 자국이 보이면 그 때는 엄마의 지혜롭지 못한 대처 능력을 의심하기 보다는 그저 약한 엄마에게 손찌검을 하고 살림을 부수던 아버지가 밉고 싫어서 차라리 바다에 나가시는 날이 더 좋았었다.

그렇게 원망만 했던 아버지가 바다에 선원들과 먼 바다로 고기잡이를 가셨던 그날은 11월 중순 가을을 넘긴 겨울 초입이라 쌩쌩 바람 불던 쌀쌀했던 날씨였다. 아버지가 집에 계시지 않아 그저 좋기만 했던 늦은 밤 동네 사람들이 와서 웅성거리는 소리가 잠결에 들렸다.
"야야, 느그 아부지가 죽었단다."
"어쩌꺼나, 저 어린것들을…"
하는 소리도 들리고, 뱃속에 아기를 가진 엄마를 염려도 하는 것 같고…

그렇게 서로 다투기만 하더니만 아버지 돌아가셨다는 소식에 늦은 밤 신발도 못 찾아 신은 엄마는 7개월째 만삭의 몸이 무겁지도 않은지 울면서 정신없이 뛰는 모습이 지금도 눈에 선하다. 워낙 아버지를 싫어했던 나는 '설마 우리 아부지가 돌아 가셨을라고' 하면서도 혹시나 정말일지도 모른다는 생각을 하면서 철딱서니 없이 종종거리며 엄마 뒤꽁무니를 따라갔었다. 선창가에서 처음 대한 아버지의 모습은 잠자는 사람 같았다. 팬티만 입은 채 잠들어 있는 사람을 다른 사람이 들춰 업고 오는 모습이라고 해야 할까? 그 당시에는 그랬다. 슬프지도 않았고 눈물도 흐르지 않았고 아무런 감정이 생기지 않았다.

그렇게 43살의 어느 날 갑자기 아버지는 아무 말씀도 남기지 않으신 채 우리 곁을 떠나가셨고, 엄마는 36살 지금 생각하면 한참 곱고 예쁠 나이였던 것을 내 기억 속 엄마는 그냥 아줌마였다. 그때부터 우리 엄마와 나의 고생길의 서막이 되었던 것이다.

그렇게 싫어했던 아버지가 엄마에게 물려준 재산이라고는 시골에 집 한 채와 자식들 다섯에 뱃속 유복자 하나 달랑 남기고 떠나시자 엄마는 그날로 '청상과부'가 되었고 그동안 아버지가 하셨던 가장의 자리까지 꿰차고 토끼 같은 어린 자식들 먹이고 입히고 키웠던 일들은 작은 일이 아니었다는 것을 성장하면서 조금씩 깨닫게 되었다. 더구나 엄마는 7개월 아기를 뱃속에 담은 배불뚝이 엄마였고 산모라는 생각할 겨를도 없이 고스란히 가장의 짐을 짊어지게 되었다. 그렇게 엄마의 고생은 시작되고 얼굴에 화장도 못하고 기미, 주근깨투성이 얼굴로 생선 장사를 하시면서 살았다. 생활고에 찌들린 엄마의 삶에 낙이 있으셨을까?

이리 봐도 저리 봐도 진퇴양난의 삶이었을 거라는 생각을 엄마 나이만큼 살아서야 어렴풋이 깨닫게 되고 적지도 않은 자식들 챙기랴! 먹이랴! 입히랴! 우리 엄마도 참 힘들었겠다.

  우리 가족은 그렇게 아버지의 자리가 비자 엄마는 가장의 역할을, 나는 동생들의 엄마 역할을 하면서 가난을 달고 살았다. 그리고 유복자였던 막내 남동생은 학교 다닐 때 아버지 없다고 놀림을 받았다는 것도, 여동생들은 바다에서 제를 올리고 버린 과일들이 뭍으로 떠밀려 오면 그 과일을 주워다 먹었다는 말을 반평생을 살고 난 후에야 들으니 '나도 힘들었지만 내 동생들도 정말 어렵고 힘들게 살았구나!'라는 것을 알게 되었다.

  그렇다. 우리 엄마, 아버지가 우리를 오래도록 지켜 주시지는 않으셨다. 그렇지만 지금 생각하면 우리 아버지의 부재는 자식들에게 생활력을 재산으로, 우리 엄마의 무던한 성격은 끈기와 인내력을 재산으로 남기신 것 같다. 그리고 더 큰 재산이 된다면 그것은 엄마, 아버지가 함께 할 수 없는 저 세상으로 가셨어도 우리들은 여전히 형제간에 우애가 있다. 엄마가 생전에도 늘 긍지를 가지셨던 자식들의 우애는 두 분이 계시지 않은 지금 더 끈끈하고 서로를 챙기는 애틋함이 있다.

  아버지, 엄마가 만든 재산인 우리 형제들은 어느새 어른의 자리에서 자신의 역할들을 충실히 하는 중이다. 우리 집안의 재산이 된 셈이다. 그리고 나는 지금은 당당하게 말할 수 있다. 우리 아버지, 엄마가 '우리 엄마, 아버지여서 감사하다'고….

  엄마, 아버지 자식들 이렇게 잘 살고 있는 것 하늘에서 보고 계시죠? 그토록 미워했던 엄마, 아버지 정말 사랑합니다.라고 다시금 되뇌어 본다.

# 사부님, 우리 사부님!

스승님, 우리 스승님!

내가 유일하게 '스승님!' 하고 부르는 분이 계신다. 초등학교부터 대학을 졸업하고 대학원을 들어가서도 맞이한 선생님, 교수님들이 계시겠지만 우리 사부님은 지금의 내게 가장 소중한 분이다. 첫 만남에서는 무척이나 저돌적이고 상대의 의견을 묻지 않는 분으로 보일 수 있는 면이 상당히 많았다. 그래서 나도 '아이고, 소개를 잘 못 받았나 보구나!'라고 속으로만 못마땅해하며 지레 손사래를 치고 떠날 생각을 먼저 했었다. 그렇지만 떠나야겠다고 생각만 할 뿐 내주시는 숙제도 하고 투닥투닥 불만이 생기면서도 어느새 떠나야겠다는 생각보다는 하는 데까지는 한번 해보자는 마음이 자리 잡으니 함께 해볼만도 했다. 그리고 '처음부터 마음에 드는 사람이 어디 있겠어. 먼저 사람 싫다고 포기하는 것보다 목표를 가졌으니 그것만 생각하자. 라는 마음을 먹고 시작했으니 부딪혀 보자.'라고 생각을 바꾸고 나니 그 또한 조금은 편히 대할 만해졌다. 그래서 시작된 시인의 길이 벌써 6년이 되었다. 하지만 아직 개인 시집도 한 권 내지 못했고 작가라고 올라 있어도 딱히 써 둔 글도 내게는 아직 없다. 굳이 핑계를 대자면 지금은 내 주어진 현실의 일에만 집중하기로 하고 고스란히 모아 두었다가 어느 시기에 마음잡고 써 보아야겠다 생각은 하지만 협회 행사에 참석하면 시집을 6집, 7집 낸 분들 보고 내려오면 그저 감탄스러울 뿐이다. 나도 저렇게 시집도 출간하고 수필집도 한 권쯤 내보고 싶다는 생각과 함께 살다가 어느 날 내가 세상을 하직하더라도 남게 될 유작은 한 권은 만들어 보려고 한다. 작가로 이름 올려두면 뭐 하겠나! 활용을 해야지. 그래도 지금은 먼저 생기는 것은 핑계를 만드는 것이다. 핑계를 대려고 찾으니 이것도 핑곗거리가 되고, 저것도 핑곗거리로 싸악 올라온다. 이렇듯 게으름을 피워도 여유로운 것은 아직 할 일이 있기도 하지만 우리 스승님께서 말없이 지긋이 지켜보아 주고 계신다는 안도감도 있고 그렇게 곁에 서 계시기만 해도 때로는 든든한 버팀목이 되기도 해서 때로는 성인이 되어도 어린 동심의 마음으로 투정도 부려보기도 하지만 늘 내 편이 되어 주시는 스승님 덕분이라 여긴다.

  우리는 지금도 여전히 가끔이지만 협회 행사 때가 되면 제자 문우들 모임을 갖는다. 따로이 만날 기회가 많지 않기 때문에 행사를 빌어 만나는 것 자체로 이미 설레고 즐거움 한 가득이 되는 그런 모임이 되어서 이제는 그 모임에서 문우들을 보기 위해 협회 행사를 참석하는 핑곗거리가 되기도 한다. 그래서 내게는 우리 제자 문우들을 만나는 것을 일 순위로 두게 되었다.

  그만큼 소중한 인연들로 맺어져 있기 때문이다. 사람은 인연이 되려면 묘하게도 이루어지는 것 같다. 전혀 일면식도 없었던 사람들이 누군가의 매개체 역할로 인해 만나게 되고 꾸준한 인연으로 이어져 가지만 때론 오해로 인해 전혀 몰랐을 때가 더 나았을 만큼의 악연이 되기도 한다. 하지만 나는 이제

알겠다. 그 인연을 만들어 가는 것도 끊어 내는 것도 나 자신임을 말이다. 한결같은 모습은 아니겠지만 맺어진 인연이 더 돈독해지고 끈끈해지는 계기들을 함께하고 겪어가면서 이제는 가족만큼이나 가까운 사이가 되었다. 나는 한 번의 인연이지만 그 한 번이 어떠한 상황에서라도 꾸준히 이어졌으면 좋겠다. 함께 살다 보면 좋은 일만 있는 것이 아니기 때문이다.

그러한 문제를 겪으면서 그 사람에 대해 새롭게 알게 되기도 해서 별수 없이 정리를 해야 할 때도 있고 괴롭고 힘들어도 적당한 선을 유지하며 가야 하는 사람들도 있다. 이런 면에서 우리 스승님은 참 괜찮은 인연으로 잘 엮어져 가고 있는 중이라고 자부한다. 사람의 탈을 썼다고 해서 모두 사람은 아니더라. 그 사람을 보려면 가장 최악의 상황에 닥쳐보면 안다고 했던가? 그런 상황이 되면 더 깊은 맛이 우러나는 사람이 있다. 귀한 보물을 캔 느낌이 드는 사람을 보면 더 괜찮은 인간적인 면으로 인해 더 가까워지는 예가 이에 해당한다. 우리 남동생도 그런 얘기를 가끔 한다. "스승님을 만나면 형님처럼 그저 편하고 좋아서 무얼 하던지 따르고 싶고 무엇이라도 있으면 챙겨 드리고 싶다."고 그랬다. 내가 우리 스승님을 내 동생에게 참 소개를 잘한 셈이다. 가끔 행사 때나 겨우 볼 수 있고 그나마 다른 일이 있어 참석이 어려우면 얼굴 보기는 더욱 어려운 터지만 그래도 괜찮다. 이미 마음속에 가득 자리 잡아 계시는 분이 우리 스승님이기 때문이다. 앞으로도 우리들 곁에서 건강하게 계셔 주셨으면 참 좋겠다. 영원한 나의 스승님은 오직 그 한 분이기 때문이다

사부님께 감사의 마음을 담아 우리 작가방 동인지에 '스승님, 우리 스승님!'으로 올리려고 이렇게 글을 만들고 있답니다. 감사합니다.

## 사랑하는 이들과 함께여서

　낼모레 구순을 바라보는 시아버지와 팔순의 시어머니를 모시고 처음으로 해남 화원면이라는 동네의 바닷가에 남편과 낚시를 가기 위해 아침부터 간단한 먹을거리를 챙기고 나들이옷을 차려입었다. 남편도 바쁘다. 낚시할 때 필요한 릴대와 릴을 손 보고 아침 일찍 주문해 둔 떡을 찾으러 떡집에 들러오느라.... 그런 남편이 함박웃음을 띠고 집으로 들어오는 것이 보였다. 주문한 모시송편이랑 인절미를 가지고 오려는데 남편이 좋아하는 콩시루떡까지 덤으로 싸주시는 주인의 마음이 따스하게 느껴져서였나 보다.

　남편이 떡집에 다녀오는 시간에 나는 마저 아침 식사까지 준비했다. 아침 식사를 꼭 하는 그 사람에게 아침 식사를 할 수 있도록 해 주고 싶어서였지만 여느 때보다 바쁜 아침 시간이었는데도 기분은 너무 좋았다.

　우리 집 강아지 세 마리 중 유독 남편이 예뻐하는 강아지가 한 마리 있다. 원래 호적 이름은 해피인데 "간식"이라고 불러주는 친구인데 유기견 강아지이다. 간식이라고 부르는 이유는 여름 복날 간식으로 먹겠다고 지어준 이름인데 농담처럼 지은 이름을 다수 주변 사람들이 간식이라고 부른다. 지금도 한 번씩 다리 쪽을 만지면 까칠해지는 녀석인데 그 녀석도 오늘은 바쁘다. 자기가 좋아하는 주인인 아빠가 작업복이 아닌 외출복을 입고 있으니 꼭 따라가고야 말겠다는 계획인 건지 아빠의 시선을 놓치지 않으려고 졸졸 따라다닌다.

 남편과 간식이 그리고 나는 드디어 낚시를 빙자해 외출하려고 준비한 것들을 챙겨서 부모님 댁으로 출발했다. 거의 도착해서 전화를 드렸더니 성질도 급하신 두 분은 벌써 나와 계셨다. 내려서 인사를 드리고 어머니 자가용(?)을 트렁크에 싣고 고속도로를 누비며 간 곳, 해남 화원면에 도착했을 땐 이미 그 자리에 다른 사람들이 어제부터 와서 텐트 치고 낚시를 해서 목표했던 곳에는 못 가고 다른 곳을 찾기로 하고 해변 길을 다시 달리기 시작했다. 드디어 차선책의 목적지에 도착했지만 산비탈 길을 내려가야 하는 악조건이었다.

 우리만 생각하고 남편이 고른 장소였을 테지만 도저히 아니었다. 할 수 없이 노인 분들 상황을 고려해서 방파제로 가기로 하고 열심히 찾아 헤맸었는데, 가는 날이 장날이라는 말이 딱 통하는 상황이었다. 바람이 세차게 불어서 도저히 낚시를 할 수 없어 이곳, 저곳을 둘러보고 두서너 곳을 더 돌아보느라 헤매다가 최종적으로 결정한 해남 북항을 돌아보고 점심을 먹자고 결정을 하고 차 편 길을 북항으로 옮겼다.

 어판장에 들어서니 어머니께서 식삿값을 내시겠다고 하신다. 물론 광주에서 출발할 때부터 그 말씀은 계속하신 거라서 어머님 뜻에 맡기기로 하고 주문한 회를 맛있게 먹었으나 마음은 죄송하기도 하고 감사하기도 했다. 남편은 운전 때문에 그 좋아하는 약주를 참았고 아버님, 어머님, 나랑은 소주 1병으로 바닷가에서 먹는 회 안주가 있었으니 기분 좋게 한 잔씩을 나눴다.

그러는 중에 아버님께서 한말씀 하신다. 예전 같지 않은 몸 상태라시며 문중의 회장직도 내려놓으신다고 하신다. 또 "살 날도 얼마 남지 않은 것 같다."라고 말씀하시면서 "주변 친구들도 다 떠났다."고 하신다. 순간 그 말씀이 왜 그렇게 가슴이 아픈지 나도 모르게 흘러내리는 눈물을 감춰보려고 애썼다. 나도 이럴진대 남편은 당신 부모님인데 오죽하랴. 눈물을 참는 모습이 역력했다.

평소 내가 생각하는 효는 살아 계실 때 '잘 하자'라는 원칙으로 한 달에 한두 번 야외를 나가기도 하고 음식으로 대신하기도 하지만 늘 부족할 뿐이다.

그래도 "시댁에라도 양부모님이 살아 계신 것이 복이라 생각하고 살고 있고, 그 좋은 두 분이 오래오래 지금처럼 우리들의 본이 되시는 부부의 모습으로 오래오래 사셨으면 좋겠다."는 내 말에 남편은 고개를 끄덕거리더니 말없이 내 손을 잡아 준다. 참 고마운 사람이다. 사이좋은 부모 밑에서 자랐으니 나에게도 그렇게 잘 하리라 생각하니 새삼 남편에게도 고맙다는 말을 못 한 미안한 마음이 들었다. 참 뜻깊은 하루였고 우리랑 함께 어디 가시는 것을 마다하지 않고 오시는 어르신들도 고맙다.

내가 소망하는 것이 있다. 노인이 되면 아픈 곳이 많아지는 법이지만 그래도 덜 아프시고 건강히 살아계시다 때가 되어 가실 때도 행복하게 평안히 가셨으면 좋겠다는 것. 그 소망을 담아 오늘도 진심을 다해 기도해 본다. 사랑하는 이들과 함께하는 자리는 늘 이렇게 즐거움과 행복을 함께 배달해 주나보다.

# 작가 홍성기

목차
1. 내 동생
2. 신안 증도
   "호핑투어"를 마치고

## #프로필
대한문학세계 시,수필 부문 등단
(사)창작문학예술인협의회 정회원
「2023년 경기도 어르신 작품공모전」
[문예부문] 입선
2024년 우리말 시 짓기 공모전 장려상
2024년 한국문학 올해의 시인상

## #시작 노트
오늘도 하루를 선물로 받았다
선물 받은 하루
허투루 살수는 없다

내 생각, 내 의지, 내 고집
모두 다 내려 놓는다

오늘 하루도
주님의 말씀 따라
순종하며 가는 길이
지혜임을 깨닫는다.

## 내 동생

오늘은 문득 수년 전 하늘나라에 간 바로 내 아래 동생 생각이 떠올라 울컥하게 한다. 한없이 눈물이 난다.
어릴 적 서로 키재기하며 문지방에 금 긋고 매일매일 키재기 한 너, 그런데 어느 날 키재기하니 나보다 훌쩍 더 커 버렸다. 그다음부터 우리는 키재기를 안 했다. 어느 때부터인가 동생이 바둑을 두었다. 나도 바둑이 두고 싶어 동생에게 같이 바둑을 두자고 제안했고 이때부터 나와 동생은 바둑을 재미있게 두었다. 그런데 어느새 동생은 바둑 실력이 늘어 둘 때마다 내가 졌다. 진 나는 속이 상해 죄 없는 동생을 몰아세웠다.
"나 몰래 속여서 네가 이긴 거야"
그리고 홧김에 동생의 뺨을 후려쳤다. 그런 일이 있은 후 더 이상 바둑은 두지 않았다. 이제 내가 동생을 이길 수 있는 건 동생보다 먼저 배운 태권도다. 그래서 우리는 열심히 태권도를 했다. 동네 뒷산에 가서 소나무를 빽 삼아 발로 찼다. 어느새 동생은 나보다 발도 높이 올라갔다. 화가 나서 동생을 마구 공격하며 괴롭혔다. 그 후로 동생과 나는 자주 싸웠으며 동생은 내 얼굴을, 나는 동생의 얼굴을 할퀴기 시작했다. 동생의 얼굴엔 내가 할퀸 자국이, 내 얼굴엔 동생이 할퀸 자국으로 세계 지도를 그려 놓았다. 그러면서도 우리는 서로 정이 들고 사랑하고 있었다.

 어느새 우리는 많이 컸다. 그런데 동생은 공부를 싫어하고 놀러만 다녔으며 나는 동생을 이기기 위해 공부에만 열중했다. 물론 내가 동생을 이길 수 있는 것은 공부 외에 다른 것은 없었으며 농사일은 죽기보다 싫었기 때문이다.
 이 당시 우리 집은 동네에서 속 부자로 불릴 정도로 먹고사는 데는 아무 지장이 없었다. 명절 때도 다른 집보다 이것저것 해서 맛있게 상차림을 하였다. 그런데 잘나가던 우리 집에 불행이 찾아왔다. 경기도에서 지방공무원으로 일하시던 작은아버지께서 시골로 내려와 사업을 시작했는데 사업의 계속된 실패로 점점 가세가 기울었고, 빚쟁이들이 시도 때도 없이 찾아와 괴롭혔다.
 괴로우신 아버지는 노름판에 손을 대셨다. 할아버지와 나는 시골 사랑방에서 노름에 빠진 아버지를 작대기 들고 찾아갔다.
 "이놈아, 날 죽이고 해라. 어서 나오지 못해!"
 할아버지는 고래고래 소리 지르며 애절하게 하소연을 하셨다. 나는 그 모습을 보며 어린 마음에 '난 커서 절대로 노름은 하지 말아야지' 다짐에 다짐을 했다.

 어느 해 가을, 착하게 일밖에 모르고 살아오신 할아버지께서 이엉을 새로 얹다가 지붕에서 떨어져 허리를 크게 다치셨다. 여기저기서 치료를 받아 봤지만 연세가 많다 보니 잘 회복되지 않고 2년 정도 누워계시다 어느 날 새벽 우리 가족 모두가 보는 앞에서 하늘나라로 떠나셨다. 나는 그때 처음으로 죽음과 이별이라는 쓴맛을 실감하였다.

할아버지께서 떠나시자 가세가 더욱 기울어 중학교 3학년 땐 고등학교 진학을 포기하려고 했지만 농사일이 싫은 나에겐 공부밖에 달리 할 것이 없었다. 그래서 어려움이 많았지만 힘들게 이리(지금은 익산)에 있는 남성고등학교에 진학한 나는 그때부터 카운슬러 선생님과 상담을 자주 하게 되었고, 1년 후배들 가운데 문제 아이들을 맡아 가정교사 생활을 시작하였다. 가정교사로 입주해 작은 용돈을 받으며 유학 생활을 했지만 얼마 지나지 않아 후배들은 불량 서클에 휘말려 퇴학을 당하기도 하고, 담배를 몰래 피우다 부모님께 들켜 그 집을 결국 나오게도 되었다. 나오면 또 다른 후배를 붙여 주어 다시 가정교사로 들어가기를 반복하며 고2, 고3 시기를 힘겹게 보냈다. 한편, 공부를 싫어한 동생은 작은 소도시에 있는 학교를 다니며 집에서 농사일을 도왔다. 그러나 틈만 생기면 동네 친구들과 어울려 술을 마시고 도박을 일삼았다. 그리고 이곳저곳 방황하며 떠돌기도 하였다.

어느새 삼 년이 흘러 가정교사 생활과 자취 생활을 번갈아가며 우여곡절 끝에 고등학교를 졸업했으나 첫 번째 대학입시에서 낙방을 하고 말았다. 서울로 올라온 나는 큰집에 얹혀살며 재수를 했고, 동생은 상급학교 진학을 포기하고 서울에서 봉제 공장을 다니다 손을 다쳐 결국 적응하지 못한 채 시골로 다시 내려갔다. 그리고 익산에서 자동차 정비기술을 배우며 나름 노력을 했지만 성공을 거두지 못하고 또다시 고향집으로 내려가 친구들과 어울리며 도박과 술로 허송세월을 보냈다.

어쩌다 고향집에 내려가면 어머니께서 한숨을 푹 내쉬셨다. 장롱에 넣어 둔 돈을 동생이 훔쳐다가 도박으로 다 날렸다는 안타까운 소식을 전해 주셨다. 도저히 동생을 이해할 수 없었다. 정말 밉기도 하고 한숨이 절로 나왔다. 그 당시 재수생인 나는 아버지께서 서울의 어느 공사판에 나가시며 번 돈으로 종로 3가에 있는 대성학원에서 부족했던 물리, 화학을 열심히 공부했으며 과로한 나머지 코피도 많이 흘렸다. 어느 날은 세수를 하는데 대야에 있는 물이 코피로 새빨갛게 물이 들었다. 한번은 코피가 계속 흐르자 아예 속에 있는 코피가 모두 쏟아지도록 코를 풀어서 쏟아내기도 하였다.

그러던 중 동생은 시골에서 나도 모르게 해병대에 자진 지원했고 입대를 얼마 남겨두지 않고 있을 때였다. 이때 나는 부족했던 과목에 자신이 점점 붙었고, 대학 진학 준비가 잘 마무리되어 꿈에 부풀어 갔다. 그런데 웬 날벼락인가? 시골에 있던 동생이 교통사고로 죽었다는 전보가 왔던 것이다. 나는 숨이 멎을 뻔했다. 벽에다 머리를 얼마나 박아댔는지 모른다. 동생과 함께한 추억들이 더욱 나를 괴롭혔다. 다시 전화가 왔다. 다행히도 죽지는 않고 살아 있다는 것이다. 난 뛸 듯이 기뻤다. 죽은 동생이 살아났으니 더 이상 기쁠 수가 없었다. 그러나 기쁨도 잠시 오른팔이 완전히 잘리고 뇌를 크게 다쳐서 수술 중이라고 한다. 가슴이 답답하고 어떻게 대처해야 할지 숨이 막혔다. 그래도 살아 있다니 그걸로 다행이었다.

  우리 고향 동네는 마을 앞으로 호남선 철도가 놓여 있어 하루에도 몇 번씩 기차가 지나간다. 그리고 심심찮게 기차 사고로 목숨을 잃는 경우도 있었다. 중학교 시절 친구 할아버지가 신태인 장날 요강을 사들고 오시다가 기차에 치여 처참하게 돌아가신 장면을 직접 눈으로 목격하고 무척이나 놀란 일도 겪었다. 동생은 친구들과 어울려 놀다가 술에 취한 채 철로 위에 누웠다가 잠이 들어 변을 당했다고 한다. 그리고 철로 위에서 난 사고는 신고하면 오히려 벌금을 물어야 해서 신고도 못하고 그 많은 수술비를 부담하며 동생을 살려낸 것이다. 이 사건으로 대학 진학의 꿈은 순식간에 물거품이 되었고, 우리 집도 가난에서 벗어나지 못하게 되었다. 졸지에 우리 집은 빚더미에다 정신과 지체장애자를 둔 가정이 되고 말았다. 이후부터 나는 너무 괴롭고 마음이 아파 공부도 안 되고 오른팔이 없는 동생 흉내를 내보며 어떻게 하면 동생이 사회에 잘 적응하며 살아갈 수 있을지 오로지 그것만 생각했다.

  그 당시는 국가나 사회가 장애자에 대한 관심도 별로 없고 장애자들은 남모르는 슬픔을 스스로가 지고 살아가야만 했다. 나는 과외해서 번 돈으로 서대문에 있는 의수 가게를 찾아가 동생에게 의수를 맞추어 주었다. 그리고 의수가 낡아서 불편할 때마다 다시 찾아가 맞추어 주곤 하였다. 좋은 신앙서적들을 구입해서 갖다주고 열심히 읽어서 새로운 삶의 의지를 가져보라고 틈만 나면 권하였다. 나는 다니지 않지만 교회에도 출석시켜보고 유명한 기도원에도 데리고 가 하룻밤을 같이 보내며 치료해 보고자 백방으로 노력했다. 그러나 동생은 꿈속 세상을 살아가고 있었다. 교통사고 후유증으로 이상과 현실을 오가며 살았다. 한번은 이런 일도 있었다. 고향에 갔다가 집에 오는데 동생이 내 가방 속에 보따리 하나를 넣어 주며 말했다.
"형! 가방에 돈 넣어 놨어. 필요할 때 꺼내서 써"
"아니 네가 뭔 돈이 있어서"
 가방을 열어보니 가짜 돈다발이 가득 들어 있었다. 기가 막혔다. 대통령 딸이 자기 애인이라 말하고 나를 교육부 장관으로 임명하기도 하였다. 때로는 제정신이 돌아왔다가 어느 때 갑자기 제정신이 아니다. 또 어느 날은 어머니 아버지를 폭행하여 어머니 가슴이 멍들고 아버지 눈이 팅팅 부은 채 서울 우리 집으로 오셨다. 그리고 말씀하셨다.
"더 이상 네 동생과 같이 못 살겠다."
 나는 그럴 때마다 어찌해야 좋을지 막막하기만 하였다. 그래도 부모님을 잘 설득시켜 드린 후 시골로 다시 보내드렸다.

 이러한 삶을 살다가 동생은 47살에 부산에서 교통사고를 당해 하늘나라로 갔다. 세월이 어느덧 흘러 동생에 대한 기억을 잊은 지 오래되었다. 그러던 어느 날 아침, 설교 방송을 듣고 있는데 가평에다 장애자를 위한 시설을 만들어 장애인들이 사회에 잘 적응하며 살아갈 수 있도록 교육할 계획이라고 말씀하셨다. 그리고 "아낌없이 주는 나무"에 대한 예화도 들려주셨다. 그 말씀을 듣는 순간, 수년 전 내 곁을 떠나간 동생 생각이 불일 듯 떠올랐다. '그때도 지금처럼 장애자에 대한 사회적 배려가 많고, 좋은 시설들이 있었더라면 내 동생이 그렇게 불행하게 살다가 세상을 떠나진 않았을 걸' 하는 아쉬움과 함께 슬픔이 복받쳐 올라 눈물이 펑펑 흐르고 흘렀다. 그리운 동생에 대한 기억들이 새롭게 되살아나 눈물로 이 글을 쓴다.

# 신안 증도 "호핑투어"를 마치고

　신안 증도는 느리게 보고, 천천히 걷고, 즐거운 체험이 있는 섬이다. 증도에 가면 다양한 체험활동을 즐기도록 하기 위해서 "호핑투어"를 실시하였다. 호핑투어란 제시한 모든 장소를 찾아가 인증 사진을 찍고 스탬프를 찍어 인터넷 홈페이지에 올리면 집으로 기념품을 보내주는 활동이다.

　2019년 7월, 아내와 함께 신안 증도에 가서 호핑투어를 체험한 내용을 소개해 보고자 한다.
　처음 1코스는 우리나라 최대의 갯벌 염전인 태평염전인데 증도의 명물인 태평염전은 1953년에 조성된 국내 최대 규모의 단일염전으로 여의도의 2배 넓이라고 한다. 이곳에서는 최고의 소금을 만들기 위해 항상 연구하고 있으며, 소금박물관을 만들어 관광객들에게 소금이 만들어지기까지의 과정과 소금에 대한 다양한 정보를 잘 알 수 있도록 홍보하고 있다.
　특히 소금박물관에 걸려있는 류시화 시인의 시 "소금"이 눈에 띄었는데 시인은 이 시를 통해 소금을 바다의 상처, 아픔이라고 말하며 세상의 모든 식탁 위에서 흰 눈처럼 소금이 떨어질 때 그것이 바다의 눈물이며, 그 눈물이 있어 이 세상 모든 것들이 맛을 낸다고 노래한다. 또한 소금을 퍼나르기 간접 체험 거리도 제공하고 있어서 아내와 나는 소금 퍼나르기를 체험하고, 소금을 섞어서 만든 소금 아이스크림도 사 먹으며 바로 옆에 위치한 소금밭 낙조 전망대에도 올라가 보았다.

　전망대에 오르면 "25kal 소비, 스트레스 75% 감소, 10분 수명 연장"이라 쓰여 있고, 또 주변의 경관을 둘러보고 자연과 함께하면 두 배의 효과가 있다고 격려해 주었다. 전망대에서 바라본 태평염전은 끝이 없을 정도로 광활하였다. 이어서 태평 "염생식물원"을 탐방하며 천사의 바람쉼터에서 잠시 쉼을 가졌는데 이곳은 생물권 보전 지역을 돌보는 천사들이 잠시 쉬어가는 곳이라고 쓰여 있었다.

　2코스는 드라마 "고맙습니다" 촬영지였던 화도노두길이다. 화도는 증도갯벌습지 보호구역으로 지정되어 있으며 썰물 때 물이 빠지면 화도로 들어가는 1.2km 길이 나타나는데 마침 썰물 때라 차를 타고 다녀올 수 있었다.

　3코스는 "힐링산책 해송숲"으로 전국 아름다운 숲 대회에서 「천년의 숲」분야 우수상을 수상하였고, 한반도 지형을 닮았다 하여 "한반도 해송숲"이라고도 불리는데 평지길이고 소나무 향을 맡으면서 걸을 수 있어서 참 좋았다.

　4코스는 신안 갯벌센터 슬로시티센터인데 안타깝게도 휴관일이라 밖에서 구경하고 옆에 있는 우실을 둘러보았다. 우실은 마을들의 경계 부위에 있는 방풍림, 마을의 경계와 바람으로 인한 피해를 막기 위해 쌓은 돌담 등을 말한다.

5코스는 한국의 발리라 불리는 우전해변으로 길이가 4km, 폭 100m인 은빛 모래로 이루어진 해변이다. 모래의 질이 매우 곱고 서해에서 흔히 볼 수 없는 아름다운 해변이라 가족, 연인과 함께 즐기기에 좋으며 웨딩 촬영 명소로도 유명한 곳이다.

곧바로 이어진 6코스는 짱뚱어 해변! 이곳은 짱뚱어 다리 근처에 위치해 있어 해변 길을 걸어 짱뚱어 다리를 건너 갔다 다시 건너 왔다. 짱뚱어 다리는 증도의 명물로 갯벌 위에 떠 있는 470m의 목교로 물이 빠지면 갯벌의 생물들이 살아 움직이는 모습을 관찰할 수 있는데 마침 물이 빠진 상태라 짱뚱어들이 날 듯이 뛰노는 모습과 게들이 거품을 품고 땅을 파는 모습들을 재미있게 시간 가는 줄 모르고 구경하였다.

끝으로, 7코스인 "해저유물발굴기념비"를 찾아갔다. 기념비를 읽어 보니 이곳은 해저유물 발굴 해역을 조망할 수 있는 곳인데 1976년 한 어부의 그물에 청자가 걸려 올라오면서 세계를 놀라게 하였고, 증도라는 섬을 널리 알리는 계기가 되었다고 한다.

이곳까지 모두 여행하고 나니 어느새 해가 뉘엿뉘엿 넘어가고 있었다. 하루 동안에 모두 돌다보니 힘은 들었지만 보람과 즐거움이 가득한 멋진 기행이었다.

집에 돌아와 사진 자료들을 정리해 홈페이지에 올렸는데 얼마 후 증도 특산물인 함초소금 세트를 상품으로 배달해 주어 지금까지 맛있게 먹고 있으며, 함초소금을 볼 때마다 그때의 추억들이 새록새록 떠올라 나를 웃음 짓게 한다.

## 작가 황영칠

목차
1. 겨울 냇가

# #프로필
대한문인협회 정회원
대한문인협회 시, 수필, 동시 등단
저서 : 시집 『사랑공식』
동인지 명인 명시, 들꽃처럼, 시가 열리는 나무, 문학이 꽃핀다 등 다수
베스트셀러 작가상, 짧은 시 짓기 은상, 신춘문학 은상 등 다수
서울 詩 지하철 공모전 당선
노인 일자리 수기 모집 당선(보건복지부)

# #시작 노트
어린 나목은 엄동설한 모진 풍파를 이겨내고 비바람 맞으며 자라나서 한 송이 향기 나는 들꽃으로 피어나고 싶었습니다.
누구 하나 따뜻한 눈길 한 번 주지 않아도 해를 거듭할수록 더 곱고 강하게 자라나고 싶었습니다. 굴곡진 언덕길에 향기 나는 꽃을 피워서 더 아름다운 세상을 위하여 바람이 되고 비가 되고 맑은 공기가 되어 마침내 모두를 사랑하는 찬란한 빛이 되고 싶습니다.

## 겨울 냇가

지난겨울은 영하 16도를 오르내리는 혹한으로 양재천은 두꺼운 얼음이 얼었다가 봄의 문턱 입춘을 넘고 나니 얼음 녹아 흐르는 냇물의 노래가 저만치 오는 봄을 재촉한다.

서울 강남의 빌딩 숲을 가로질러 맑은 물이 흐르는 양재천은 시골 개천을 옮겨 온 듯 자연스럽게 가꾸어 주민들에게 고향 추억을 불러오는 휴식 공간으로 사랑받고 있을 뿐만 아니라 실향민들에게 향수를 불러일으키기에 부족함이 없는 개천이다.

징검다리 사이로 유연한 허리를 휘감아 흐르는 냇물 소리는 추억의 그리움에 젖은 고향의 노래처럼 정겹고, 개천 둑에 긴 머리 여인처럼 줄지어 선 수양버들은 엷은 연두색 물감으로 곱게 물들이고 있다.

오늘은 봄 물결 흐르는 냇가 흙을 비집고 나오는 포근한 봄 온기가 제법 따뜻하다. 한겨울 관악산에 쌓였던 눈 녹은 얼음물이 흘러내려 손을 넣으면 뼈가 시릴 정도로 찬 냇물은 겨울이 남기고 간 추억의 흔적일까?

오늘도 양재천 다리 밑 쉼터에는 머리카락이 희끗희끗한 한 노인이 빛바랜 운동복 차림으로 페인트가 벗겨진 회색 벤치에 앉아서 쉼 없이 흐르는 양재천 냇물을 하염없이 바라보면서 아침나절부터 점심때가 훌쩍 지날 때까지 시간 가는 줄 모르고 앉아 있는 모습이 마치 넋이 나간 사람 같다.

노인은 어린 시절 경상북도 청송군 한 산골 마을에서 사춘기에 겪었던 추억이 그리워 양재천에 눈 녹아 흐르는 냇물만 바라보면서 어린 시절 고향에 두고 온 그리운 이야기를 찾아내고 있다. 진달래 개나리가 흐드러지게 피었던 고향 집 뒷산에는 풍년을 소망하는 배고픈 소쩍새가 울던 마을 앞 냇가에서 고등학생 시절 남겨둔 핑크빛 추억 속에 빠져 있다.

지금으로부터 60년 전.
고등학교 2학년이었던 남학생의 이름은 황영수(가명)다.
청송 읍내에서 5km 떨어진 곳에 300호나 되는 제법 큰 농촌 마을이 있었고, 그 앞을 흐르는 개천을 건너 꼬불꼬불 기어가는 논둑 밭둑길을 따라가면 소나무가 우거진 산 밑 양지바른 언덕에 조개처럼 납작 엎드린 4가구 작은 초가 마을에 영수네가 살고 있었다. 그중에 제일 위쪽 자리한 집이 영수네 집이었다.

영수가 다니던 고등학교는 지원자가 적어 한 학년에 한 반씩 전학년이 3개 반뿐이고 학생 수는 70명도 채 안 되었다. 같은 교정을 쓰는 중학교는 한 학년에 두 개 반씩 해서 360명 정도였다.

영수는 집이 가난하여 중학교도 겨우 졸업하고 진학을 못 하고 일 년 동안 어머니를 도와 농사일을 하면서도 마음속으로는 진학의 꿈을 포기하지 않았다.

이듬해 3월이 되어 낮에는 농사일을 하고 밤에만 공부하기로 어머니와 약속하고 힘겹게 고등학교 진학을 하고 나니 어려운 가정 형편에 학비를 마련할 일이 걱정되어 밤잠을 이룰 수가 없었다.

한국 전쟁에서 아버지를 잃고 홀어머니 밑에서 주경야독으로 공부하느라 잠도 부족하고 농사일이 힘이 들어 영수는 청소년답지 않게 언제나 피로에 찌든 얼굴로 축 처진 모습으로 학교에 다녔다. 그를 아는 사람들은 아버지 없이 자란 착한 고등학생으로 알고 있었다.

고등학생이 되자 이마에는 제법 청년티가 나는 멍게 같은 여드름이 울퉁불퉁 솟아오르기 시작하였다. 영수는 여드름이 신경 쓰여 집안에 하나뿐인 금 간 거울을 들여다보는 횟수가 점점 늘어났다.

영수가 학교 가는 길에는 제법 큰 개천이 하나 가로 놓여 있었는데 그 개천은 영수뿐만 아니라 이웃 마을 학생이나 주민들도 냇물을 건너야 읍내에 있는 학교나 오일장에 왕래할 수 있었던 것이 당시 영수네 마을 사람들의 타고난 운명이라고나 할까?

큰 내가 가로놓인 관계로 여름에 홍수가 나면 개천물이 불어나서 읍내 출입은 불가능한 일이었다. 내를 건너는 다리가 없어서 한겨울에도 얼음을 깨고 맨발로 찬물을 건너야 학교에 갈 수 있었으니 오늘날 청소년들이 생각하면 당시의 환경을 이해하지 못할 것이다.

  영수도 예외 없이 하루에 두 번씩 살을 에는 찬물을 건너서 학교에 다녔으니 그것은 영수의 초년에 겪고 자란 어려운 환경의 일면이다.

  얼음이 둥둥 떠내려가는 찬물을 건너고 나면 온몸은 얼어붙어 사시나무 떨듯 와들와들 떨렸고 젖은 발로 자갈 위를 밟으면 발에 얼어붙은 돌을 떼려다 발바닥 살갗이 찢어지는 상처를 입은 일이 한두 번이 아니었다.

  고등학교 2학년 말 겨울방학에 땔감을 하느라 얼굴이 까맣게 그을린 채 학년말 개학을 맞이한 영수는 방학 동안 체격이 많이 자라서 작아진 교복을 차려입고 상기된 모습으로 등굣길에 나서는데 그날따라 이마에 크게 불거진 멍게 모양 여드름 때문에 깨진 거울 앞에서 잔뜩 신경을 쓰는 모습에 어머니는 장한 막내아들이 대견스럽게 보였다.

  등교 첫날부터 학교에 늦지 않으려고 급하게 냇가로 달려간 영수는 가장자리가 얼어붙은 냇물을 건너기 위해 양말을 벗으려는 데 처음 보는 한 여중생이 얼어붙은 냇물을 건너지 못하고 어쩔 줄 몰라 하는 모습이 눈에 띄었다.

  차디찬 바람이 쌩쌩 불어오는 겨울 냇가, 홍시처럼 빨갛게 언 귓불이 하얀 교복 칼라 위에 돋보여 영수 눈에는 선녀처럼 무척 예쁘게 보였다. 방금 고갯길을 넘어온 금빛 햇살이 찰랑대는 까만 단발머리에 반사되어 여학생의 얼굴은 잘 익은 복숭아처럼 고왔다.

  낯선 여학생을 발견한 영수 얼굴도 아침 햇살을 받아 한층 더 붉게 물들었다.
  영수는 여학생들과 대화를 해본 경험이 거의 없는 내성적이며 얌전한 남학생이었다.
  더구나 이른 겨울 아침이라 냇가에는 영수와 여학생 외에는 아무도 없었다. 단지 청둥오리 한 쌍이 아침 식사 준비를 위해 열심히 물질을 하고 있을 뿐이었다. 영수가 여학생을 쳐다보는 순간 둘의 시선이 마주쳤다. 당황한 나머지 못 볼 것이라도 본 것처럼 둘은 황급히 서로의 시선을 피했다.

  당시에는 모두가 가난했던 시절이라 남학생들의 중학교 진학률이 10% 정도였고 여학생은 5%에도 못 미쳤다. 여자 중학생이 귀하던 때라 처음 보는 여학생이 등굣길 냇가에 나타났다는 사실이 영수에게는 놀라운 사건이 아닐 수 없었다.
  영수네 마을 4가구 말고도 등굣길 중간에 작은 마을이 하나 더 있었으니 아마도 그 마을에 이사 온 여학생인 것으로 짐작되었다.
  갑자기 영수의 가슴이 두근거리기 시작했다. 아침 햇빛에 비친 영수의 이마에 불룩 솟은 여드름이 더욱 크게 반짝이고 있었다. 둘 앞에 흐르는 냇물은 폭이 30여 미터나 되었고 가장자리에는 살얼음이 끼어 있었다. 2월 초순이라고는 하지만 그날은 기온이 더 내려가서 얇은 교복 소매 속으로 살을 에는 찬 바람이 뱀처럼 기어들어 오고 있었다.

영수는 여느 때처럼 바지를 무릎 위까지 걷어 올린 채로 돌도끼같이 생긴 뾰족한 돌을 집어 들고 물이 얕은 곳을 따라 살얼음을 깨면서 건너갈 길을 만들었다.

그리고 다시 건너와서 여학생과 자신의 책보자기를 어깨에 메고 얼음물을 성큼성큼 건너서 건너편에 가져다 놓고 다시 냇물을 건너왔다. 찬물에 발이 시린 줄도 모르고 두 번이나 왕복하는 동안 다리가 얼음물에 얼어 빨간 홍당무가 되었다.

영수는 다소곳이 서 있는 여학생 앞에 가서 엉거주춤 '어부바' 자세를 취했다. 순간 여학생은 당황하여 양 볼이 잘 익은 복숭앗빛으로 물든 채 돌아섰다. 그러나 여학생의 표정은 싫지 않은 눈치였다.

돌아서 있는 여학생 앞으로 돌아가서 다시 어부바 자세를 취했다. 여학생 눈에는 영수가 무척 믿음직스러운 오빠로 보여 알 수 없는 미소를 지었다.

이른 아침 냇가에는 사방을 둘러봐도 그 모습을 바라보는 해님과 영수와 여학생 그리고 아침 일찍 냇물에 먹이를 찾고 있는 다정한 청둥오리 한 쌍뿐이었다. 순간 양 볼이 더 빨개진 여학생은 못 이기는 척 영수의 등에 몸을 기대었다. 얼른 여학생을 단단히 치켜올려 업고 혹시나 돌에 발이 미끄러져 넘어질세라 조심조심 건너는 중에 두어 번 더 치켜올려 업으면서 안전하게 냇물을 건넜다.

발에 얼어붙은 자갈을 떼어 내고 양말을 신으면서 학교에 갈 채비를 하는 동안 여학생은 더 빨개진 양 볼을 영수에게 들킬세라 가방을 들고 자갈이 깔린 신작로 길을 산모퉁이를 돌아

저만치 달려가고 있었다.
　책보자기를 어깨에 메고 가끔 돌아다보며 뛰어가는 여학생의 뒷모습을 바라보는 영수의 얼굴에는 여학생의 얼굴처럼 수줍은 미소가 피어났다. 냇가에서 뒤늦게 출발한 영수는 학교를 향해 달음박질했으나 결국 개학 첫날부터 지각을 해서 선생님에게 알밤 한 대를 맞았다.

　영수는 이른 아침 냇가에서 있었던 일이 생각나서 온종일 공부에 집중할 수가 없었다. 점심시간에 운동장을 여러 번 둘러보아도 그 여학생의 모습은 보이지 않았다.
　하루 종일 공부를 하는 둥 마는 둥 7교시를 마치고 하굣길에 냇가에 도착한 영수는 혹시나 하고 여학생의 모습을 찾아보았으나 보이지 않았다.

　다음 날 아침밥을 서둘러 먹고 여느 때보다 더 이른 시간에 냇가로 달려 나갔다.
　어제처럼 동쪽 고갯마루에서 찬란한 햇빛이 한 줄기 넘어올 때쯤 저만치 걸어오는 여학생의 흰색 동복 칼라가 햇빛에 반사되어 눈부시게 빛났다.
　여학생의 모습을 발견한 영수의 양 볼은 어제처럼 빨갛게 달아오르고 이마에는 여드름 한 개가 새로 생겨 화산처럼 솟아오르고 있었다.
　오늘은 여학생 책보자기를 자연스레 받아서 건너편에 갖다 두고 다시 건너올 동안 여학생은 어제처럼 빨개진 얼굴로 영수의 모습을 바라보다가 등을 갖다 대는 영수 등에 자연스레 기대었다.

오늘은 냇물을 건너는데 시간이 단축되었기 때문에 지각할 염려가 없었다.
 둘 사이에 첫날처럼 아무 말이 없었으나 내를 건너는데 어색하고 복잡한 시행착오는 겪지 않아도 되었다. 영수가 일찍 얼음을 깨서 건너는 길을 만들어 놓았을 뿐만 아니라 '어부바'에 걸린 시간도 단축되었기 때문이다.

 다음 날부터 둘의 만남은 자연스러웠으나 2주간 말 한마디 없이 같은 일이 반복되었고 마침내 2월 학년말 봄방학을 맞이했다. 그동안 영수는 학교생활이 무척 즐거웠고 이마에 난 여드름 숫자도 점점 늘어나서 알을 품은 멍게를 닮아 갔다. 등교 시간이 되면 저도 모르게 냇가에 나가서 여학생을 기다리는 습관이 생겼다. 그러나 봄방학 중이라 여학생이 등교할 이유가 없음을 알면서도 하루도 거르지 않고 냇가를 다녀오는 일이 반복되었다.

 봄방학이 지나고 새 학년이 되어 영수는 고3이 되었다.
 이마에 난 여드름은 더 부풀어 오르고 영수의 어깨가 제법 떡 벌어지면서 사내다운 모습이 느껴졌다. 개학 첫날, 설레는 가슴을 안고 아침 일찍 냇가에 나갔다.

 3월이 되면서 2학년까지 입던 교복이 작아서 어머니께서 아껴 두셨던 고추를 팔아서 새 교복을 마련해 주셨다. 새 옷을 입고 어깨가 떡 벌어진 멋진 모습으로 냇가에 서둘러 달려 나갔으나 그 여학생은 더 이상 보이지 않았다. 고3 졸업반이 된 영수는 매일 우울했고 말수도 적어졌다. 아무리 이른 시간에 냇가에 나가도 여학생 모습은 끝내 보이지 않았다.

　영수의 우울한 학교생활은 5개월이나 계속되어 마침내 여름 방학식 날이 되었다.
　고등학교 3학년이 된 영수는 중고등학교 합동 학생회장으로서 운동장에서 실시하는 방학식에 전교생 앞에서 구령을 붙였다.
　여름 방학식이 끝나고 담임선생님께서 영수 앞으로 발신인 이름이 없는 편지봉투 하나를 내미셨다. 누가 보낸 편지일까? 궁금한 마음에 얼른 뜯어보고 싶었지만 친구들의 눈을 피해서 귀가 시간에 운동장 한구석에 자리 잡은 커다란 느티나무 밑에서 떨리는 손으로 편지봉투를 뜯는 영수의 얼굴은 지난겨울 냇가에서 보았던 상기된 모습 그대로였다.
　떨리는 마음으로 편지를 읽어 내려가는 영수는 얼굴이 빨갛게 달아올랐다. 하얀 편지봉투에 구슬을 수놓은 듯 예쁘게 써 내려간 글씨체로 보아 여학생이 보낸 편지라는 것을 직감할 수 있었다.

"영수 오빠"로 시작된 편지글 내용은 지난겨울에 가정 사정으로 잠시 외가에서 시골 학교에 다녔으나 3월이 되어 고등학교에 진학하면서 가정 형편도 안정되어서 대구 시내 모 여고로 진학했노라고, 잠시 외가에서 시골 중학교에 다니는 동안 오빠 덕분에 행복했노라고….
　그리고 따뜻하던 오빠 등의 체온과 정을 오래도록 잊을 수 없을 거라고….
　"좋은 대학에 진학하여 성공하시기를 기도하겠습니다."로 편지글은 끝을 맺었다.

  노인이 양재천을 찾을 때마다 여학생 모습이 냇물에 어른거렸다. 가끔 고향 생각을 할 때면 겨울 냇가 여학생과의 핑크빛 추억을 잊을 수가 없었다.
  여학생은 지금 어디서 어떤 모습으로 살아가고 있을까? 고향 산천을 그리는 노인의 가슴은 온돌방 아랫목처럼 따뜻하고 포근하다.
  오늘도 양재천 벤치에서 흐르는 냇물을 하염없이 바라보면서 추억에 젖은 나는 행복하다. 두 볼이 잘 익은 복숭아처럼 볼그레 물들었던 여학생과의 추억 속에 그려지는 고향은 내 마음 속에 물이 뚝뚝 떨어지는 한 폭의 아름다운 수채화로 남아있다.

# 삶이 물드는 순간들
### 대한문인협회가 추천하는 작가들의 이야기

2025년 8월 7일 초판 1쇄
2025년 8월 11일 발행
지 은 이 :
  강사랑 김국현 김락호 김재진 김희영 류동열 박목철 박미옥
  박재도 서석노 성평기 염경희 이영조 이정원 이환규 임현옥
  장선희 전경자 전선희 정대수 정병윤 정연석 정찬경 주야옥
  주응규 최하정 한영택 한정서 홍성기 황영칠
엮 은 이 : 황영칠
디자인 편집 : 이은희
기 획 : 시사랑음악사랑
연 락 처 : 1899-1341
홈페이지 주소 : www.poemmusic.net
E-Mail : poemarts@hanmail.net

정가 : 20,000원
ISBN : 979-11-6284-604-9

저작권자와 맺은 특약에 따라 검인은 생략합니다.
잘못된 책은 교환해 드립니다.